今福龍太

ブラジル映画史講義

混血する大地の美学

編集―金子遊

現代企画室

Ryuta Imafuku

A história da identidade do cinema brasileiro

目次

奴隷制は、われわれの広漠たる孤独に力を借りて社会に大いなる優雅さの種を散布した。奴隷制によってブラジルの無垢の自然を人間が受けとめる最初の形式がうまれ、自然はこの土地で長く守り抜かれた。奴隷制は、まるで生き生きとした自然の宗教であるかのように、土地に人を住まわせ群がらせた。それ自身の神話と、伝説と、魔術をたずさえて。人々に幼年の魂を吹き込み、後悔なき悲嘆を注入し、恨みなき涙を、自閉なき沈黙を、理由なき歓喜を、そして明日なき幸福を与えつづけた。それは、北部の夜が月明かりにむけて息を吐くときの、あの定義しえないささやき声そのものである。

――ジョアキン・ナブーコ『わたしの形成期』*（一九〇〇）

*ブラジル奴隷制の廃止に力を尽くした政治家・外交官・著述家ジョアキン・ナブーコによる自伝的著作。

I 黒いオルフェ

ブラジル映画は一人の異人の視線に対する抵抗として覚醒した

なぜ『黒いオルフェ』なのか

ブラジル映画史の入口として、まず『黒いオルフェ』（一九五九）を取り上げたいと思います。その理由のひとつは、この作品が長いあいだ、いわゆる「ブラジル映画」として知られるもっともポピュラーな作品だった、ということが挙げられます。テレビ番組でも、長いあいだ数年に一度はかならず放映されていたタイトルです。製作から半世紀以上経たにもかかわらず、いまだに継続的にテレビ放映されている映画作品はそう多くはありません。それだけ古典的名画として世界の人びとに愛されてきたということでしょう。実際、一九五九年にはカンヌ映画祭の最高賞パルム・ドールを獲得し、翌六〇年には米アカデミー賞の外国映画賞にも選ばれました。名声からいっても人気からいっても、「ブラジル映画」としてももっとも有名な映画といえるかもしれません。しかしながら、じつは『黒いオルフェ』はフランス人監督によるフランス資本（フランス・ブラジル・イタリア共同製作）の映画です。そ

『黒いオルフェ』*Orfeu Negro*
監督：マルセル・カミュ／出演：マルペッサ・ドーン、ブレーノ・メロ、レア・ガルシア他／フランス／一九五九年
ギリシャ神話のオルフェウス伝説における挿話のモチーフをブラジルに移植した、詩人ヴィニシウス・ジ・モライスの原作を映画化。カーニヴァルのサンバの音楽に沸くリオ・デ・ジャネイロの町や、丘上の貧民街であるファヴェーラを舞台に、地方から従姉を訪ねてきた美

のため原作者や俳優たちがブラジル人で、舞台もブラジルとはいえ、厳密に「ブラジル映画」と呼ぶことはできない作品でもあります。だからといって、これを製作国や監督の国籍をもって単に「フランス映画」と呼んですませるわけにもいかない事情があります。

この作品をまず取り上げようと思う理由の二つ目は、『黒いオルフェ』が、カーニヴァル、サンバ、ファヴェーラといった、ブラジルにおける「黒人性」を象徴する要素に満ち満ちていることが挙げられます。ファヴェーラ favela はブラジルのポルトガル語で、都市の周辺に広がる貧しい人びとが住む雑然とした居住区のことを指します。英語でいえばスクウォッターあるいはスラムということになるでしょう。ですがただの貧民街のことではありません。確かに電気、ガス、上・下水道といった都市の基本的なインフラもしばしば未整備の居住区ではありますが、歴史的に見ればサンバやウンバンダ*をはじめとする独特の黒人系文化が豊かに花開いた場所です。『黒いオルフェ』のなかにも、リオの岩山の上にへばりつくようにして建つ、オルフェやセラフィーナの住む狭い家が出てきますが、これらは五〇年代当時のファヴェーラの、「バラカンゥ」barracão とも呼ばれていた「あばら家」の典型的なつくりだといえます。しかしこうした家々の集まる居住区から、豊かな音楽文化・

少女ユーリディスと市電の運転手であるオルフェの出会い、そしてカーニヴァルの夜における悲恋の結末までを描く。本作によってボサノヴァを世界に知らしめた、アントニオ・カルロス・ジョビンとルイス・ボンファが音楽を担当した。

＊ウンバンダ umbanda　一六世紀以降にアフリカ西海岸から、奴隷貿易と共にヨルバ人系の精霊信仰がブラジルに持ちこまれ、先住民インディオのカボクロの信仰、カトリックの聖人たち、心霊主義などと習合した。ウンバンダはそのなかでも比較的新しい、二〇世紀初頭に独自のかたちに発展したブラジルの民間信仰。テレイロ terreiro（儀式を行う場所）において、アタバキという打楽器のリズムにあわせて聖職者たちが踊り、オリシャ Orixá と呼ばれる自然界の神々、精霊たちを憑依させてヒーリングや占いを行う。リオ・デ・ジャネイロが発祥の

宗教文化が生まれていきました。この映画のなかで生き生きと描かれているカーニヴァル、サンバ、ファヴェーラといった黒人文化の諸要素は、その後のブラジル映画においても主要なテーマとなっていったものです。

ここでいう「カーニヴァル」には、必ずしもその「祭」としての側面に限らない、カーニヴァル的な感覚というものも含まれます。西欧による植民地化のもとでキリスト教が広く浸透し、そのなかでカーニヴァルを祝うカトリック暦を借り受けながら、貧しい都市の黒人たちは彼らの祝祭的感覚をさまざまなかたちで表現してきました。そうしたなかで、ブラジルにおける「カーニヴァル的なもの」が黒人系住民を主体とする民衆文化に根づいていったのです。そう考えると、カーニヴァルとはブラジルにおいて深い文化的な主題であることが分かります。だからこそこの映画には、カーニヴァルの音楽と、踊りとしてのサンバ、そしてファヴェーラという場所を背景に、圧倒的な文化的存在として「黒人」が登場するのです。冒頭のシーンで、オルフェとミラが婚姻届を出しに役所に入っていくと、登録を担当する窓口で、すでにカーニヴァル気分になってつけ鼻をつけてふざけている白人の男性が出てきますが、この男をのぞけば黒人か黒人系の混血の人びとしかこの映画には登場しないといってもいいでしょう。それほどまでにブラジルにはアフリカ系の文化が深く

地で、信者にはリオやサンパウロなど都市部の中産階級が多いとされる（その他のアフリカ系の民間儀礼については三二一ページの註参照）。

浸透しているのだということを、この映画は前面に押し出してもいるわけです。ブラジルの外部に住む多くの人びとは、『黒いオルフェ』をとおして、ブラジルの黒人文化の厚みを初めて知ったのです。『黒いオルフェ』は、カーニヴァル、サンバ、ファヴェーラというテーマを通じて「黒人文化」のダイナミズムを世界中の多くの人びとに知らしめたという意味で、非常に重要な役割を果たしたのです。

この作品を冒頭で取り上げる三つ目の理由は、『黒いオルフェ』が一九五九年という年に製作されていることです。これはブラジル社会にとって大きな転換期にあたる時期でした。ブラジルでは、五〇年代から六〇年代にかけて軍事政権が続きます。さまざまな意味で、民衆にたいして抑圧的な政策がありました。これに対抗するようにして、若い世代による大きな文化的運動が五〇年代の後半から起きてきたのです。特に文学、音楽、映画の三つの領域においてそのような思想的な文化運動が起きました。音楽においてボサノヴァ*が新しい潮流として誕生するのが、ちょうど五八年から五九年にかけてのことです。さらに『黒いオルフェ』が製作されていたのと同じ頃、ブラジル人の若い映画監督たちがそれまでの商業的な娯楽映画とはまったく違う思想によって新しいブラジル映画を創出しようとしていました。それは、ブラジル社会というものを映像によって直視し、現実をもっと厳密に、かつ

***ボサノヴァ** Bossa Nova　ポルトガル語で「新しい感覚」の意。サンバやショーロなどブラジルの民衆音楽をベースにして、一九五〇年代後半、リオ・デ・ジャネイロのイパネマやコパカバーナの海岸地区で暮らす学生やミュージシャンによって、より洗練された音楽として生み出された。ボサノヴァ誕生の中心人物として、作曲家のアントニオ・カルロス・ジョビン、詩人のヴィニシウス・ジ・モライス、歌手でギタリストのジョアン・ジルベルトらがいる。その三人が関わった「想いあふれて」*Chega de Saudade*が、一九五八年にブラジルでヒットして人気が高まり、「イパネマの娘」*Garota de Ipanema*などの楽曲が次々につくられていった。

批判的な目で捉えようとする運動でした。これから論じることになるネルソン・ペレイラ・ドス・サントスやグラウベル・ローシャといった若手のエネルギッシュな映画監督たちが、シネマ・ノーヴォ*と呼ばれる運動をつくっていこうとしていた時期だったのです。そのような五〇年代後半というブラジル文化や社会の転換期に『黒いオルフェ』が製作されたことは特筆せねばなりません。

確かに、この映画自体はブラジルの新しい文化運動の中心とは離れたところで、フランス人監督によって、ブラジルの黒人にたいする一種のエキゾチシズムの視線からつくられました。しかし、シネマ・ノーヴォの作品と『黒いオルフェ』とを比較しながら、そこに共有されているテーマや思想を検討することは充分に可能です。カーニヴァル、サンバ、ファヴェーラといった同じ素材をとりながらも、視点や方法の違いによって、なぜこれほどに異なった映像が生み出されていったのかは、興味深い主題です。このことの本質的な意味を私たちはこれから徐々に発見していくことになるでしょう。そのためにも、まず『黒いオルフェ』を細部にわたって見、この映画について深く考察しておく必要があるのです。

四つ目の理由は、先ほども少し触れましたが、これが「フランス映画」でもあるということに関わります。ブラジル映画史の講義をしようとするときに、フランス

＊シネマ・ノーヴォ Cinema Novo　ポルトガル語で「新しい映画」の意。一九五〇年代半ばから六〇年代前半にかけて、撮影所システムによる大がかりな映画に対抗して「手にはカメラを、頭にはアイディアを」を合い言葉に、ブラジルの現実に結びついた新しい映画が次々に現われた。ファヴェーラに住む少年たちを撮った、ネルソン・ペレイラ・ドス・サントスの『リオ40度』（一九五五）が先陣を切り、続いてカルロス・ディエギスの『ガンガ・ズンバ』（一九六三）、グラウベル・ローシャの『黒い神と白い悪魔』（一九六四）が登場し、世界的な評価を得た。第三世界の映画という意味で「サード・シネマ」とも呼ばれた。

映画の分析から入ろうとするのは、普通に考えればおかしなことです。けれどもそこには意味があるのです。文化について考える際には、主に二つの立場をとることができます。ひとつは、フランス文化やブラジル文化というときの「文化」が、何らかの実体として常に存在していると考える素朴な実在論の立場です。もうひとつは、あらゆる文化・社会というものは誰かがそれを表象する、あるいは表現することによって現れてくるものだとする構築主義的な立場です。現代において支配的な傾向は、文化を表象物として見ようとする考え方です。この表象というプロセスを通らないと、文化は文化として表現されてこないというわけです。映画はそうした表象をはたらきとするひとつの重要なジャンルだといえます。映画というメディアは、映像や運動や音楽といったものの総合体として何かを表象しています。『黒いオルフェ』でいえば、マルセル・カミュ*というフランス人映画監督にとっての「ブラジル」「愛」「神話」とはこういうものだという形で表象されている。ですから、これはブラジルをめぐる主題を媒介とするきわめて興味深いひとつの表象の産物だといえます。「表象」という言葉は、英語では「リプリゼンテーション」representationといい、直訳すれば「改めて提示する」というほどの意味になります。文化というものが表現されるとき、素朴に信じられている「実体」としてストレートに提示さ

＊マルセル・カミュ Marcel Camus（一九一二―一九八二）
フランスの映画監督。ベルギーと接するアルデンヌ地方に生まれ、第二次大戦中ドイツ戦線で捕虜となり収容所で演劇活動を開始。戦後、ルイス・ブニュエルやジャック・ベッケルらの助手として映画界に入る。プロデューサーのサシャ・ゴルディーヌのもと、ブラジルで黒人俳優により撮った『黒いオルフェ』がカンヌ映画祭のパルム・ドール賞を受賞。続いてブラジル的なテーマで『熱風』（一九六〇）を完成させるも話題とならず、その後テレビの仕事などに関わり、晩年再びブラジルに赴いて作家ジョルジ・アマードの小説をもとに『バイーアのオタリア』（一九七六）を完成させた。

れることはありえず、必ず誰かの手や何らかのシステムが介在するなかで「再提示」されるものとしてしか存在しない。それは必ずしも否定的なことではなく、私たちが文化的表現についてより深く考えてゆくときの、基本的な立場です。そうなると『黒いオルフェ』という「フランス映画」のなかで「ブラジル」がどのように表象されているかを知ることは、とても興味深いことだと分かります。フランス人でありながら、ブラジル文化とブラジル人に深い傾倒と愛をもって、ブラジルをテーマとする映画表現を探究し続けたマルセル・カミュ。そのような人物によってブラジルが、どのようなヴァージョンとして語られているのか。文化とは、想像（＝幻想）と創造をともに含んだダイナミックな表象のプロセスが生み出してきた産物です。それを考えるためにも、まず異人の目によって再現された「ブラジル」がどのようなものであったのか、つまり外から内をまなざしていく、という始まり方は講義の導入として意味があるだろうと考えています。

ヴィニシウスとブラジルの黒人たち

それでは、『黒いオルフェ』をめぐるさまざまな主題について考えていきます。

マルセル・カミュ監督とその妻で主演のマルペッサ・ドーン

この映画によってもたらされた第一の功績は、「ブラジル」という名によって想像されるひとつの豊かな文化を、「黒人性」や「カーニヴァル」に焦点をあてることで世界へ発信したことです。しかしながら一方で、この映画は表面的でステレオタイプの範疇におさまってしまい、ブラジル文化における黒人性への深い掘り下げにはなっていないという批判もあるかもしれません。ファヴェーラの現実は貧しいが楽しくて陽気だ、というトーンが『黒いオルフェ』のなかには確かに透けて見えますが、それは表層的な見方であり、ファヴェーラという場所はもっと複雑な経済的・社会的問題を抱えていることも確かです。とはいえ、それまでブラジルが映画というメディアを通じて表象されてきた紋切り型のイメージに比べれば、『黒いオルフェ』には遥かに深いものがあります。当時の、特にハリウッド映画におけるブラジルの描写は、ステレオタイプと異国趣味で溢れ返っていて、ブラジルの現実における文化的・社会的本質を取り上げることはまったくありませんでした。それは、美しく切りとられた絵葉書のようなものでしかなかったのです。これもブラジルの映画的表象という点では重要なテーマで、のちの章でブラジルの歌手・女優カルメン・ミランダのたどった悲劇について考えるときにも触れることができると思います。三〇年代から四〇年代前半のハリウッドのラテンアメリカを扱った映画は、書き割りや絵葉書のようにしかブラジルを捉えることができませんでした（フレッド・アステアとジンジャー・ロジャースが初めてコンビを組んだミュージカル『空中レヴュー時代』*Flying Down to Rio*（一九三三）などが典型的です）。そうした作品に比べれば『黒いオルフェ』は一歩も二歩も前に進んだものでした。マルセル・カミュ監督は、脚本家と一緒に五ヶ月間にわたり、この映画の中心的な舞台となるファヴェーラ、モーロ・ジ・バビロニアに住み込みました。その間に住人と仲良くなり、ファヴェーラの生活や習慣を学んでいます。少なくとも、撮影のためだけにブラジルに行き、必要な映像を撮ったら帰っていく、といったそれまでの外国人の映画作家たちとは違いました。マルセル・カミュのなかには、ブラジルの黒人文化を知り、そこに自ら参入しようという並々ならぬ意欲と好奇心があったと考えていいでしょう。それがなければ、ファヴェーラの不便な暮らしに短期間とはいえ耐えることはできなかったはずです。『黒いオルフェ』の第一の功績はそのようなところにあります。

続いて第二の功績について見てみましょう。『黒いオルフェ』は本来の意味でブラジル映画ではない、と冒頭でいいましたが、それでもなおこの映画にはさまざまなブラジル人の貢献や関わりがありました。この映画の原作に『コンセイサンゥのオルフェウ』*Orfeu da Conceição* という戯曲がありました。それは、ブラジルの詩人・

『コンセイサンゥのオルフェウ』公演時のポスター

劇作家・音楽家、そして外交官でもあったヴィニシウス・ジ・モライス*が一九五六年に書き上げた作品です。この戯曲は、映画がつくられる三年前の五六年にリオ・デ・ジャネイロの劇場で初演され、すべて黒人俳優によるファヴェーラを舞台にした舞台劇ということでたいへんな評判となりました。表題の「コンセイサンゥ」はコルコヴァードの丘のふもとにあるファヴェーラ、イマクラーダ・コンセイサンゥからとられた名だといわれています。この舞台劇が霊感源となって映画『黒いオルフェ』は製作されました。オルフェウスというギリシャ神話のモチーフをリオの黒人たちの生活に移しかえて語るという発想はヴィニシウス独自のものでした。ヴィニシウスは、一九四二年に、初めてリオのファヴェーラを訪れ、そこに息づく黒人たちの音楽と身体文化に触れてある啓示を受けます。そこで彼は、ファヴェーラの歌い手たちと、ギリシャ神話に登場する音楽家であるオルフェウスが、イメージとして融合するという啓示を受けました。

　ギリシャ神話を少しおさらいしておきましょう。美しい声と楽器の才能によってすべての人を魅了してしまうオルフェウス。アポロンの娘であるエウリディケという彼の恋人が毒蛇に噛まれて死に、冥界に消えてしまう。オルフェウスはエウリディケを追って冥界に降りていく。冥界で奏でるオルフェウスの悲嘆の竪琴の音が

＊ヴィニシウス・ジ・モライス
Vinícius de Moraes（一九一三―一九八〇）
リオ・デ・ジャネイロ生まれの詩人、作家、作詞家、歌手、ジャーナリスト。一九四〇年代前半からブラジル政府の外交官としてアメリカ、フランス、ウルグアイなどに赴任した。一九五〇年代後半に作曲家のアントニオ・カルロス・ジョビンと出会い、「想いあふれて」「イパネマの娘」を作詞するなど、ボサノヴァのムーヴメントの中心的存在となった。六〇年代にはバーデン・パウエル、トッキーニョらと共作している。生涯に九度、結婚と離婚をくり返した「恋多き男」としても知られる。

人びとの心を動かして、冥界の王ハーデスは「地上に出るまで決して後ろを振り返らない」ことを条件にエゥリディケの返還を許す。ところがオルフェウスは地上の光が見えたときに不安に駆られ、禁忌を冒してエゥリディケのいる方を振り返って見てしまう。そのことによって彼は永遠にエゥリディケを失う……。これは神話の原型ともいえるもので、日本のイザナギ・イザナミ神話をはじめ世界中に共通した内容のものが見られます。このような悲劇の神話をリオの黒人たちの世界を舞台にして語り直してみようという発想がヴィニシウスに生まれました。ヴィニシウスは、ギリシャ神話の枠組みを借りることで、ファヴェーラの人間関係の深みやカーニヴァルのエネルギーなど、それまで貧しくて遅れているというイメージしかなかった黒人文化の内面的な美を浮かび上がらせようとしたのかもしれません。

しかし黒人の存在をオルフェウスになぞらえる発想は、必ずしもヴィニシウスひとりの独創だったわけではありませんでした。一九三〇年代に、セネガルの詩人でのちに大統領にもなったレオポール・セダール・サンゴールや、マルティニックの詩人であるエメ・セゼールといった人物が、パリで「ネグリチュード」という黒人詩の運動を展開しました。セネガルもマルティニックもフランスの植民地だった場所ですから、サンゴールもセゼールも黒人とはいえフランス語で詩を書いていました。それまで奴隷の子孫にすぎなかった黒人の書き手たちが、アフリカという土地や黒人としてのルーツを評価しなおし、その自己意識をフランス語という支配言語によって旧宗主国の文学世界に突きつけながらおのれの尊厳を回復しようとするムーヴメントでした。フランスの思想家ジャン＝ポール・サルトルはその運動に賛意を示し、ネグリチュードの詩人たちの詩集が一九四八年に出版されたとき、その序文として「黒いオルフェ」という文章を書きました。サルトルはネグリチュードの運動に呼応するようにして、彼ら黒人詩人たちをギリシャ神話のオルフェウスになぞらえました。アフリカという地下世界に下降していき、冥界や地獄であると思われていた場所に魂の源泉を求め、そこから大切なものをつかみ出してこようとする詩人たちの運動を積極的に評価したのです。この文章のタイトルが「黒いオルフェ」と名づけられていたことは、ヴィニシウスが『コンセイサンゥのオルフェウ』の戯曲を書いたときの発想に影響を与えたといわれています。こうしてヴィニシウスはアイディアをあたため、最初の啓示から一〇年以上の月日をかけてこの戯曲を完成させ、一九五六年にリオ・デ・ジャネイロの市民劇場で初めて上演します。このときは、アビジアス・ド・ナシメント*という傑出した舞台芸術家で政治活動家が創設し主宰する、黒人による自覚的な演劇運動を行っていた「黒人実験劇団」の

＊アビジアス・ド・ナシメント
Abdias do Nascimento（一九一四－二〇一一）
サンパウロ州フランカ生まれの劇作家、芸術家、政治活動家。一九四四年にリオ・デ・ジャネイロで黒人実験劇団を創設、黒人運動の指導者となる。一九六八年にアメリカへ亡命。以降、バッファロー大学やウェズリアン大学、ナイジェリアのイフェ大学などで新世界におけるアフリカ文化を講じ、パン・アフリカ主義に関する数多の国際会議に中心的メンバーとして参加。また世界各地で絵画作品を発表した。一九八〇年代初頭にブラジルに帰国し、アフロブラジル学研究所（IPEAFRO）を設立。一九八二年から国会議員を一期務めた。代表的な戯曲に『呪文』*Sortilégio: Mistério Negro*（一九五七年初演）、主な著作に『キロンビズモ』*O Quilombismo*（一九八〇）など。本書四三二ページも参照。

俳優たちを使って初演されています。そしていうまでもなくこれは、ヴィニシウスと作曲家アントニオ・カルロス・ジョビン*とのコラボレーションが初めて行われたミュージカル作品でもあり、音楽におけるボサノヴァ運動の端緒ともなった作品でした。

『黒いオルフェ』という映画のベースには、オルフェウス的なテーマをカーニヴァルに移しかえた、黒人たちによる演劇作品があったといえるのですが、当時の黒人俳優たちはヴィニシウス・ジ・モライスの手による劇に全面的に賛意を示したわけではなかったようです。モライスは白人系、つまりポルトガル系のブラジル人でした。若くして高踏的な詩人として文学の場で自己表現を確立したヴィニシウスは、ヨーロッパ的な文学伝統や価値観による美学を吸収することで、自分の価値観や意識をつくってきました。そのような人間が黒人劇としてつくった劇作品に、演じる側の黒人たちは違和感を持ったであろうことも想像できます。黒人の世界を描いてはいるが、ヨーロッパ的な価値観に黒い仮面をつけただけのものではないのか、という疑いです。ブラジルにおけるアフリカ系文化の本質を捉えきっていない、ギリシャ悲劇も聖書も必要ないのだ、ということを主宰者のアビジアス・ド・ナシメントは語っています。戦闘的なパン・アフリカ主義者となり、のちに長い亡命生活

***アントニオ・カルロス・ジョビン** Antônio Carlos Jobim（一九二七―一九九四）リオ・デ・ジャネイロ生まれの作曲家、編曲家、ミュージシャン。トム・ジョビンとも呼ばれる。エイトル・ヴィラ＝ロボスらのブラジルの近代音楽や、クラシック音楽の影響を受け、ボサノヴァの潮流をつくった。ヴィニシウス・ジ・モライスが手がけた演劇『コンセイサンゥのオルフェウ』（一九五六）の音楽で注目され、『黒いオルフェ』のサウンドトラックが世界的ヒットとなった。「イパネマの娘」など数々のボサノヴァの名曲を手がけただけでなく、六〇年代後半には『波』*Wave*『潮流』*Tide* などインストゥルメンタルの記憶に残るアルバムを発表した。

を強いられたナシメントの立場から見れば、ヴィニシウスの視点は審美的すぎると映ったのでしょう。ですが一方で、こんな証言もあります。劇の上演当時まだ一四歳だった現代ブラジル・ポピュラー音楽の雄ともいうべきカエターノ・ヴェローゾ＊は、この劇に熱狂し、ヴィニシウスという作家は正真正銘のブラジル黒人に違いないと確信していた、と語っているのです。これは、必ずしもカエターノが誤解していた、というわけではありません。ブラジルにおける「黒人性」とは、血統や皮膚の色の問題であるだけでなく、ある種の「文化伝承」の問題でもあり、ヴィニシウスやカエターノのようなポルトガル系の白人民衆のなかにも、奴隷制を経過した集合的な歴史の帰結として、宿ってゆくものだと考えることもできるからです。これはブラジルにおける「黒人」の主題について考えるときの、重要な視点です。

　フランス人であったマルセル・カミュ監督が『黒いオルフェ』を映画化するときにあった動機は、その点でいえばヴィニシウスのものとは少し異なっていたといわざるをえません。カミュのようなフランス人が「黒いオルフェ」というとき、黒人的なるものにたいする真摯な関心だけでなく、ある種の幻想を抱いているところがありました。黒人性を誇張し美化する傾向にたいし、この映画にも出演した実験演劇団の俳優たちは釈然としないものを感じたかも知れません。原作の題名である「コ

＊カエターノ・ヴェローゾ
一六七ページの註参照。

ンセイサンゥのオルフェウ」には、いかなる人種的な意味合いもありませんでした。しかし、映画『黒いオルフェ』には、題名のなかにあきらかに人種的な意味合いが見てとれます。このタイトルが、どこから何を眺めたものであるのか、というのは想像に難くないでしょう。ブラジルでこの映画が初めて公開されたとき、タイトルは『カーニヴァルのオルフェ』*Orfeu do Carnaval*となっていました。現在ではポルトガル語でも『黒いオルフェ』*Orfeu Negro*と呼ばれていますが、当時のブラジル社会において「黒いオルフェ」として、明確に「人種化」されたかたちで一般大衆にこの映画を差し出すことに抵抗があったのだと考えられます。

映画の成立

舞台劇に出演した多くの黒人俳優たちがそのまま映画の方へ流れて出演しています。映画でエウリディスの従姉役であるセラフィーナを演じているのはレア・ガルシアという女優です。アビジアス・ド・ナシメントの妻でもあったガルシアは黒人実験劇団の主要な役者の一人で、舞台ではオルフェの許婚者である重要なミラの役をやっていました。映画でミラの役に抜擢されたのはルールデス・ジ・オリヴェ

オルフェ役のブレーノ・メロ

イラという当時一七歳の学生で、抜群のスタイルと見事なサンバの踊りでミラを演じました。舞台でコロスの一人を演じたプロのサッカー選手アデマール・フェレイラ・ダ・シルヴァは、映画では重要な死神の役を演じました。実験劇団の俳優を中心にして映画のキャスティングは行われましたが、一方で映画では二人の重要な人物が新たにキャスティングされました。一人はオルフェ役のブレーノ・メロです。彼も俳優ではなくブラジルのサッカー選手でした。冒頭の場面で市電の車掌の仕事を終えて給料をもらったあとに、子供たちとサッカーボールで遊び、見事なヘディングを見せるシーンがありますが、あの身のこなしはサッカー選手ならではのものです。カミュ監督がリオの街角でメロを見つけ、その優美で闊達な身体の動きに惹かれてその場で主役としてスカウトしたといわれています。それから、もう一人の主役であるエウリディス役のマルペッサ・ドーン。彼女はほかの女優たちと違い、とてもおとなしく控えめな雰囲気を出しています。ドーンはアフリカ系アメリカ人で、複雑なバックグラウンドがありますが、元はキャサリン・ダーナムというアメリカの前衛的なダンス劇団で活躍していました。のちにパリへ行き、マルセル・カミュの妻となり、映画出演のあとはボサノヴァを欧米に広める歌手にもなっています。ドーンだけが例外的な外国人であり、彼女以外のほとんどの俳

エウリディス役のマルペッサ・ドーン

優はブラジル人でした。

音楽はアントニオ・カルロス・ジョビンとルイス・ボンファという二人の作曲家が担当しています。名曲「オルフェの歌」や「カルナヴァルのサンバ」や「フェリシダージ（悲しみよ、さようなら）」といった曲がここから生まれました。映画のサウンドトラック版CDがいまでも簡単に手に入ると思います。アントニオ・カルロス・ジョビンはおそらく二〇世紀においてもっとも生産的な優れた作曲家の一人だと考えられます。ヴィニシウスの詩の力を得てボサノヴァという音楽スタイルを創造し、世界へ向けて浸透させた最重要の作曲家でありピアニストです。「想いあふれて」《シェガ・ジ・サウダージ》や「イパネマの娘」、「ワン・ノート・サンバ」といった著名なボサノヴァのほとんどは彼によって書かれました。ジョビンは舞台劇のときから音楽監督として参加していましたが、映画製作にも全面的に参加し、「フェリシダージ」「カルナヴァルのサンバ」などその後有名になる曲を数多く書きました。この映画はしたがって、音楽的な面でも純粋なブラジル的側面を持っていることは確かです。最後にカーニヴァルのダンスについてですが、これは五八年に行われた実際のカーニヴァルを撮影しています。オルフェが踊っているシーンは、翌年の五九年に監督のマルセル・カミュが自分たちのグループをカーニヴァルに参加させて撮影したものです。実際のパレードのなかに一グループとして参加し、俳優たちがそこで踊ったわけです。

『黒いオルフェ』のなかにはブラジル的な、そしてアフリカ的な特徴も数多く見られます。たとえば、死神に追いつめられたエウリディスが市電の操車場で感電死してしまったあとで、オルフェが彼女を捜し求めて、カーニヴァルが終わった夜の街を夢遊病者のように放浪するシーンがあります。オルフェは失踪者名簿に彼女の名前がないか探しに役所へ行きます。役所の廊下を反故紙が舞っている印象的なシーンがありますが、そのような非人間的な場所に彼女がいるはずはないのです。そして、オルフェは役所の底なしのように見える螺旋階段を降りていきます。つまり彼は冥界へ下降していくのです。そしてオルフェはテレイロと呼ばれる小さな教会のような場所にたどり着きます。ブラジルではリオを中心に「ウンバンダ」というアフロ・ブラジル系の憑霊宗教が盛んです。ブラジルの黒人層の間で信仰されているシャーマニズム的な宗教のひとつです。トランス状態になって自分の身体を霊媒にし、そこに神が降りてきます。そこから預言を行ったり、死んだ肉親とコミュニケートしたり、あるいは神と交流したりといった儀礼を含んだ宗教です。ウンバンダを行っている祈祷所がこのテレイロと呼ばれる場所で、夢遊病者のようになってエウリディケを捜し求めるオルフェが入っていく不思議な空間はそのひとつです。

このテレイロの場面は映画のオリジナルであり、原作の演劇にはありませんでした。

テレイロでは、反復的なドラムの音に合わせて人びとが踊っていて、徐々にトランス状態に入っていきます。そして、踊っている一人の女に神が憑きます。神はオリシャとも呼ばれていますが、もとはアフリカ系の精霊でそれがカトリックの神と習合しています。神々だけでなく、ちょうどイタコの口寄せのように肉親の霊が降りてくることもあります。そうなれば、自分の死んだ肉親と会話することもできるようになる。オルフェはそこへ行けばエウリディスに会えると、ある人に示唆されてテヘイロに行くわけです。そして、一人の老婆に憑いたエウリディスの霊の声を聞くのです。オルフェはエウリディスがそこにいることに最初は感激しますが、オルフェウス伝説と同じように、後ろを振り返って声の主を見てしまいます。それが一人の老婆であったことを知ってオルフェは失望します。ウンバンダの信仰の世界においても、オルフェはエウリディスを見いだすことができないのでした。彼はテレイロから出て、ふらふらと宴のあとのひっそりとした夜の街を歩いていきます。すでにオルフェもまた、あの世に入りかけているという空気が漂います。

『黒いオルフェ』への批判

映画はこの憑霊のシーンを入れたことで批判されることになりました。ブラジルの黒人たちの宗教における後進性や野蛮性のイメージを増長するばかりだ、という批判も起こりました。ブラジルの黒人性のなかへ入っていこうとするマルセル・カミュの努力は、必ずしも充分に達成されたわけではなく、さまざまな批判にさらされもしたのです。特に本質的な批判をしたのが、グラウベル・ローシャ*という若い批評家でした。彼は「クラウデル・ローシャ」というペンネームで批判的な文章を書いています。ローシャは当時、映画批評家として活動し、のちに監督としてシネマ・ノーヴォ運動の中心となっていく人物です。『黒いオルフェ』にあるのは単なるロマンティシズムにすぎない。ブラジルへの愛情がマルセル・カミュにはあることは認めるが、その愛はあまりに楽天的で、あまりにもロマンティックである。黒人たちが生きるファヴェーラの現実は、それを叙情性や神話的物語に昇華させてしまうような美学的発想ではとても捉えられない。ファヴェーラとは徹底して社会的な問題であり、それは社会的な不幸の問題であり、それは「飢え《フォーミ》」fome の問題である。ローシャはそう主張しました。「飢え」はローシャの美学的キーワードです。ロー

*グラウベル・ローシャ Glauber Rocha（一九三八－一九八一）
バイーア州に生まれた映画監督。ブラジル映画の新しいムーヴメントであるシネマ・ノーヴォの旗手として知られる。一六歳のときから地方新聞に映画批評を寄稿し、その後、映画と演劇の世界で経験を積んでから、一九六二年にバイーアの黒人民俗を題材にした初の長篇映画『バラベント』を発表。それに続く『黒い神と白い悪魔』（一九六四）、『狂乱の大地』（一九六七）、『アントニオ・ダス・モルテス』（一九六九）の三本が国際映画祭で高く評価され、世界中で熱狂的に受け入れられた。だが、ブラジルの軍事独裁政治の時代の七一年からスペインやチリやポルトガルで亡命生活を送るようになり、四三歳の若さで敗血症で死去した。

シャは社会的な視点をもって、『黒いオルフェ』にはそうした問題意識が欠落していると批判したのです。これは忘れないでおきたい重要なポイントです。ローシャらシネマ・ノーヴォ第一世代の映像作家たちにとって、ファヴェーラは、まさに新しい視点によって描くべきもっとも重要な対象となっていくからです。彼らにとってファヴェーラという現実は、リリシズムや叙情性やロマンティシズムで切り取れるようなものではまったくなかった。このような厳格な視点からどのような映画が生まれてきたのかを、私たちはこれから見ていくことになるでしょう。『リオ40度』『リオ北部』といったネルソン・ペレイラ・ドス・サントス*によるファヴェーラを舞台にした映画のなかで、カーニヴァルやサンバがどのように描かれたのか。その辺りのはっきりとした違いをこれから見ていきたいと思っています。『黒いオルフェ』はある意味で、ブラジル人が自分たちの「像」に覚醒するために乗り越えるべき批判的典拠を提供しました。ブラジル人によってブラジル人の社会的現実を映画的主題としていかに映像化できるかが、こうして真摯に問い直されていったのです。ドス・サントスやローシャによる「シネマ・ノーヴォ」はそうした情熱と批判意識から誕生したのでした。

マルセル・カミュがブラジルのカーニヴァルを美的に神話化し、神話的な愛の物

*ネルソン・ペレイラ・ドス・サントス
一七四ページの註参照。

語に昇華させてしまったこと。これがグラウベル・ローシャの批判の最大のポイントでした。『黒いオルフェ』は、貧しいけれども陽気で幸福なファヴェーラの人びと、という神話をつくり、サンバやカーニヴァルを純粋に美しさや快楽や幸福さという視点だけで描き出した、とローシャはいいます。ファヴェーラと街とを対立させる視点が、この映画全体のカメラワークには見られます。確かにファヴェーラは街を見下ろす美しい場所にあるのですが、その内部は大変に貧しい場所です。映画では、丘の上にあるファヴェーラからカメラがグッと下を向いていくと、大都会や港が見えてくるという二項対立的な描き方をしています。カーニヴァルの準備はファヴェーラで行われますが、カーニヴァルの日になると街を下りていって普段は入れない中心街に黒人たちが入っていきます。ファヴェーラと街の対立構造を単純化して描き出す視点が、この『黒いオルフェ』という映画にあることは否定できません。そしてこの神話化に手を貸しているのは、オルフェウス、エウリディケ、ヘルメスといったギリシャ神話に出てくる神々の名前を借りた登場人物たちです。ヘルメスと呼ばれる老人が、道に迷うオルフェやエウリディスを助ける存在として出てきます。いうまでもなくギリシア神話のヘルメスは十字路の神で、人びとに正しい道を教える道案内の神です。そのようなギリシャ神話における神々の性格を、映画は上

エウリディスの遺体を抱いて裏山に登ってゆくオルフェ

手にカーニヴァルの舞台のなかに置き換えています。このようにして、『黒いオルフェ』では登場人物たちが神話的なプロトタイプに還元されていきます。それに加えて、この映画で取り上げられる愛のかたち、つまり死を賭して、死を仲立ちとしてたどり着く最終的な愛の姿というものが、ヨーロッパの神話に由来する愛にたいするロマンティックで西欧的な理念だということがあります。私たちは「ロミオとジュリエット」や「嵐が丘」といった文芸作品に、死によって引き裂かれる愛のかたちを見ます。ハリウッド映画においても、ラブストーリーというジャンルの原型がここにあります。それが、この『黒いオルフェ』という物語の背景にも、ひとつのオブセッションとして存在しているわけです。

始まりの「黒人映画」として

このようにしてクリティカルな視点で『黒いオルフェ』という映画を語ってきましたが、この映画の長所や美点をも救い出し、この映画を全体的な視点から評価すべきだと私は考えています。この映画はローシャがいうような欠点ばかりではなく、いろいろな意味でブラジルの文化的実態を探って、それを世界の人びとに示し、結果として充分にブラジルの本質に迫るための糸口をつくっていることも事実だと考えられるからです。それまでのハリウッド映画が再生産し続けてきたラテンアメリカの異国趣味に彩られた見世物的なイメージを打ち破り、ブラジルにおける黒人性の内面に入り込んでいます。ミラにしても、セラフィーナにしても、ファヴェーラの子供たちにしても、ブラジルの貧しい現実を生きる内面性を抱えた陰翳ある人物として描かれています。それは非常に新しいことでした。ここには大きな前進がありました。カミュ監督の、ヴィニシウスや黒人俳優たち、ファヴェーラの住人たちとの関係も、単に「イメージを搾取する」ためだけの一方的なものではありませんでした。ブラジル黒人の身体性、サンバを踊る肉体のイメージが、これほど直接的に私たちに訴えかけてくるインパクトは、比類のないものでした。

少し視点を変え、経済的な側面からも考えてみましょう。当時は、ヨーロッパからブラジルへのチャーター便が開通して飛行機で行けるようになり、観光客がリオ・デ・ジャネイロのカーニヴァルに殺到するような文化が形成されていた時期でもありました。『黒いオルフェ』は監督の意図に反して、観光プロパガンダとしても機能したところがあります。そうして、ブラジルのカーニヴァルそのものも商業的な姿勢を強めていきました。ヨーロッパやアメリカの資本が、観光客が喜ぶかた

セラフィーナ役のレア・ガルシア

ちにサンバ・パレードをつくり変えていく。そんな力が働き、非ブラジル的なテーマや要素がサンバやパレードや山車のデザインに生まれていきました。そういったカーニヴァルの商業主義の始まりが、ちょうどこの時期にあたるのです。そして『黒いオルフェ』がヒットし、旅行熱が高まるといった相互関係が生み出されていった。この映画は商業的に大成功しました。しかし、その収益はロシア系フランス人のプロデューサー、サシャ・ゴルディーヌを潤わせるだけで、俳優たちやこの映画に献身的に協力したブラジル人たちには一銭も支払われませんでした。不平等な契約のなかで製作されたのです。『黒いオルフェ』が持っていた搾取的な構造は、監督の責任を超えたところで、ここにも否定しがたいものとして垣間見えます。

そうはいっても『黒いオルフェ』のなかに、カーニヴァルの爆発的なエネルギーが映像として刻まれていることはまぎれもない事実です。ブラジルのカーニヴァルは、民衆がある創造性を発揮する文化イベントとしてはおそらく世界最大のものでしょう。これだけの民衆が、これだけの時間と労力とエネルギーをかけて、自発的な表現に賭ける。これは類を見ないものです。まず、それが隠しようもない事実として映画に表現されています。ある批評家はこのことを前 - 映画的 prefilmic と呼んでいます。つまり、映画がどのように製作されたかということを差し置いて、映像

カーニヴァルで踊るミラ役のルールデス・ジ・オリヴェイラ（右側）

そのものをつくり上げてゆくときの核心的美質として、カーニヴァルがそこにあるということです。マルセル・カミュ監督の撮り方や編集という映画的な配慮以前の問題として、カーニヴァルの力というものが『黒いオルフェ』の美点のひとつとなっているのです。そしてそれを発見しているカミュ監督の情熱は、確かにこの作品に映り込んでいます。もうひとつ、ボサノヴァという音楽の黎明の瞬間に居合わせているという昂揚感があります。これも前－映画的なものとしてそこに確固たるものとしてあるというべきでしょう。ボサノヴァはこの映画をきっかけにして生まれ、一気に世界へと発信され、主にアメリカでジャズと融合し大きな音楽マーケットをつくり出していきます。そして、ブラジル人ではないボサノヴァ・ミュージシャンが数多く登場することになります。ちょうどカルメン・ミランダ＊という一人の歌手＝女優によって、サンバがアメリカに一九三九年に輸入されてブレイクしたのと同じように、その次の波としてボサノヴァという波がこの映画を契機にして世界に進出していったのです。

最後に、エピソード的な話になりますが、マルセル・カミュ監督は『黒いオルフェ』一作でブラジル映画から手を引いたかというとそうではありませんでした。ブラジルへの愛情は彼なりに本物だったのです。彼は『黒いオルフェ』でエウリディ

＊カルメン・ミランダ
一三二ページの註参照。

ス役をやったアフロ・アメリカ人女性歌手の妻マルペッサ・ドーンと離婚し、映画のミラ役だったルールデス・ジ・オリヴェイラと結婚して彼女を主役に『熱風』*Os Bandeirantes**（一九六〇）というブラジル奥地探検をテーマにした次作を完成させています。けれどこの作品は、前作の大成功とは打って変わって、ほとんど話題になりませんでした。その後も、十数年して、ブラジルの国民的作家ジョルジ・アマードの小説『夜の牧童たち』*Os pastores da noite* を映画化し、『バイーアのオタリア』*Otalia da Bahia*（一九七六）という作品を完成させています。これは一人の娼婦がブラジルの黒人文化揺籃の街バイーアにやってきてまきこまれる悲喜劇を描いたもので、すべてブラジル人俳優によって演じられ、サンビスタでシネマ・ノーヴォ運動においても重要な役割を果たした黒人俳優グランジ・オテーロも出演しています。ですが、この作品もほとんど映画史から見放された映画といっていいでしょう。

『黒いオルフェ』という特異な傑作を生み出しただけで、その後のマルセル・カミュはルールデス・ジ・オリヴェイラとのあいだに二人の子供をもうけ、フランスで半生を過ごし、映画人としては忘却の淵に追いやられてしまいました。けれども私は、「ブラジル」なるものが一人のフランス人映画作家に熱病のようにして取り憑いた、この歴史的な瞬間の輝きを忘れるべきではないと感じています。

＊**『熱風』** *Os Bandeirantes*　監督：マルセル・カミュ／出演：レイモン・ロワイエ、ルールデス・ジ・オリヴェイラ、レア・ガルシア／フランス／一九六〇年
ブラジルに魅せられたフランス人映画監督のマルセル・カミュが、『黒いオルフェ』に続いて監督した作品。フランス人の主人公モランは、ブラジルのアマゾン川流域でダイヤモンドを発見するが、パートナーのドイツ人のクルトにそれを奪われ、致命傷を負ってしまう。黒人のベイジャフロールに救われたモランは、クルトを追ってアマゾン河口の町ベレン、セアラ州、フォルタレーザ、バイーア州といったブラジルの奥地を旅をする。そのうちに、美しい混血女性のスザンナと恋におち、復讐の愚かさを悟りはじめる。

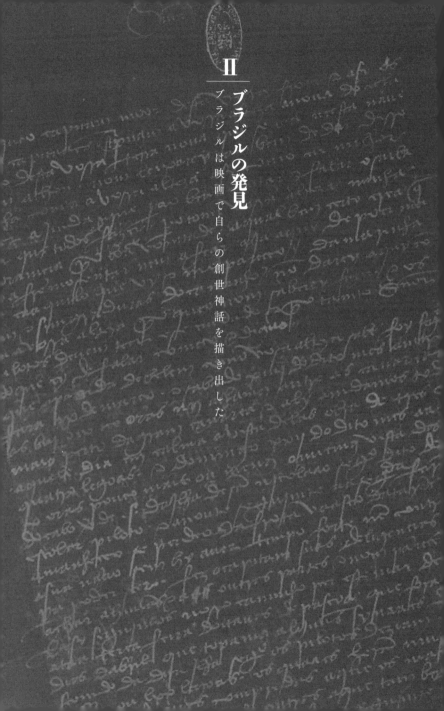

II

ブラジルの発見

ブラジルは映画で自らの創世神話を描き出した

「建国神話」の語り直し

ブラジルでサイレント映画の時代は一九三三年くらいまで続きました。ここで取り上げるウンベルト・マウロ*監督の『ブラジルの発見』は一九三七年という、映画に音が入った直後の時代の映画であり、マウロはこの作品で意図的にサイレント的な形式を使って撮っています。ですからあまり会話も入っておらず、しかも会話の半分くらいはインディオのトゥピ語を使用している。この言語設定には意味があります。つまり、最初から観衆にとって意味の分からない言葉でなければいけないわけです。初めてヨーロッパ人がブラジルにたどり着いてインディオに出遭い、相手の話す言葉がまったく理解できないというディスコミュニケーションの状態です。この、言葉がまったく分からないという経験にたいする想像力がとても大事なのです。私たちは漠然と「ブラジルの発見」という言い方を使っているわけですが、ポルトガル人航海者によって、西暦一五〇〇年という区切りのいい年にブラジルは「発見」

『ブラジルの発見』*O Descobrimento do Brasil* 監督：ウンベルト・マウロ／音楽：エイトル・ヴィラ＝ロボス／ブラジル／一九三七年

***ウンベルト・マウロ** Humberto Mauro（一八九七―一九八三）二〇世紀前半のブラジル映画を代表する映画監督。ミナス・ジェライス州の農場に生まれたマウロは、グリフィスやキング・ヴィダーの映画に影響を受け、サイレ

されました。その出来事を単なる西欧の歴史のなかで起こった事象のひとつとして捉えるのではなく、ここではできる限り、この複雑で相互的な意味をもった出来事を、細かく分節化させながら考えていきたいと思います。

まず、映画『ブラジルの発見』に登場するのは一五〇〇年という時代に置かれたポルトガル人航海者たちと先住民であるトゥピナンバ族*のインディオたちです。そして、その二者の遭遇の構図を映画として撮っているのが、一九三〇年代に生きるブラジル人映画監督ウンベルト・マウロです。これだけでもじつに複雑な構図です。なぜなら、一六世紀のポルトガル人航海者、トゥピナンバ族のインディオ、そして二〇世紀の映画作家マウロ、この三者は互いに絶対的な「他者」なのですから。

もうひとつ、この映画の決定的な意味は、これが「ブラジル」という国にとっての建国の神話を語る作業として位置づけられているということです。ブラジルという国が始まったとされるまさに最初のシーンを、この映画は再現しようとしているからです。日本のケースで見ると、われわれの日常意識のなかでは神話時代と歴史時代というものは、ゆるやかに繋がった曖昧な連続性のなかで捉えられており、特別に問い直されることもなくきました。事実がどうであったかは別として、「日本」という土地や「日本人」というものの出自が、歴史のなかであるとき突然に生じた

ント時代の二〇年代半ばから映画を撮りはじめた。三〇年代以降の撮影所システムでは、メロドラマから歴史大作まで幅広いジャンルのなかで、モダニズムと土着性の拮抗する作風を確立し、「ブラジル映画の父」と呼ばれるようになる。その一方、三〇年代半ばから七〇年代にかけて、ブラジル文化の伝統をあつかう叙情的な短篇のドキュメンタリー映画を教育映画の枠内で数多く製作。後年、シネマ・ノーヴォの作家たちに強い影響を与えた。代表作に『残滓』(一九三三)、『ブラジルの発見』(一九三七)など。

ものではないという漫然とした了解が、そこにはあったからです。しかし、ブラジルの場合はそうはいきません。ブラジルの土地そのものは先住民が住む大地として数万年前から存在していたわけですが、いま現在の「ブラジル人」や「ブラジル」という国家の起源神話は、インディオの神話ではなく五〇〇年前の「発見」と「征服」から始まる歴史的な出来事のなかにしか求めようがないからです。建国の「神話」を語ることは、したがって建国の史実そのものをいま現在の時点で追認し、意味づけをすることにほかならないのです。結果として、ブラジルのような社会は、必然的に絶えず建国神話をつくりなおし、書きなおしてゆく作業を繰りかえすことになります。ブラジルの建国神話をいかに語るかによって、そのつど、自らの歴史意識が問われるのです。建国の風景は、こうして絶えず歴史の一ヴァージョンとして語り続けられています。西暦二〇〇〇年、「発見五〇〇年」の年に、ブラジル国内では盛んに「ブラジルの再発見」ということがいわれました。五〇〇年前に「発見」されたというブラジルとは何だったのか？　いまだ「発見」されざるものがブラジルに眠ってはいないか？　「発見」の意味を、現代においていかに批判的に問い直すことが可能なのか？　そうした意識が、「ブラジルの再発見」という真摯な問いのなかにはありました。

＊トゥピナンバ Tupinambá
トゥピ語族系に属するブラジル東海岸に住んでいたブラジル先住民のひとつ。ポルトガル人による植民地化が進む一六世紀ごろまでは、現在のマラニャン州のサン・ルイスなど東海岸全域で暮らしていた。かつてはキャッサバとトウモロコシの農業、漁業などによって大規模な村落社会を築いていた。一六世紀に書かれたジャン・ド・レリーの『ブラジル旅行記』では、トゥピナンバとヨーロッパ人の文化接触の様子が詳しく報告されている。トゥピナンバ語の語彙は、後年ブラジルや南米諸国の先住民同士で使われて広まった共通語「ニェエンガトゥ語」となって現代まで残っている。

ブラジルという国やブラジル人としてのアイデンティティを揺るがすような歴史的転換点がいくつもあるわけです。そういうときに、建国神話がそのつど新たなヴァージョンとして書き換えられる。そうであるとすれば、このウンベルト・マウロの映画は、一九三七年という年に、ブラジルの建国神話を「映画」という新しいメディアを使って、ひとつのオフィシャルなかたちで書き換える必要性が存在したということになります。これはブラジルにとって重要な建国神話の語り直しを映画が初めて担ったケースなのです。

ブラジル発見の経緯

現在、ポルトガルの博物館に保存されている重要な歴史的文書のひとつが、一五〇〇年五月一日の「発見」の航海に同行していたペロ・ヴァス・デ・カミーニャという人物が、ポルトガルのマヌエル国王に宛てた書簡です。その文書には、「彼らは紛れもなく善良にして穢れを知らぬ純朴なる人びとです。……必ずや陛下の聖なる御意図のとおり彼らはキリスト教徒となり、われらの聖なる信仰に帰依することになりましょう」という一節があります。カミーニャがマヌエル国王宛に自らの

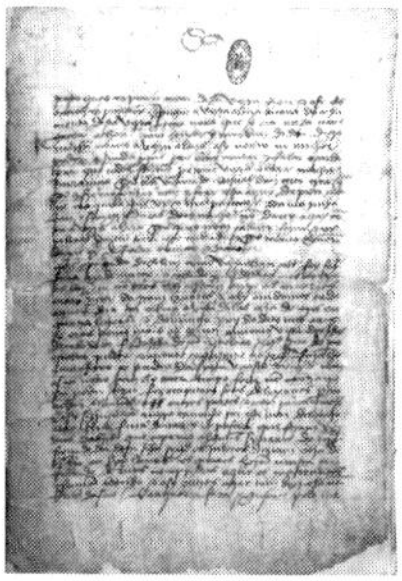

ペロ・ヴァス・デ・カミーニャがポルトガルのマヌエル国王に宛てた書簡

「発見」の経緯を伝えるこの一節は、それがどのような大きな意図を持って行われていたか、ということの証言にもなっています。野蛮な人間たちが住む土地の征服を、キリスト教の布教と同時に行っていく、という宗教的な使命が強かったのです。これはコロンブスの航海でも同じことでした。スペインとポルトガルという大航海時代の初期における、優れた航海術を持っていた二つの強大な国が世界を二分していた。その大きなモチベーションには、資源の発見とともに宗教的な使命があったのです。

　ウンベルト・マウロの『ブラジルの発見』という映画は、カミーニャという人物の手紙をなぞるかたちで語られています。解説的な字幕ではなく、カミーニャの書簡の文章自体が引用されて、まさに引用されたその文章を映画が映像化して追いかけるという語りの形式になっています。ある意味、この映画はカミーニャの書簡を忠実に映像化していくものだ、というメッセージを観る者に与えるようにできているのです。

　ブラジルの発見の経緯を説明するのに欠かせない人物として、ペドロ・アルヴァレス・カブラル*というポルトガルの航海者であり船団の船長がいます。彼は、一五〇〇年三月四日に一三隻の船団を率いてポルトガルを出発しました。これはポ

＊ペドロ・アルヴァレス・カブラル Pedro Álvares Cabral（一四六七−一五二〇）
ポルトガル人の航海者。ポルトガル王マヌエル一世に仕えたキリスト騎士団の一員だったが、ヴァスコ・ダ・ガマが率いた第一回インド遠征隊を引きつぐために航海術の訓練を受けた。国王の命を受けて、一五〇〇年三月八日、一三隻の船と約一五〇〇人から成る、第

ルトガルによる第二回目のインド遠征隊でした。われわれが良く知っているヴァスコ・ダ・ガマが、喜望峰を回ってインドへ到達したのが、第一回の遠征隊です。それから程なくしてカブラルが第二回の遠征隊の長に選ばれ、一三隻の大船団を率いて出発したのです。インドといっても当時はアジア全体をインディアスと呼んでいました。とりわけインディアスの香辛料や胡椒を主な目的にして、ポルトガルによってインド航路は開拓されていったのです。

カブラルは最初の寄港地としてカナリア諸島に寄り、それからカボ・ヴェルジという太平洋上の群島が次の寄港地になります。コロンブスはこの群島から真西へ向かってインディアスを目指しました。その方が喜望峰を回るよりも早いという判断があったのです。この辺りはポルトガルとスペインという大国のせめぎ合いです。ポルトガルの方はすでにインド航路を開発していたので、カボ・ヴェルジからアフリカの沿岸に沿ってずっと南下するアフリカ航路を使っていた。海流の関係であまりアフリカの沿岸に近づきすぎると南に行けないということがあり、風に乗るためにはアフリカ大陸を大きく迂回すると早いという知識はすでにあったのです。これを「廻り込み」、ポルトガル語だと“volta《ヴォルタ》 do《ド》 mar《マール》”といいます。喜望峰をまわるときのひとつの航海術ですね。現実の要請のもとに大陸から離れて海を大きく廻り

二回の遠征隊を率いてリスボンを出発。大西洋航路を南西にとったため、四月二二日にブラジルに漂着して「発見」した。その任務は貿易とキリスト教の布教だったとされる。

カブラルの航路

込むということをしていたら、現在の南米大陸が大西洋上に突き出している辺りをかすめることになったのです。『ブラジルの発見』のなかにも出てきましたが、航海中に海藻が流れてくる。これは陸の影が見えなくても陸が近いという徴です。それから海鳥が飛んでいました。これも陸が近いことの証拠になります。その二つが映画でも描写されていましたが、これはカミーニャの書簡にも具体的に書かれていました。

ポルトガルの港を出港してから一ヶ月半ほどあと、廻り込みの航路を取ったためにブラジル北東部の陸地を偶然発見することになったのです。ブラジルはポルトガルのインド航路の遠征隊がたまたま大きく廻り込んで偶然発見された土地である、と通常語られてきました。ただこれは歴史的に異論もあります。ブラジルの存在をある程度想定していたのではないかという歴史学者もいて、論争はありますが、通説をとるならば、偶然の発見がポルトガルにブラジルという植民地をもたらしたといえるわけです。それを証拠立てるかのように、上陸したのは四月二八日から二九日くらいですが、五月一日には映画にもあるように最初のミサがあって、そこでポルトガル領であるということが宣言され、すぐにまた出航しています。船員のなかには、三人が罪人として船に乗せられていて、新しい土地を見つけた場合に置き去りにされる役を担うわけですね。こうして三人を発見した土地に残し、五月三日にはもう喜望峰に向かって出発しています。こうした点から考えると、これは偶然の寄港のようなものであったともいえます。そして、カミーニャは一三隻の船団の一隻に手紙を託し、マヌエル国王に「発見」を伝えるために持って行ってもらいました。こうして少なくとも一隻の船はポルトガルへ戻っていったのです。

カミーニャの書簡

『大航海時代叢書』という、この時期の新世界の「発見」に関わる基本的なテキストをまとめた重要な諸文献が翻訳されて岩波書店から出版されています。カミーニャがポルトガル国王へ宛てた手紙も第二期第一巻に収録されています。まず冒頭にこうあります。

陛下の船隊の司令長官［ペドロ・アルヴァレス・カブラルのこと］からも、このたびの航海において陛下のこの新しい地が発見されたことを伝える書簡は届きましょうが、このわたくしからも及ぶかぎり詳しく陛下にご報告することにします。

（……）わたくしの無知には眼を閉じてどうかわが善意をおくみとりください。そしてまたそのような善意があればこそ、事実を美辞麗句で飾ったり歪めたりしないようにと、ただ私がこの眼で見たこと、心に思ったことのみを記したのであるとお考えください。*

いきなり「発見」という表現が出てくるのですが、「発見」はこの書簡のポルトガル語では“achamento《アシャメントゥ》”となっています。マウロの映画のタイトルは“O descobrimento do Brasil”となっていって、英語でいえば“discover”に当たる単語が使われています。いま通常私たちが使う「発見」はこの“descobrimento《デスコブリメントゥ》”ですね。しかし、五〇〇年前のカミーニャは“achamento”と書いている。これは“achar”という動詞の名詞形で、“achar”は「思う」とか「考える」、英語の“think”に当たる普通の動詞ですが、それとは別に「偶然見つける」という意味があるんですね。そうすると、カミーニャはあえて“achamento”を使っており、この表現はブラジルがまさに偶然によって発見されたと考えられているひとつの根拠になっています。

ただ、文献学的に詳しく調べたある歴史学者は異説を唱えています。五〇〇年前のポルトガル語においては“achamento”と“descobrimento”はほとんど同じ意味で

*カミーニャ「国王宛て書簡」池上岑夫訳、『ヨーロッパと大西洋』大航海時代叢書、第II期1、岩波書店、一九八四、一八五ページ。表現の一部を改めた。以下同。

あり、“achamento”が「偶然の発見」という意味になったのはもう少しあとのことである、と。そうすると、またよく分からなくなりますが、とにかくカミーニャの手紙では“descobrimento”という表現が使われなかったということは記憶に留めておいてもいいでしょう。その後、ブラジルの公的な歴史は、“descobrimento”という表現で統一され、“achamento”という揺れのある言葉を葬り去りました。これも建国神話の書き換えのひとつといえるでしょう。この映画のタイトルも“descobrimento”となっていて、ブラジルの発見は風向きと航海の偶然によって起こったのではなく、ポルトガルが発見するべくして発見したという正当性を裏づけるニュアンスとなっています。発見の歴史の正当化の動きのなかで、曖昧な“achamento”という名詞は葬り去られていったのです。

ブラジル発見の経緯に戻ります。映画『ブラジルの発見』には、ブラジル北東部の沖合いにカブラルの船団が投錨し、最初に二人の船員が小舟に乗って原住民たちのいる海岸まで行くシーンがありました。そのときに船員は相手に物品を投げて、敵意がないということを示してすぐに船に戻り、船は少し北の方へ移動しました。現実においても、艦隊はすぐに六五キロほど北へ移動し、小舟が接近できる入り江を見つけ、本格的に投錨します。ここは現在のブラジル北東部バイーア州のカブラリア湾というところですが、天然の港になっています。海岸にはたくさんのインディオがいた。そして、四月二四日、二人のインディオを小舟に乗せて旗艦の船上に連れていき、司令官であるカブラルの前に引き合わせます。ここから映画が盛り上がっていきます。映画ではこのファースト・コンタクトのシーンまでが長く感じるかもしれません。でも、これは実感としてそういうものでしょう。現実にも、航海中の船内での長い時間があり、そのはてに思いがけない遭遇があった。しかも現実にブラジルという土地を「発見」してその場所を出るまで一週間しかありません。「発見」と「遭遇」の経験自体は、長い時間のなかで生じたアッという間の出来事だったともいえます。

船上でのファースト・コンタクトの場面では、相互に絶対的な他者であったポルトガル人とインディオが、言葉で対話ができない代わりに、いろいろなものを通じてお互いの存在を確認し合っていく手続きがとられていきます。ですからほとんどセリフがない。映画が強調するのもここです。言葉がないにもかかわらず相互が深いところで理解しあい、お互いに配慮しながら、とりわけポルトガル人がインディオを丁重に扱って自分たちの寛大な心によってインディオの存在を受容していく。そんな場面です。そのような語り口がカミーニャの書簡にもあり、『ブラジルの発

『ブラジルの発見』より、ファースト・コンタクトの情景

見』は映像的にそれを追認し、映像という別の言語で書簡を見事に語り直していま す。ポルトガル人の包容性やインディオの純朴さを映像として強調するという描写が長く続きます。ワインを飲んだせいで酔って眠ってしまったインディオに枕をあげて、毛布をかけてやる。これも書簡にある描写です。その一方で、ポルトガル人が連れてきたオウムや鶏にインディオが驚くシーンがありますが、ここではポルトガル人が薄ら笑いを浮かべています。これは明らかに慈悲の心というよりは、「野蛮人」にたいする優越感のまなざしです。翌日、この二人のインディオは、ポルトガル人とインディオらの媒介者になっています。ポルトガル人から与えられた服で着飾り、ロザリオや鈴を持って小舟に乗って陸へ戻っていきます。彼らがあいだに立ち、ポルトガル人たちには敵意がないということを知らせる。ヨーロッパによる先住民の懐柔の第一歩です。そのようにしてポルトガル人の上陸と植民が可能になっていったのです。

カミーニャの書簡に戻りましょう。彼は自分が見たことを飾ったり歪めたりすることなく書きます、と宣言し、真正な証言であることを国王に誓っています。これはその通りでしょう。けれども、カミーニャの書簡に描かれた発見の経緯とインディオの様子は、それ自体がこの時代の人間の典型的な思考の枠組みによって枠づけられた偏見のもとに書かれていることも間違いありません。歴史的文書とは、そうしたものにならざるをえない。この頃の発見の文書は、自分の書くことが正しい証言であるということを前提にしていますが、後世のわれわれにとって歴史的「証言」というものは、常にその時代の文化的な枠組みなり世界観のなかでの「正しさ」でしかないわけです。その偏見や先入観の構造が、五〇〇年という時間を隔てて、私たちがカミーニャの書簡を読むときにはっきり見えてくるのです。

カミーニャの書簡はブラジル建国をめぐる最大の聖典だといえます。だからこそ、この映画『ブラジルの発見』も、カミーニャの書簡を下敷きにしています。「発見」をめぐる出来事に関してはほかに文献があるわけではなく、これが現存する文献としては唯一のものなのです。それ以外にも、水兵の記述もあるにはありますが、それは断片的なものに過ぎません。そのような理由によって、ブラジルは自分たちのルーツや起源を考えるときに、常にカミーニャの書簡に戻らざるをえないのです。

どうしてカミーニャの書簡が原典としての権威を与えられているかといえば、やはりそれが発見された処女地やインディオと自然の様子を細かく記述しているからです。単にブラジル発見の経緯を、国王の思し召しとカトリック的な宗教的使命感や宿命のもとに美化するという内容だけではなく、この書簡は現実のリアルな細部を観察する視線において優れています。だからこそブラジルの最初の描写として参照され、貴重な文献になっています。インディオのトゥピナンバ族の姿についてカミーニャは書簡にこう書いています。

彼らの肌はくすんだ小麦色で、すこし赤味がかっており顔と鼻はともによく整っています。全裸で身体を覆うものはなにもなく、恥部をなにかで隠すべきかそのままにしておくべきかなどということはおよそ考慮の外にあります。その態度は純朴そのもので、顔が人の眼に触れることをまったく問題にしていないのと同様であります。二人はともに下唇に穴をあけており、その穴に白いほんものの骨をさしこんでいました。骨の長さは手の横幅ほどあり、大きさは紡錘くらいで先端は錐のように尖っていました。*（四月二三日の最初の接触をめぐる記述）

こうした表現はコロンブスの航海日誌にも出てきますが、インディオが美しい人間だということが強調されている。肉体の均整がとれており、ヨーロッパ人よりも美しいという表現すら出てきます。一四世紀から一五世紀くらいまでのヨーロッパの人間にとっては、自分たちの土地から離れれば離れるほど、そこに住んでいる

＊前掲書、一九三ページ。

と想像される人間の像がどんどん歪み、怪物のような姿へと近づいていくわけです。今の私たちは地球全体を把握して何百年も経っているので、どこへ行っても人間が住んでいることに関して疑いを持っていません。しかし、中世的な世界観ではヨーロッパという中心から離れれば離れるほど人間らしいものは住んでいない、と想像されていました。遠隔の地には、頭が何個もあったり頭からじかに足が生えたりする奇怪な生き物が棲んでいるという幻想です。一本足の怪物モノポッド（スキアポデス）などもよく知られています。南米にはパタゴンという巨人族がいるという伝説は一八世紀になるまで西欧では語り継がれていたほどです。そんな中世的な世界観から初期の航海者たちは抜け切れていなかったため、遠い初めての土地で出会う人間らしき存在が、見事に五体満足の人間の姿をしているということが印象的に見えたのです。こうした驚きはカミーニャだけでなく、新大陸の発見における記録文書の紋切り型となっています。

もうひとつここで強調されていることが、インディオが全裸であったということです。そしてその点において恥ずかしいという感情がない、ということが強調されている。「恥部を隠さない、というのはちょうど顔が人の目に触れることを気にしていないというのとまったく同様であります」という、まわりくどい書き方をして

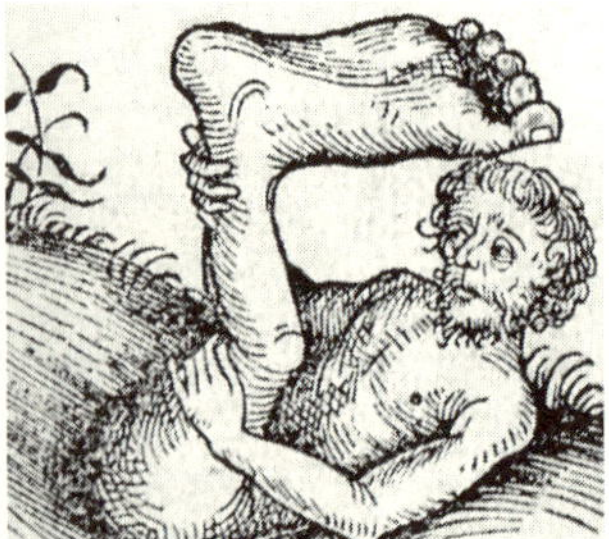

ルネサンス期に描かれた一本足の怪物モノポッド

います。ここはいろいろと考えないといけないところです。全裸である、という部分に関して見ると、映画『ブラジルの発見』は、全体としてはカミーニャの書簡の忠実な映画化でありながら、この点だけは裸体の不在というかたちで映像がつくられています。書簡と映画との大きな違いのひとつがインディオの裸の描き方なのです。映画では最初から男も女も腰蓑をつけた姿で描かれていますが、カミーニャの書簡では下半身を完全に曝け出している。ですからインディオが眠ったときに毛布をかけてやる、というのは寒いだろうからと思いやっているわけではなく、カトリックであるポルトガル人たちの裸体にたいする保守的な考え方からいって、裸体のままごろんと転がられては恥ずかしく、ポルトガル人の方が赤面してしまう。だからそれを隠した、すなわちあの毛布はインディオのためにかけたのではなく、自分たちのために行った行為だといえるのです。そうすると行為の意味がまったく変わってしまいます。それはポルトガル人の優しさではなく、自分たちの世界観のなかで裸というものが忌避されているということになります。この裸体忌避の感情を、映画は引き継いでいます。映画では裸体の不在、とりわけ女性の裸体が見事に不在になっている。これについては、カミーニャも書簡に書いています。女性ですら下半身を露わにしていて直視することができない、という記述があるのです。ですが、この裸の先住民女性というイメージは、ヨーロッパ人にとってはきわめて両義的なものでした。この一六世紀の征服と植民の時期、ヨーロッパ人の視線は大陸全体を「処女地」と考えているのです。男が処女地を征服していく。そういうジェンダー化された行為として征服というものが、男性的で英雄的な行為として意味づけられていたのです。だからこそアメリカ大陸はまさに"America"という「女性名詞」として名づけられることになります。そしてアメリカを表象するシンボルは、図像的にも先住民の裸体の女性という姿でずっと描かれていくことになったのです。

カブラルの二年ほどあとに、アメリゴ・ヴェスプッチというイタリアの探検家がブラジル沿岸部を探索しました。カブラルらはブラジルを島だと思っていましたが、この頃には大きな大陸なのではないかということが判明しています。ブラジルの最初の地図が書かれたのが一五〇二年ですが、アメリゴ・ヴェスプッチがリオ・デ・ジャネイロからラプラタ川まで行き、川を遡っていった。でも、どんどん内陸に入るばかりで海へ出ない。そこで、これは大きな大陸である、ということが確認されました。さらに一五二二年になってマゼラン(＝マガリャンイス)がいわゆる「マゼラン海峡」を越えて太平洋に出たわけです。一五〇二年のアメリゴ・ヴェスプッチの航海によって大陸であるということがほぼ確認され、そこからアメリゴ・ヴェスプッチ

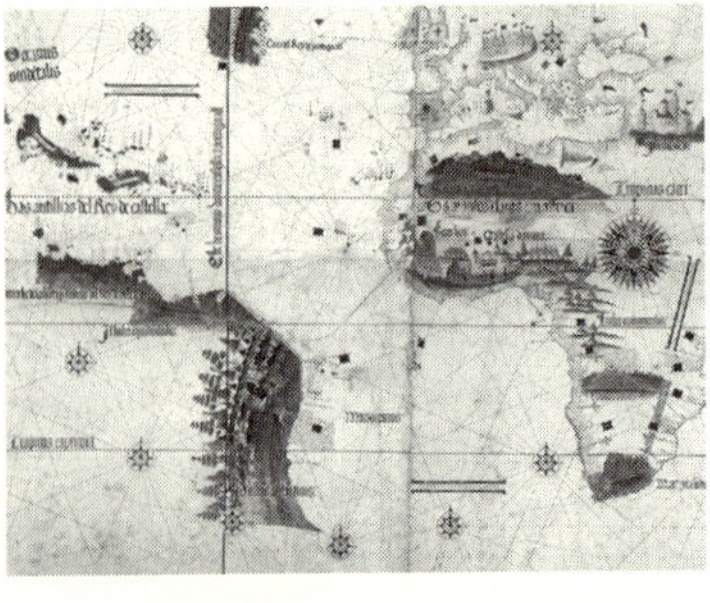

世界図(マッパ・ムンディ)に初めて描かれたブラジル(一五〇二年)

の「アメリゴ」という名前を取って「アメリカ」という大陸の名前が使われるようになった。アメリゴという男性の名前が“America”という女性の名前に変えられています。この大陸が女性化され、ヨーロッパによって女性として位置づけられたということが分かります。そういう意味でも女性の裸体というのは植民者や征服者たちの根源にある視線なのです。これを映画は巧みにイメージとしては隠蔽しています。実際、カミーニャの書簡にはたくさんの写本が生まれるわけですが、この写本される段階で、女性の裸体について書いた箇所はキリスト教徒から見てもあまりにあからさまであるということで、ほとんど削除されていく。そう考えると、この映画は書き換えられたカミーニャの書簡を基にして映像化した映画になっているわけです。男性による女性の視覚的な征服ということに関していえば、手紙は衒いがないというか、何のタブーもないように書かれています。それが素直な心情であり、自分たちの視線が持っているコロニアリズムに気づいてすらいない。だから、カミーニャはそれをあからさまに書いたともいえます。ですが、その部分がタブーとなってだんだん隠蔽されていくという歴史があり、この映画はそこを隠蔽することで、コロニアリズムが持つ性的な意味でのバイアスを逆に中和させようとしています。だからといって、コロニアリズムの視線が消されているわけではないのですが。

女として描かれた「アメリカ」（一七世紀の版画）

確かにウンベルト・マウロという人物は今日の視点からすると、当時のブラジルの建国神話を追認し強化した、いわゆる公的なナショナリズム映画を撮った官製の監督と思われがちです。しかし、マウロは、シネマ・ノーヴォの映画監督にとっては、いわば父親、あるいはもっとも重要な先駆者とみなされていました。マウロは多面的な人間で、トゥピ語を研究する学者でもあった。ブラジルの映画が音声を獲得した途端に、インディオに——インディオといっても映画では二〇世紀のブラジル人が演じているのですが——トゥピ語をしゃべらせている。これはなかなかないことです。マウロはそこにこだわりを持っていた。のちに論じる、インディオの食人行為をテーマにしたネルソン・ペレイラ・ドス・サントス監督の『私が食べたフランス人』(一九七一)も半分以上がトゥピ語の映画ですが、このトゥピ語のシナリオにはマウロが協力しています。七一年ですからマウロはもう七〇歳を超えています。ドス・サントスは、シネマ・ノーヴォという自分たちの運動の先駆者に会いに行き、トゥピ語のシナリオのチェックを依頼した。そのような貴重なオマージュとしてのコラボレーションが成立していたことも、記憶にとどめておくべきでしょう。

ブラジルの建国神話

カミーニャの書簡をさらに見てゆくと、こんな部分が注目されます。

対岸には彼らが大勢いて、手をつながず縦に並んで楽しげに踊っていました。たいへん上手な踊りでした。そこで、(……)賑やかなことが好きなディオゴ・ディアスが風笛手に風笛を持たせて川を渡り、彼らと手をつないで一緒に踊り始めました。彼らは喜び、声をあげて笑い、風笛に合わせて上手に踊りました。踊りが終わると彼は何度も軽やかに回転してみせ、宙返りもしてみせました。彼らはそれを見て驚くとともに声を挙げて笑い、たいへん面白がりました。彼らは彼のやってみせることに夢中になり熱心に見ていたのですが、突然、森に棲む動物のように警戒心を示して小高いところへ行ってしまいました。*（四月二六日）

映画『ブラジルの発見』では先住民が空中で回転するように踊り、アクロバティックな身体所作を見せるシーンがありました。ここで原文では「ガイタ」となっている風笛が出てきますが、これはポルトガル語でバグパイプのようなものを指してい

＊前掲書、二〇八―二〇九ページ。

ます。船上でも吹いているシーンがありました。風笛は地方の民謡で伴奏に使われる楽器ですが、ヨーロッパ全土にあのような楽器はありました。風笛手というのもかならず探検船には同乗していました。娯楽として音楽が必要だったのです。カミーニャの書簡によれば、踊りを見たインディオたちは声を上げて喜んだと書いてあります。ところが、インディオは突然動物みたいに警戒して逃げていく、と強調している。マウロはそれを一切映像化していません。映画では、ポルトガル人とインディオは最初から仲良く、調和の取れた共同作業として一緒に十字架を担いでミサをする。何の破綻もなく、相互の不信や微妙なすれ違いもないかたちで映像化しています。カミーニャの書簡では、完全なる他者同士が出会ったときの相互の警戒心、とりわけインディオの持つ警戒心がはっきりと描かれている。それについて、カミーニャは「森に棲む動物のように」というリアリティのある言葉で書いていますが、マウロはそれを描写しませんでした。

もうひとつ重要なのは十字架のシーンです。この場面を描くためにつくられた映画、といっても過言ではありません。そこではカトリックの信仰のもとに、インディオは征服されます。精神的、宗教的にインディオを征服し、ポルトガル人の信仰にインディオが従順に帰依していくシーンです。ここから「ブラジル」が始まっ

最初のミサのシーン（映画『ブラジルの発見』より）

たのだ、というメッセージです。ブラジルはポルトガルとインディオの間の調和ある結婚によって生まれた、という物語です。ブラジルの誕生というものをハーモニアスなものとして描く、これがまさにマウロの映画がつくられることになった潜在的な理由です。なぜそんな必要性があったかということはあとで触れます。ここに、最初のミサのシーンを映画化するときの典拠となった絵があります。《ブラジル最初のミサ》*A pimeira missa no Brasil* と題された、ヴィクトル・メイレリスという一九世紀の画家が一八六一年に描いたもので、ブラジルの建国神話を視覚的に定着させた国民的な絵画のひとつです。メイレリスという画家は一九世紀の文学、芸術の潮流であったインディアニズモという、ブラジルにおけるインディオを牧歌的に理想化する思想の、絵画における中心人物の一人です。この「最初のミサ」という絵は、ブラジル人が建国の瞬間を視覚的に定着する起源の図像になったものです。まさにマウロが映像化したものと瓜二つの図像がここにあります。

　インディオたちが三々五々集いながらミサに参列している。このインディオたちはよく見ると絵画の方ではそれぞれに違った所作をしているような描写もあるのですが、映画では見事に秩序だった形で儀式に参列し、ヨーロッパ人たちと同じように手をあげるときは手をあげ、手を下げるときには手を下げ、跪くときには跪いて

ヴィクトル・メイレリス画《ブラジル最初のミサ》

いる。これはカミーニャの書簡でもほぼ同じように書かれています。「十字架を運んでいくときに、七〇〜八〇人のインディオが力を貸してくれました」と書いてあります。「わたくしたち全員が立ちあがって両手を高くあげると、彼らも一緒に立って両手を高くあげました。私たちが跪きますと彼らも同じ姿勢をとりました」ともあります。また「司祭が、十字架の下に腰をおろして、最初にそれぞれ十字架像に接吻させ両手を高くさしあげさせてから、紐で結んだ十字架像を首にかけてやりました。みんなそうしてもらいにやって来ました」とあるのも、ほぼ映画にあった通りです。最後にカミーニャは「この地の人たちはわたくしたちの言葉ができさえすれば、それだけで全員がキリスト教徒になることと思われます。わたくしたちが彼らの見ている前で行ったことを、そのまま同じように行ったからであります。彼らには偶像もなければ、崇拝物もないようでした」と結んでいます。異教を崇拝し、彼らが彼らの信仰と宗教と偶像を持っていることになれば、布教も厄介なことになる。だからそのことは初期の航海者たち、征服者たちの重大な関心事だったのですが、少なくともカミーニャが見た限りでは、彼らはまったく純朴でポルトガル人たちがやることをすべて真似して、十字架にも素直に接吻しました。映画において、十字架にインディオが接吻したあと、ほとんど恍惚の表情、宗教的にいえば法悦に近い表情が強調されています。インディオの宗教的エクスタシーというものをマウロの映画は強調している、といってもいいかもしれません。これは映像でなければできないことです。カミーニャの書簡の映像化という点で、マウロの映画はひとつの飛躍を行っているわけです。

マウロが映画『ブラジルの発見』を撮ったのは一九三七年です。この前後のことを考えていくと、この時期はブラジルの文化・芸術・政治の転回点にあるということが分かってきます。ブラジルの建国神話とは単純化していえば、インディオとポルトガル人がどのように出会ったかに関わる定型的言説のことです。そのあとブラジルはサトウキビのプランテーション経営のなかで、インディオの労働力だけでは足りなくなり、黒人を大量にアフリカから連行して、奴隷交易と奴隷制による黒人化によってその後のブラジル人ができあがっていく。今では、インディオの影よりもはるかに強固な黒人的な文化要素が存在し、その傾向はとりわけ北へ行けば行くほど濃厚になります。バイーアという、カブラルの船が到着したあたりは、大西洋にブラジルが突き出した部分で、奴隷交易やサトウキビのプランテーションの中心となった地域です。ここまでいくと「アフロ・ブラジル」的な要素が濃厚になるのです。しかし、起源神話までさかのぼると、ポルトガル人がインディオとどのように出遭ったのかという、黒人的な文化要素を棚上げしたかたちで自己再確認する物語になってしまうのです。

一九三〇年代のブラジル

少し遡って、この時期の時代背景について考えておきましょう。一九一六年に、エドガー・ロケッチ＝ピントによるブラジル奥地の初めての民族誌である『ロンドニア』が出版されています。ロケッチ＝ピントは、三六年にＩＮＣＥ（国立教育映画局）を設立した、人類学者であり、国立博物館の館長であり、ブラジルのラジオネットワークの創設者でもあった重要な人物です。そのロケッチ＝ピントがつくったＩＮＣＥの枠組みのなかで、マウロは『ブラジルの発見』を撮りました。教育映画としてつくられたということが、この映画の公式性、つまりカミーニャの書簡をなぞるかたちで製作された理由のひとつだといえます。マウロはＩＮＣＥに長いあいだ協力し続けました。三〇〇本くらいの短篇ドキュメンタリーをここでつくっています。ロケッチ＝ピントという人は多才な人で、二〇世紀の初めにブラジル奥地を人類学的な関心とともに探検した先駆者です。『ロンドニア』という著書は、初めてのナンビクワラ族の民族誌として著名な本です。ナンビクワラ族は文明との接触がもっとも遅かった先住民のひとつであり、レヴィ＝ストロースの『悲しき熱帯』の中心的な記述もこの部族に関するものでした。レヴィ＝ストロースがブラジルに行ったのは一九三五年で、このマウロの映画が撮られる二年ほど前のことです。封切りのときにはレヴィ＝ストロースもこの映画を観たかもしれません。そのような同時代現象も想像力のなかに組み込んでいくと面白いと思います。レヴィ＝ストロースが当時参照した探検記のひとつが『ロンドニア』で、『悲しき熱帯』のなかで『ロンドニア』について触れ、その内容を激賞しています。

ロケッチ＝ピントが、ロンドニアという奥地を探検したときの探検隊の隊長だったのが、カンディド・ロンドン将軍です。この人は軍人であり、インディオ系のセルタン*学者です。セルタンとはブラジル北東部の奥地のことですが、ブラジル近代の歴史はもちろん海岸部から始まります。初期の植民地ブラジルの地図には海岸部しか描かれていません。海岸に流れ込んでいる川とそこに生えている木だけが記されている。これが初期の植民地ブラジルにおいて西欧社会が求めた資源であるパウ・ブラジル*という木で、貴重な赤の染料の原料になりました。ここから「ブラジル」という名前もついたのです。“Brasil”の語源である“brasa”とは、ポルトガル語

＊**セルタン** Sertão
ブラジル北東部における内陸部のことを指す。ピアウイ、セアラ、パライーバ、ペルナンブーコ、アラゴアス、バイーアといった州の内陸部には、降雨量が少なく、旱魃や飢饉が起こりやすい乾燥した荒地が広がっている。そのため、ポルトガル人たちが入植して文明化していった東海岸と比べて、長いあいだ未開であり続けた「奥地」の意で使われる。きびしい自然条件のなかで細々と農業や牧畜が営まれ、沿岸部に比べて観光や商業も低迷し、ブラジル国内でも特に貧しい地域である。

＊**パウ・ブラジル**
三三八ページの註を参照。

で熾《おき》のことで、炭の熾の色に似た赤色染料のとれる木ということで「パウ・ブラジル」と呼ばれたことが、そのまま国の名前となったのです。確かに、最初に「発見」され植民地化された海岸部からブラジル近代の歴史は始まりましたが、その歴史の探究はやがて内陸のインディオへの関心へと移行していきました。内陸にこそブラジルがブラジルである歴史の秘密が隠されているのではないかという考えです。ロンドン将軍はセルタニスタ（セルタン学者）といっても、アカデミックな大学という世界に属する学者ではなかったのです。彼は自分のブラジル人としてのルーツを探究しようとしました。それは混血のルーツであり、インディオだけでなく黒人もセルタンに逃げ込んで逃亡奴隷の部落をつくり、近代ブラジルのいろいろな抵抗運動の拠点になっている。さらにユダヤ人もヨーロッパから奥地に逃げ込んできており、ブラジル内陸部には複雑な民族の混交が生まれました。ロンドン将軍には、そうした歴史を探ることによって、自らの混血性をつきとめようという個人的な理由があったわけです。この時期のインディオへのブラジル的関心が、西欧の人類学者のもつ客観科学としての関心とは少し違っていたことは重要でした。

ロンドン将軍はアメリカ大統領を辞めたセオドア・ルーズベルトと一緒に、二〇世紀の初頭にブラジルの奥地を探検しています。二人でブラジルの奥地への探検隊を組織し、ナンビクワラ族の住むロンドニアへ行きました。これはロンドン将軍が探検した土地だから「ロンドニア」という名がついたのですが、ブラジルの内陸の奥地にあるジャングルと荒野のはざまに広がる複雑な地形の展開するところです。人間の痕跡のほとんどない土地に、ロンドン将軍の探検隊は電信線を敷設していきました。国家の戦略上の必要からでした。この隊に参加したロケッチ＝ピントはそのことを『ロンドニア』に書いていますが、ここにブラジルの奥地にたいする新しい関心が生まれています。今だ国家に統合されていない奥地の風土とそこに住むナンビクワラ族などの辺境のインディオたちへの関心でした。

ブラジルの傑出した社会学者、人類学者であるジルベルト・フレイレ*についてもここで簡単に触れておきましょう。フレイレの『大邸宅と奴隷小屋』*Casa-Grande & Senzala*（一九三三）という重要な本があります。これは黒人奴隷制によって営まれてきたブラジル近代社会の構造を、農場の主人が住む「カーザ・グランデ」と呼ばれた「大邸宅」と、黒人たちが住む「センザーラ」すなわち「奴隷小屋」の関係として描き出した名著です。この両者の密接な関係性のなかで「ブラジル」社会の母胎がつくられていき、「大邸宅と奴隷小屋は決して分断されていなかった」ことをジルベルト・フレイレは初めてブラジルの歴史的な文脈において理論化したのです。ブ

＊ジルベルト・フレイレ Gilberto Freyre（一九〇〇―一九八七）
ブラジルの社会学者、文化人類学者。フレイレは北東部のペルナンブーコ州レシフェ市にある、サトウキビ農園主の家に生まれた。若い頃、アメリカのコロンビア大学大学院で人類学者のフランツ・ボアズに師事した。一九三三年、代表作『大邸宅と奴隷小屋』を出版。植民地時代のブラジルのプランテーションにおける家父長制下の生活と社会において、ポルトガル系の白人、先住民のインディオ、アフリカ系の黒人の文化がたがいに融合し、ブラジルならではの伝統文化が形成された。その混血性を肯定的に捉えることを主張したその書は、当時のインテリ層に革命的な衝撃を与えた。

ラジルの歴史学では、長いあいだインディオ、黒人、白人の世界はそれぞれがまったく違うものとして扱われてきました。黒人を徹底的に利用しながら植民者である白人がヨーロッパ世界の延長としてのブラジルを、プランテーションという場を中心に形成していったというのが、いわば正史の語り方でした。しかし、フレイレはこの考え方を根幹から問い直した理論家でした。フレイレの詳細な研究によって、大邸宅と奴隷小屋の間にはいろいろな交流があったことが分かってきたのです。たとえば、大邸宅の炊事場は完全に黒人の女性たちが支配していた。そこは完全な黒人世界としてあり、そこに白人の農園主の子供たちが遊びに来て、黒人の女性たちに可愛がられ、時には性の手ほどきも受け、黒人の言葉も覚え、そういう場所からブラジル社会の「混血性」そのものが形成されていくのです。ブラジルが、黒人と白人の混成体であるということを、フレイレは主張したのです。それが一九三三年に書かれ、出版されました。ブラジルの公的な歴史学が大きく書き換えられようとする、重要な転換点でもありました。そしてだからこそ、旧来の正史の語り口を維持しようとする公的な反作用の力もはたらくことになります。そしてウンベルト・マウロが『ブラジルの発見』を製作したのは、『大邸宅と奴隷小屋』刊行の四年後のことです。このあたりの複雑な歴史意識のせめぎ合いを、この映画のなかに透かし見ることもできるはずです。マウロの立ち位置は、国家的な歴史構築の力と、新たに芽生えた混淆的な文化意識のはざまにおいて、映画という表現の自立性を何とか維持しようとする、難しいものでした。
つけくわえておけば、『大邸宅と奴隷小屋』は、シネマ・ノーヴォの旗手の一人であるジョアキン・ペドロ・ジ・アンドラージ*が映画化しようとして、亡くなるまで一生懸命シナリオを書いていた作品でした。植民地時代におけるインディオ、白人、黒人をめぐる複雑で豊かな関係性に光を当てる映画になっていた可能性があります。これが映画として完成されていたらとても興味深いものになっていたでしょう。ネルソン・ペレイラ・ドス・サントス監督は、二〇〇〇年にテレビ・ドキュメンタリーとして『大邸宅と奴隷小屋』を製作しましたが、これはジルベルト・フレイレの伝記的なドキュメンタリーという色彩が強く、フレイレの思想や理論を映画によって問いかけるようなものではありませんでした。

*ジョアキン・ペドロ・ジ・アンドラージ
二九八ページの註参照。

政治と寓意

もうひとつだけ大事なことがあります。『ブラジルの発見』が作られた一九三七年は、ブラジルの政治史にとっても決定的に重要な年です。「新国家体制」Estado novoとブラジルではいいますが、ジェトゥリオ・ヴァルガス大統領が軍事独裁体制を確立した年です。三〇年代初頭から力を得て、第二次大戦終戦直後の四五年まで約一五年間ブラジルを軍事独裁で牛耳った指導者がヴァルガスです。ヴァルガスによる国家新体制宣言とは、一種のファシズム体制ともいわれるものです。これによって、ブラジルでは市民生活の自由が制限されていきました。一方で、国家の中央集権的な社会機構の整備が進みました。たとえば大学です。エリート的なもの、あるいは産業の中心となっていくものが整備されていく。そしてナショナリズムが称揚される。移民も同化政策というかたちでブラジル国家体制に組み込まれ、国家という強固な枠組みが強く出てくる時代がこの三七年以後の新体制宣言からなのです。レヴィ＝ストロースも『悲しき熱帯』で、バイーアの町で写真を撮っていたら、突然警察に呼び止められ、カメラを没収され、フィルムを全部抜き取られたと書いています。それは三八年のことで、彼がちょうどブラジルを離れヨーロッパへ帰るときのことでした。逮捕され、「お前はいまブラジルにとって不名誉なものを撮った。お前がもしこのフィルムを持って帰ると、ブラジルには裸足の黒人がいて、荒れ果てたスラムがあるということを宣伝することになる。それは許されないことだから、お前は国家の法律を犯したことになる」といわれた。そんなエピソードが『悲しき熱帯』に語られています。国家の体制の締めつけが強くなっていたヴァルガス体制の典型的なエピソードのひとつといえます。

ロケッチ＝ピントという人物が、なぜ教育映画局（ＩＮＣＥ）などというものを創設したかというと、彼はリオ・デ・ジャネイロにラジオ局をつくり、ラジオという新しい民衆的な手段によって文化運動をやろうしていた。ところが、それが国家のプロパガンダ省に没収されて国営化された。これにロケッチ＝ピントは抵抗し、ラジオの仕事を全部投げ打って、自分の新しい潜伏の場としての教育映画局をつくったのです。いずれにせよ、自分が新しいことをやるための足がかりを教育映画局での映画製作に求めたわけです。そこでウンベルト・マウロと協力していくことになりました。ある意味で、これは文化的な手段による政治的抵抗の場でもありました。教育的な枠組みを使いながら、ヴァルガスの独裁体制において禁じられていく表現に可能なかぎり抵触せずに、民衆的な表現を存続させていこうとする狙いがありました。マウロの映画『ブラジルの発見』はまさにそういうときにつくられました。映画製作の枠組みはＩＮＣＥですが、バイーアの輸出産業であるカカオ公社が資金源となっています。カカオ公社を運営しているのは、ほとんどが古い植民地時代と繋がるような農園領主や権力者ばかりです。そういうところが資金を出し、ブラジルにおける歴史意識への問い直しを、抑圧的な新国家体制という枠組みのなかで映像化するという綱渡りのようなプロジェクトだったのです。マウロがカミーニャの書簡を公的な典拠としてきちんと踏まえながら『ブラジルの発見』を撮り、建国神話の語り直しを行おうとしたのも、そうした背景においてでした。

世界大戦後のブラジルにおいて軍事クーデタが起きたのが一九六四年のことです。カステロ・ブランコ将軍によるクーデタです。戦後の混乱のなかでブラジルが自らのアイデンティティを模索していた時期でもありました。文化的にはボサノヴァやシネマ・ノーヴォの運動が六〇年代の初めから起こっていたときです。そうした時にブランコ将軍が台頭してきたのです。六四年はブラジルにとって重要な年であり、ブラジルにおける二〇世紀後半の新しい政治弾圧の始まり、軍事独裁の始まりを告げる年です。六四年から八五年までのほぼ二〇年間、ブラジルでは軍事独裁的な流れが続きました。シネマ・ノーヴォの作家たちはいきなり政治的弾圧の時代を迎えることになり、グラウベル・ローシャやルイ・ゲーラらは亡命を余儀なくされました。六〇年代後半から七〇年代にかけて、ブラジル国内で文化的表現を行うには、表現をパロディ化したり、巧みに比喩化することが必要になりました。

グラウベル・ローシャ

そうした時代のなかで、グラウベル・ローシャの『狂乱の大地』*Terra em Transe*（一九六七）という映画は、まさに六四年のクーデタ以後に撮られた重要な作品です。ネルソン・ペレイラ・ドス・サントスの『私の食べたフランス人』（一九七一）もクーデタ以後の混乱期に製作されました。ジョアキン・ペドロ・ジ・アンドラージの『マクナイーマ』も一九六九年の作品で、これはカステロ・ブランコの軍事独裁状況にたいする寓意的なパロディになっています。直接的な政治への言及をすれば逮捕されたり殺されたりする可能性があったため、映画作家たちは主題をパロディ化し、映像や物語の背後に隠された政治的な寓意を込めなくてはならなかったのです。そうした映画が六〇年代から七〇年代につくられていますが、非常に優れた作品が多いのです。ここでは最後に、グラウベル・ローシャが『狂乱の大地』で表現した「ブラジル発見」をめぐるファースト・コンタクトについて考えてみましょう。

『狂乱の大地』は、映画自体はブラジルの発見についての映画ではありません。現代ブラジルの政治の混乱を「エル・ドラード」という架空の国の政治的混乱を語るというかたちで表現したものです。一人の若い詩人の破滅の物語です。さまざまな政治勢力に翻弄されていく一人の詩人、活動家の物語といえます。この映画のなかに、彼の死を暗示するシーンがあり、そこに右翼の政治家で独裁者になる人物が

『狂乱の大地』 *Terra em Transe* 監督：グラウベル・ローシャ／撮影：ルイス・カルロス・バレート／出演：ジャルデル・フィーリョ、グラウセ・ローシャ他／ブラジル／一九六七年

出てきます。その人物が、ブラジルの「発見者」ペドロ・アルヴァレス・カブラルになぞらえられているのです。これは架空の右翼独裁者ですが、十字架を持っています。そして海の映像が出てきて、ここではアフリカの儀礼的な音楽が使われています。なにもない砂浜が広がり、インディオやポルトガル人らしい人びとがいて、十字架があります。そして、ブラジル発見の儀式にならって、独裁者が十字架の前で跪きます。これは映画のなかではほんの一瞬のシーンにすぎませんが、マウロの『ブラジルの発見』を見ていれば、これが何を意味しているかは分かるようになっています。

グラウベル・ローシャは、ウンベルト・マウロを高く評価していました。ここではマウロの『ブラジルの発見』という映画を踏まえつつ、その文脈をずらし、転倒させています。独裁者の男が何もない砂浜に十字架を立てて「発見」を暗示する儀式の動作をするとき、インディオたちはカーニヴァルの黒人の衣装であるファンタジーアの仮装をしています。時代錯誤、すなわちアナクロニズムの表現を意識的に取り入れているのです。そして、これをあたかもカブラルの時代のファースト・コンタクトであるかのようにパロディ化している。結論的にいえば、五〇〇年前のブラジルの「発見」と「征服」の瞬間と、一九六〇年代の政治的混乱というものが直に繋がっ

『狂乱の大地』より

ているのだ、という批判的視点をこのシーンは暗示しているのです。マウロの『ブラジルの発見』では、ヴィラ＝ロボス*が作曲した荘厳なクラシック音楽が、処女地における最初のミサの聖性を意味づけていました。一方、ローシャの『狂乱の大地』では、本来はブラジルの発見の瞬間には存在しえないアフリカのヨルバ系の黒人の憑霊音楽が使用されています。これは黒人がブラジルにもたらしたシャーマニズム的宗教のひとつで、霊を憑依させてトランス状態に入りながら行う宗教儀礼です。ブラジルの現実政治にたいする悪魔祓いの儀礼としての意味合いも含んでいるのでしょう。このシーンは、政治的混乱のもとでの新たなブラジルの発見を暗示するときのメタファーとなりえます。インディオの人食いとアフリカの精霊への憑依。この映画の邦題は『狂乱の大地』とふつう名づけられていますが、より正確には「憑依する大地」「トランス状態にある大地」と訳さなければならないでしょう。

マウロの『ブラジルの発見』の神話性は、こうしてシネマ・ノーヴォにおける寓意的な表現のなかで刺激的に再解釈されていたのです。

＊エイトル・ヴィラ＝ロボス Heitor Villa-Lobos（一八八七―一九五九）ブラジル出身で、二〇世紀を代表する作曲家の一人。幼少期からJ・S・バッハの影響を受け、ピアノ、クラリネット、チェロの演奏を学んだ。一六歳頃から民衆音楽家の生活にあこがれてショーロの仲間に加わり、カフェで演奏した。一八歳のときにブラジル東北部に出かけ、民謡を収集した。リオ・デ・ジャネイロの音楽院で学んだあと、一九一五年に作品が公開された。パリ留学中に、ルービンシュタインら幅広い音楽家の知己を得て、国際的な評価も高まっていった。一連の「ブラジル風バッハ」や「ショーロ」など、ブラジルの民俗音楽に根ざした作品を創作し、その真価を世界に知らしめた作曲家である。

III

限界《リミーチ》

失われたアヴァンギャルド映画がブラジルにあった

幻のフィルム

「ブラジル映画」の歴史の始まりに一本の失われたフィルムがありました。マリオ・ペイショット*監督の『限界』（一九三一）です。この、ブラジル映画史における幻のアヴァンギャルド作品が、ワールド・シネマ・ファウンデーションによって二〇一〇年に修復されてよみがえりました。フィルムの肌理まで鮮やかに修復され、美しく生まれ直した映画に見入ることができるようになりました。ここまですばらしい状態にまで映像がよみがえると、何か新しい映画を観たという感じさえします。この映画が持っている独特のリズム、水の上をたゆたうような、ゆったりとしたリズムのなかで、時間の迷宮から立ち現われてきた新たな映画に魅せられる思いがします。

これは、ブラジルのポルトガル語では『Limite《リミーチ》』と呼ばれている映画であり、日本ではこれまで「限界」と訳されることが多かったのですが、その訳語では少しニュ

『限界』*Limite* 製作・監督・脚本・編集：マリオ・ペイショット／撮影：エドガー・ブラジル／出演：イオランダ・ベルナルデス、オルガ・ブレノ、ブルータス・ペレイラ他／ブラジル／一九三一年
マリオ・ペイショットが一九三一年に製作し、三二年にリオ・デ・ジャネイロで上映されたあと、長いあいだ観ることができず、伝説的になっていたブラジルのアヴァンギャルド映画。映画は、座した女

アンスが限定されてしまうきらいがあります。英語においても「リミット」という場合、それは「限界」という意味だけではなく、限界点とか、極限とか、極限点とか、さまざまに微細なニュアンスを含むものとなっているでしょう。ポルトガル語の"limite"という語は、もともとラテン語の"limes"《リーメ》という言葉が語源になっており、これは「閾」とか「境目」という意味です。ですから、必ずしも人間的な生の限界というだけではないニュアンスが、この映画のタイトルには含まれているわけです。

長いあいだ『限界《リミーチ》』は、失われた映画といわれてきました。プロダクションによるものではない完全に独立制作の映画として、一九三一年にリオのシネマ・カピトリオで上映はされましたが、一般的な意味における劇場公開という手順を経ることなく、この映画はあまり評判にならずに、そのまま世間から忘れられてしまったといえます。監督のマリオ・ペイショットにとっては、二二歳のこの処女作において彼の映画作家としての創造的な頂点を示したものの、残りの六〇年ほどの人生は時代から取り残された一種の隠遁者のような存在になってしまいました。まるで、映画の主人公たちの実存的な孤独と疎外を自ら引き継ぐように、社会的存在としての自己の「限界」を『限界』と名づけられた作品で暗示してしまったという意味では、この作品はひとつの大きな逆説でもありました。そして初上映後ほぼ半世紀のあい

性のバストショットの前に差しだされた、拘束された男性の両手のショットで開ける。ボートに乗った男一人、女二人が海上をただようシークエンスから、それぞれの人物がそこにたどり着くまでの過去がフラッシュバックで振り返られる。とはいえ、物語の構造やその意味よりも、エイゼンシュテインやフランスの前衛映画を独自なかたちで吸収し、ペイショットが編みだした美しく詩的なイメージの奔流に観る者は身を委ねざるを得ない。

＊マリオ・ペイショット Mário Peixoto（一九〇八―一九九二）
ブラジルの映画作家、詩人、小説家。若い頃にヨーロッパへ渡り、パリで映画をはじめとする、さまざまなモダニズムの文化に触れる。サイレント時代の一九三〇年、二二歳のときにブラジルで撮影した唯一の映画作品『限界』が、ブラジルのアヴァンギャルド映画

だ、ブラジルでは誰も見たことがないにもかかわらず、この映画は伝説化されるかたちでさまざまに言及され、語り継がれていくことになりました。見た者がいないのに、語られれば語られるほどその作品の伝説的評判が高まってゆく。これもまた、もうひとつの逆説であったといえるでしょう。

『限界』についての文章のなかでとりわけ重要なもののひとつがグラウベル・ローシャによるもので、彼は一九六三年にこの映画について"O Mito Limite"すなわち「リミーチという神話」という文章を書いています。すでにこの頃にはこの映画の存在がほとんど「神話」になっていたことが分かります。そのなかでローシャは、友人の批評家サーレス・ゴメスの彼への問いかけをこんな風に紹介しています。

《Limite》は存在しているのか？　本当にそのフィルムを見たのか、それともすべては私たちのなかの強迫的な夢の仕業なのか……。*

この段階では、最初に『限界』が上映されてからすでに三〇年以上がたっており、ほとんど誰も見たことがなかったわけです。それにもかかわらず、このフィルムについて初期の段階からさまざまな言及があり、それらを綜合してローシャは自分が

を代表する作品として知られている。三一年に出版した詩集『ムンデウ』*Mundéu* には、小説家のマリオ・ジ・アンドラージが序文を寄せた。同年『バザール』*Bazar* という雑誌を刊行し、三本の小説と戯曲を発表。三三年には唯一の長篇小説『O』を出版している。

* Glauber Rocha, "O mito Limite", *Revisão crítica do Cinema Brasileiro.* São Paulo: Cosac & Naify, 2003 [orig.1963], p.58.

まったく見たことのない作品について、一篇の長い批評文を書いたのです。一度も見たことがないフィルムについて書くということも不思議ですが、ローシャの『限界』にたいする態度はやや懐疑的です。もちろん作品を観ていないわけですから、評価も何もできるはずはないのですが、それまでに『限界』について語られた文章群から、ローシャはこの作品がどういうものだったのかを直感的に判断し、そこからこの批評文を書いてしまったわけです。ですからローシャが書いた「リミーチという神話」という文章は、この作品そのものというよりは、この作品が神秘化され、伝説化され、神話化されていったことにたいする違和感のようなものだったといってもいいかもしれません。シネマ・ノーヴォの革命に燃える一人の映画人にとっての両義的な渇望のようなものが、この「失われた映画」に向けられている、ということもできるかもしれません。ですがまずはローシャの言葉から、シネマ・ノーヴォ運動の最盛期において、『限界』というフィルムが存在しているのかと多くの人が疑うほど、それが幻のフィルムになりつつあったということを確認しておくだけに留めましょう。

ひとつつけ加えておくとすれば、監督であるマリオ・ペイショットという人物には、逆説と呼べるようなものがあります。それはひとことで言えば、処女作によってすべてを成し遂げてしまった、という逆説です。処女作ですでに自分自身の創造的な頂点にあったという事実は特筆すべきですが、処女作において創造的な頂点にあるということは、つまりそこが「極点《リミット》＝限界」であるということになります。この映画の物語にも、人間存在の限界、これ以上どう足掻いてもある状況を超えることができないという観念的テーマがあるわけですが、それがマリオ・ペイショットという映画作家の創作活動にとってもパラドキシカルな限界になってしまった。だから彼は二二歳で『限界』を撮ったあと、残りの人生を時代から取り残されて、孤独のなかで生きることになりました。まさにブラジルという社会、あるいは二〇世紀という時代から完全に難破して、漂流したという意味では、『限界』の登場人物たちが映画のなかで描かれた生を、ペイショットはそのまま自ら引き継いで生き、孤独のなかで死んだといってもいいわけです。この事実もまた、この映画の大きな謎の一部として私たちの現在に向けてさまざまなことを示唆しています。

ですから、いま『限界』について語ることは、一九三〇年代に作られたブラジル映画について歴史的に語ること、つまりブラジル映画史のなかの特別な一作品として語るという、ただ単に回顧的な姿勢だけでは済まされないものがあるはずです。ワールド・シネマ・ファウンデーションは、マーティン・スコセッシ、ヴィム・

ヴェンダース、アッバス・キアロスタミ、ヴァルテル・サレス、ベニチオ・デル・トロ、アレハンドロ・ゴンサレス＝イニャリトゥといった映画人を中心にして、忘れられた歴史的なフィルムを修復して保存するという、ひとつの大きな目的をもって設立されましたが、こうした財団がペイショットの『限界』に注目するのもそうした理由からでしょう。事実、二〇一〇年一一月に、ニューヨークでワールド・シネマ・ファウンデーション主催の映画祭が行われ、修復された『限界』が映画祭のオープニングを飾るかたちでプレミア上映されました。ブラジル人の二人の人物が、この劣化したフィルムを二〇年ほどかけて、個人的な作業として修復してきたものをワールド・シネマ・ファウンデーションが出資して引き継ぎ、ようやく完全修復が成されたわけです。これによって『限界』は新たな見直しや解釈・分析の段階に入っていくだろうと思います。映画の歴史のある部分の書き換えが必要になってくる可能性もあります。ですからこの作品について語ることは、八〇年前のブラジル映画について歴史的に回顧する、というだけでは終わらないわけです。

　ここでは主に三つのことを考えたいと思います。最初は『限界』というフィルムそのものについてです。次に『限界』というフィルムの成立の背景と、この映画がどんなふうにブラジル映画史のなかに位置づけられてきたか、そして人びとから受けとめられてきたかということについて考えます。そして最後に、この映画が示唆しているると思われるひとつのヴィジョンについて触れたいと思います。

三つの逃亡の物語

まず『限界』というフィルムそのものについて考えていきましょう。この映画は必ずしも難解であるとはいえません。とりあえず、筋書きや物語を度外視しても映像そのものの迫力によって鑑賞に耐える映画で、映像として十分に美しいし、さまざまなものを訴えかけてくれる映画です。ですが、ここでは理解を深めるために、映画の中身について少し解説的に語ってみましょう。冒頭にプロローグが一〇分ほどあります。カラスのような鳥の群れが、なにかに群がっている短いショットから始まります。次に出てくるのが一枚の写真で、一人の若い女性がこちらを向いて、じっと目を見開いている静止したイメージです。そして、女性の肩越しに男の両腕が女性を捕獲するように、拘束するように伸びている。ところが、その女性を拘束し、あるいは限界づける男性の両腕の手首に手錠がかかっています。ここには、拘束しようとしている人間が、じつは拘束されているというパラドックスが示されて

映画『限界』のプロト・イメージ

います。そのような暗示的なイメージから『限界』というフィルムは始まっています。

これは、『限界』のすべてが生まれることになったプロト・イメージ（原イメージ）といっていいと思います。これを次の写真と見比べてみてください。マリオ・ペイショットは二〇歳前後のときに、パリで当時隆盛をほこっていた前衛映画を浴びるほど観ていました。その頃のある日、ペイショットはパリの街角で『VU』という写真雑誌の表紙に目を止めます。それは写真家アンドレ・ケルテスが撮った写真であり、一九二九年の『VU』八月号の表紙に使われていたものです。この写真をひと目見た途端、マリオ・ペイショットのなかに、ほとんど啓示的なアイディアが湧き出してきました。まったく偶然の出来事ではありますが、女を肩越しに拘束する男の腕が拘束されているという写真に出会った。この出会いが『限界』という作品の主題となるアイディアをペイショットのなかに生み出し、ペイショットはその日の晩にはもう、このフィルムのもとになるシナリオを書き始めたといわれています。彼はシナリオを一挙に書きあげ、映画のラストシーンの、嵐で難破した船の残骸につかまって、女性が海の上に浮いているというシーンまで書きあげたといわれています。そのような、強烈なひとつのイメージとの出会いがあった。アンドレ・ケルテスの撮った写真と、『限界』の冒頭のシーンを並べてみると、ここに『限界』とい

『VU』一九二九年八月号の表紙

う映画の霊感源があることが分かります。

　椅子にすわった女性が正面をむいて遠くへまなざしを向けていて、それを限界づけるようにして男性の両腕があり、さらにその腕が拘束されているというイメージが、この映画のプロット・イメージとなった。そして、映画はこの原型的なイメージからどんどん変容していくことで作られているといってもいい。登場人物たちの実存において、拘束され、閉鎖され、限界づけられているという状態が変化して、人物たちがその状態と格闘し、抗い、逃亡してゆくという運動が、フィルムを通じて語られていくわけです。

　このプロローグ的なパートに続いて、ボートに乗っている三人の登場人物が出てきます。女性が二人、男性が一人ですが、このボートはもう動く力を失って、波に翻弄されるがままに海原の上を漂っている。この船に乗った三人の人物のイメージが、時制的には、この映画における現在となっています。それ以外のシーンやシークエンスはすべて、一人ひとりの登場人物における過去に関わる物語です。それは、ある種のフラッシュバックだといってもいいでしょう。それが本当にあった出来事なのか否かは別として、それぞれにおける過去の人生の物語が、ボートの上の男女をかなり厳しい状態に追いつめていることが分かります。彼らは漂泊し、放浪し、漂流しています。飲み水ももうなくっています。そのような状況のなかで、一人ひとりが見る過去の記憶、幻影のようなフラッシュバックが、フィルムが描き出す物語として語られていくのです。

最初の女性の物語を見てみましょう。彼女はどうやら田舎町の監獄に入れられていたようですが、そこの看守と共謀して脱獄した模様です。脱獄のあと身を隠し、どこかの町でミシンを使って裁縫をしているシーンが出てくるので、お針子の仕事にありついていることが分かります。けれども、実存的にはひとつの閉鎖状態にいて、抜けだすことのできない閉塞感のなかで暮らしています。あるとき、自分が脱獄したニュースが新聞記事になっているのを読んで、再び逃亡することになります。このあたりで、どうやらこのフィルムにおける物語は、三人の登場人物の過去のエピソードを通じて、なぜこの男女三人がいま現在、偶然この一艘の船に乗りあわせて漂流しているのか、という経緯や理由を説明する物語として語られていることが分かってきます。

次に二番目の女性の物語がきますが、彼女の過去の物語は最初のものよりはボリュームがあります。この女性には酒ぐせの悪いピアノ弾きの夫がいるようです。海辺の町に暮らしており、毎日のように漁師の捕った魚を家に持ってかえり、それを料理しています。夫のほうはいつも階段で酔いつぶれているような人物で、旦那のそんな姿にすっかり嫌気がさしていて、結婚生活そのものが不毛であることが示されます。ここでは夫の存在や結婚生活というものが、拘束を生み出しているということになるでしょうか。そこから女性は逃げることになります。断崖のうえに登って、遠くの海をずっと見ている。そのシーンに映画『チャップリンの冒険』（一九一七）の映像が挿入されます。よく知られたサイレント映画です。女性の夫が、サイレント映画の伴奏をピアノで弾いているという設定です。囚人服を着た囚人のチャップリンが、牢屋から脱獄しようとして砂の上にあがってきたら、そこに看守がいてびっくりして砂をかぶって逃げるという一幕です。その映画を見ながら、笑っている観客たちの口だけがクローズアップされて、執拗にくり返される。このあたりは、映画における表現主義やフォルマリズムの影響を感じさせるスタイルをとっています。物語をあれこれ理解しようと努力することよりも、このような映像そのものに、このフィルムを観ているわたしたちは引きつけられてしまいます。このピアノ弾きの夫役を演じているブルータス・ペレイラという俳優は、じつはとても重要です。彼こそがマリオ・ペイショットに『限界』という作品を撮らせようと、熱狂的に彼を支持して応援した人でした。

最後に、ボートの上で唯一の男性である人物の過去の物語が語られます。これが三人のなかで、もっとも長い物語になっており、かついちばん複雑だともいえるでしょう。彼は妻を亡くしており、別の女性と恋愛関係にありますが、この女性はどうやら人妻のようです。ですから、その恋愛は最初から不毛なものなのです。あるとき、亡くなった妻の墓参りをしようと墓場を訪ねます。墓地に入ってから、そこら辺りに咲いていた、もうすでに干からびてほとんど枯れてしまっている花をむしりとって、それをポンと投げ捨てるように妻のお墓にそなえます。そのような男性の行動ひとつを見ても、彼と亡き妻の関係がどのようなものであったかが、想像がつくようになっています。ところが、その妻のお墓の前で一人の男性が待っている。じつは、この金髪の男性を演じているのが、このとき二一歳か二二歳のマリオ・ペイショット本人なのです。この金髪の男性は、彼が恋愛関係にある人妻の女性の夫ということが分かります。そこで「お前は俺の女に何をしようとしているんだ」という風に責めたてられるわけです。ペイショットが演じる夫は「本当は、自分の妻はレプラなんだぞ」と告げて、男性のほうはショックを受けます。そのことによる絶望や苦悩の状況から、この男性は逃げようともがく。男性のなかの怖れの気持ちや、さまざま思念が交錯して、ついに彼は地面に倒れます。この男性の内面を表現

『限界』に出演しているマリオ・ペイショット

しようとするときのカメラワークが途方もない。カメラが天を仰いだり、グルグルと回転したり、ものすごいスピードで疾走したりします。

こうして、一人ひとりの登場人物の過去の物語が語られ、それらの果てで、現在、三人は一艘の小舟にたまたま乗り合わせているのです。飲み水は尽きてしまっています。舟底にあいた穴からは海水が船に侵入してきている。もう先の望みはないのですが、そこへ遠くのほうの海原に樽が一個浮かんでいるのがチラッと見える。それが唯一の望みのように見えたところで、男性は絶望して海に飛びこみます。その樽にすがりつこうとしたのか、彼の意図までは明示されませんが、彼は海に飛びこんで消えてしまう。そして、女性二人が船の上に残されます。二人の女性が共に絶望している状況のなかで、嵐がやってきます。荒れ狂う海のショットが延々と続きます。そこには海の凄まじいエネルギーが示されると同時に、カタルシスとしての嵐がすべてのものを洗い流して昇華する、そのような美しさといったものも表現されています。嵐が去ったあと、再び静寂を取り戻して、キラキラとして美しい海の姿が映し出されます。その海に、船の残骸につかまっている女性の姿があります。やがて、彼女の姿もまた消えます。そして最後に、再度プロト・イメージである手錠で拘束された男の腕と、それに限界づけられている女性のイメージが登場し、鳥の群れが何かにたかっているショットが短く出てきて、映画は終わります。

　ここまで見てくれば、不気味な鳥の群れが何をついばんでいたかということも、ほぼ想像がつくことでしょう。

ブラジル映画史のなかの『限界』

　このように『限界』というフィルムの物語を読みほぐしてみても、若干の虚しさが残るのは、そもそもこの作品がナラティヴではなく、詩的で独特のスタイルを持った映像や、官能的なイメージそのものによって何かを語ろうとしているからでしょう。撮影効果という面だけをとっても、さまざまな技法が使われていたことが分かります。映像におけるディゾルブの使い方、あるいはショットとショットをつなぐモンタージュのあり方など、一九二〇年代から三〇年代前半という時期にアヴァンギャルド映画が使ってきた技法のほとんどすべてが、ここに巧みに採用されています。それらがこの作品がもっているアイディアやコンセプトを見事に補完しています。映画の全篇をとおして映像がもっているリズムは独特ですし、ブレやボケを含んだカメラワークには驚くべきものがあります。一つひとつのショットを見れば、髪、首、目、口、足といった人間の体の一部にカメラが肉迫するように、クロースアップが多用されています。それから、木の枝や葉をゆらす風の描写や、光のニュアンスを微細に表現した空や海などの風景も、クロースアップによってとても叙情的に撮られています。映画のカメラ自体も激しい動きをしています。移動撮影を使いながら、何度も噴水に向かってカメラが近づいていったり、あるいはカメラが回転することで空と陸地と海がひっくり返るようなシーンもありました。

こうした点で、マリオ・ペイショットがヨーロッパのアヴァンギャルド映画の技法を学んでいることに間違いはありません。たとえばエイゼンシュテインの映画や、マン・レイやルネ・クレールといった一九二〇年代のサイレント映画、アヴァンギャルド映画から吸収されたものが『限界』に数多く見られます。それと同時に、この時期のブラジルの映画界のなかで最初の自立した映画監督といっていいウンベルト・マウロの強い影響も感じられます。ペイショットは『限界』の脚本を書いたあと、これを敬愛する映画監督であるマウロのところに持っていき、彼に監督してもらおうとまず考えました。そのような意味では、必ずしもペイショットは『限界』の全体を一人で作りあげるつもりが最初からあったわけではないのです。ところが、マウロはこのとき非常に忙しかったということもあり、ペイショットに「自分で作ったらどうか」と勧めたようです。そのときマウロはエドガー・ブラジルという優れた撮影監督をペイショットに紹介しました。そのような経緯もあって、この映画が少人数の自主制作映画として作られていく態勢が生まれたのでしょう。

一九三〇年代前半のウンベルト・マウロは、内陸にあるミナス・ジェライス州のカタグァゼスという町に製作拠点をもち、そこでローカルな主題で、ドキュメンタリー的なタッチをもった作品を数多く手がけていました。マウロのそうした映画からペイショットが学んださまざまな養分は、『限界』のなかに多く組みこまれています。ときどき、物語の筋立てとはあまり関係がないようなかたちで、ブラジルの地方ドキュメンタリー的な描写が入っています。たとえば最後のほうで出てくる漁村のシーン。これはリオ・デ・ジャネイロ近郊の海岸で撮ったのですが、漁師たちの船と浜で干されている漁網の緻密で美しい映像描写になっています。それはほとんどウンベルト・マウロが撮っていた地方映画のようなスタイルの映像です。肌理の細かいブラジルの民俗文化のディテールが描かれており、それにたいする深い理解と新しい映像の視線をつくりだそうという意志がここにはあります。『限界』という映画のなかには、ヨーロッパのアヴァンギャルド映画とブラジルの地方映画のそれぞれの実験性を、ともに内的に組みこんだかたちで成立している、ということが分かります。

『限界』が完成したのは一九三一年です。この時期、北アメリカでは一九二七年に初めて『ジャズシンガー』という有名なトーキー映画がつくられています。『限界』の完成はトーキーが成立して四年ほどが経った時期で、ちょうど映画がサイレントからトーキーに変わる過渡期だったことが分かります。この時期は、ちょうどペイショットの映画作家としての自己形成の時期と重なっています。ペイショットは一九〇八年に、化学者であった父の留学先のベルギー、ブリュッセルで生まれ、その後リオに帰ってきて、その土地で育ちました。一〇代の後半にヨーロッパへ遊学し、イギリスとフランスで映画を学んでいます。ペイショットがブラジルに戻った一九二八年、リオに「チャップリン・クラブ」という映画研究サークルがつくられたことは、彼自身だけでなく、ブラジル映画の歴史にとっても画期的な出来事でした。その中心人物がプリーニオ・スセキント・ローシャと、オクタヴィオ・デ・ファリアという人物です。これはサイレント映画を徹底的に研究するサークルでした。映画の歴史においては最初の三〇年がサイレント映画の時代にあたりますが、まさにサイレントがトーキーに変わろうという時期に、ブラジルにおいてサイレント映画を総括して研究しようという動きがあらわれた。つまりトーキーの技法の出現によって、逆にサイレント映画の三〇年という時間が映画の初発の意志と欲望をすべて凝縮した時代として、客観的に意識されたわけです。

これは、とても大事なことです。なぜなら、単純に映画のテクノロジーにおいて音声がつくようになったから、サイレント映画はもう古くなったんだというのではない。サイレント映画は映画の原型であり、映画の原初形態です。映画にはもともと音声トラックがついておらず、その条件のなかで映画がつくり上げてきたいろいろな技法というものがある。それは映画に音がついたあとでも、大きなひとつの資産として映画が活用していかなくてはならないものだった。むしろ映画に音がついてしまうことにより、サイレント時代のさまざまな技法や美学が忘れ去られてしまうとすれば、それは映画の歴史を貧しくしてしまうことになるのです。チャップリン・クラブは、そのような視点をもっていた自覚的なサークルだったといっていいでしょう。その中心人物がプリーニオ・スセキント・ローシャでした。彼は大学で物理学を教えていた教師なのですが、その一方で映画の研究をしており、のちにはサイレント映画の理論家になっていきました。ローシャが教えていた学生の一人がサウロ・ペレイラ・デ・メロという人物で、彼が『限界』のフィルムを修復し、辛うじてこの映画が失われずに現代まで伝えられるためのキーパーソンとなりました。

すでに触れたように、若い頃のマリオ・ペイショットは、ヨーロッパへ渡り、ロンドンやパリで映画に耽溺しました。そのときに雑誌の表紙にあったケルテスの写真を見つけ、そこから『限界』につながるアイディアが閃き、彼はブラジルに戻ってきます。一九三〇年に、リオに「シネジア」Cinédia という映画の新しいプロダクション・システムが作られました。これによって、ブラジル映画はハリウッド型の撮影所を含めた、ひとつの巨大産業として自立していくということになります。シネジアの誕生はブラジル映画史のなかで重要であり、ウンベルト・マウロも監督としてここへ移っています。そして、三〇年代のマウロはシネジアを拠点にして、『残滓』*（一九三三）や『ブラジルの発見』（一九三七）といった長篇映画を作っていくことになる。これら三〇年代のマウロの映画は、ブラジルの五〇年代終わりから六〇年代にかけての時期に、シネマ・ノーヴォの運動を担った第一世代であるグラウベル・ローシャら若い映画監督たちによって、彼らにとっての先駆的な作品として再評価されるようになります。興味深いのは、世界の映画史においても重要であるシネマ・ノーヴォの運動において過去の作品が見直されていくなかで、『限界』の影響が不在であったということです。グラウベル・ローシャを含めたシネマ・ノーヴォの映画作家たちは、『限界』を見ていなかったわけです。そのような意味においては、

＊『残滓』 *Ganga Bruta*　監督・編集：ウンベルト・マウロ／製作会社：シネジア／出演：ドルバル・ベリーニ、ジア・セルヴァ他／ブラジル／一九三三年
ウンベルト・マウロが監督した一六本目の作品。主人公のマルコスはエンジニアだが、結婚式の夜に花嫁が処女ではないことを発見し、殺害してしまう。騒ぎをよそに都会へ引っ越してきたマルコスは、

ブラジル映画がシネマ・ノーヴォを経て現在に至るまで展開してきた歴史は、『限界』を抜きにして完成してしまっているといえるのです。ですから私たちは、『限界』の再発見によって、ブラジルの映画史に欠落していたものをもう一度探し当てていく作業をしなくてはならない。一九三〇年にシネジアが誕生しましたが、『限界』は商業映画としてプロダクション・システムのなかで製作されるわけにはいかず、マリオ・ペイショットと少人数のスタッフによる自主制作になりました。製作費を抑えるためでしょう、ペイショットの親戚がリオの海辺沿いに大きな家をもっていたので、スタッフは全員そこに泊まりこんで撮影を進めました。ペイショットの家族や親戚が食事や生活に必要なものをまかない、数ヶ月間かけてこの作品を撮っていったということです。それは、すばらしい時間だったようです。そのような、商業映画には見ることができない、非制度的で自由な空気というものが『限界』には明らかに流れていると思います。物語における「拘束」というテーマと、製作におけるこの自由さとは、見事なコントラストを見せています。

歴史的な事実を語れば、『限界』は一九三一年五月一七日に、リオのシネマ・カピトリオにおいてチャップリン・クラブ主催で初上映されました。ただし、いわゆる一般的な劇場公開にはならなかった。この映画に反応した人は、非常に限られた人

工場建設の仕事を見つける。仕事仲間のデーシオの婚約者ソニアがマルコスに惹きつけられるが、最初のうちはそれに気づかない。そのうち、マルコスの方でも恋に落ちる。それを知ったデーシオは怒り「マルコスを殺す」というが……。公開当初は批評家からも観客からも評判が悪く、シネジアに経済的な打撃を与えた。五〇年代以降にシネマ・ノーヴォの運動のなかで、グラウベル・ローシャたちに再評価された。

数だったのでしょう。このような手仕事による小さな映画というものにたいする偏見もあったのかもしれません。いわゆるお蔵入りの状況になってしまい、そのままこの映画のプリントの品質はどんどん悪くなっていった。硝酸処理を経ていたフィルムが湿気や気温によって劣化してしまい、一〇年くらい経った時点では、かなりひどい状態だったことが判明しています。やがてプリーニオ・スセキント・ローシャの学生だったサウロ・ペレイラ・デ・メロが、一九五九年から『限界』の修復を始めたことが分かっています。デ・メロはたった一本しかないと思われる『限界』のプリント・フィルムを偶然に発見し、その修復を始めたのです。その時点において、最初の上映からすでに三〇年近くが経っており、その間はほとんど誰もこの映画を見ることができなかったわけです。

ところが、それ以前に、たった一度だけ『限界』が上映される機会があったことが判っています。それは一九四二年のことでした。一九四二年はとても興味深い年であり、アメリカからオーソン・ウェルズ*がブラジルにやって来た年です。ウェルズがちょうど『市民ケーン』を撮った直後のことです。次章で詳しく述べますが、この時期に、ウォルト・ディズニーらが請け負ったアメリカの国策映画が、ラテンアメリカでいくつも作られています。これは「善隣外交」と呼ばれる、アメリカが

＊オーソン・ウェルズ Orson Welles（一九一五―一九八五）
アメリカの俳優、演出家、映画監督。一〇代の頃から俳優、演劇人として才能を発揮。二一歳のときに、ニューヨークのハーレ

方向転換した新しい対外政策に関係していました。第二次世界大戦が勃発し、ヨーロッパは戦争の状態になっていた。そこで、ヨーロッパのナチスドイツの影響力から、南北のアメリカ大陸を守ろうとする動きがアメリカに出てきたのです。それまで中南米の国々にたいして搾取的な政策をとっていたアメリカ政府が、表面上はラテンアメリカと仲良くし、アメリカの影響下に中南米を取り込もうという動きが一九四〇年代に起きたのです。そのために映画がひとつの手段として使われ、ウォルト・ディズニーを南米に派遣して友好映画を撮らせました。『サルードス・アミーゴス』*Saludos Amigos*（一九四二、邦題『ラテンアメリカの旅』）と『スリー・キャバレロス』*Three Caballeros*（一九四四、邦題『三人の騎士』）という二本のアニメーション映画です。メキシコ人やブラジル人の典型的なキャラクターがいるところへ、ドナルド・ダックがやって来て、みんなでカーニヴァルのダンスを踊るような異国趣味丸出しの作品でした。

この善隣外交における文化政策としての映画の第二弾として、『市民ケーン』という映画を作って時代の寵児になった映画監督であるオーソン・ウェルズを、アメリカ政府はラテンアメリカに派遣し、ブラジルの映画を作らせようとしました。これはアメリカ政府の見込み違いだったといっていい。つまりオーソン・ウェルズと

ム地区で黒人の俳優やスタッフを率いて、シェイクスピアの『マクベス』をカリブ海のハイチの設定に変えて演出し、大ヒットさせた。一九三七年にはH・G・ウェルズ原作の『宇宙戦争』をラジオドラマ化してニュースのように放送し、リアルな演出で全米がパニックに陥った。それに注目した映画会社RKOがハリウッドに呼び、一九四一年に最初の長篇映画『市民ケーン』を監督。弱冠二五歳にして世界的に評価される映画監督となった。演出した映画の代表作に『偉大なるアンバーソン家の人々』（一九四二）、『黒い罠』（一九五八）、『フェイク』（一九七四）などがある。

いう監督は、命じられておとなしく国策映画を撮るような従順な映画監督ではありえず、むしろ大変な反逆児でした。実際にウェルズはブラジルへ行き、その目でブラジルの現状というものを知り、そこにアメリカによる隠然たる抑圧があることをすぐに見抜きました。そして、ブラジル政府にたいする批判的な視点を、ブラジルの民衆の側に立ちながら発見していきました。このとき、ウェルズはリオのカーニヴァルを撮影しています。ヴァルガス大統領による抑圧的な政権のもと、ブラジル政府やアメリカの影の支配にたいして抵抗しようとするブラジルの黒人民衆たちの視点から映画を撮ろうとしました。そのことが段々とアメリカ政府にも分かってきて、映画製作のための予算はカットされてしまい、ウェルズによる、『すべて真実』*It's All True* というタイトルで進行していたプロジェクトは途中で製作がストップしてしまい、結果的に完成できませんでした。この映画もまた映画史のなかにおいて、もっとも重要な幻の映画のひとつということになります。『すべて真実』は完成しませんでしたが、この映画に関するドキュメンタリーが次章で見るように一九九三年に作られました。そのなかで、オーソン・ウェルズがブラジルで撮った現像済フッテージが編集されてよみがえり、それを私たちは現在見ることができます。

このオーソン・ウェルズがブラジルへ撮影に行ったとき、彼の訪問をブラジル側でもっとも歓迎した人物が詩人ヴィニシウス・ジ・モライスです。ヴィニシウスはボサノヴァ誕生よりもはるかに前のこの時期、優れた詩人であり映画批評家でもありました。そして『限界』の特別上映という出来事はこのとき起こったのです。オーソン・ウェルズがアメリカへ帰る前に「この映画だけはどうしても見せたい」という強い熱意がヴィニシウスにはあったようです。そして、どのように手を尽くしたのかは判明していませんが、ほとんど劣化していて誰も見ることができなかった『限界』をオーソン・ウェルズに個人的に見せたのです。

しかし、それはほとんど唯一の例外でした。現在ブラジルのリオで、マリオ・ペイショット・アーカイヴのディレクターを担当しているサウロ・ペレイラ・デ・メロが一九五九年に『限界』の修復を個人的な情熱によって開始するまで、この映画は失われたままでした。『限界』が最初の修復を経てようやく一般へ向けて上映されたのは、一九七八年になってからのことです。『限界』の初上映から四七年、ほとんど半世紀たっていたことになります。一九七八年というと、シネマ・ノーヴォ運動はほぼ終息しており、新しいムーヴメントであるトロピカリズモの時代です。ブラジル映画史において、ペイショットの『限界』はそのような時代に登場しました。映画史のなかでいえば、『セントラル・ステーション』（一九九八）を撮った映画監督

オーソン・ウェルズ（左）とヴィニシウス・ジ・モライス

のヴァルテル・サレスが若い時に、修復された『限界』を見て大きな刺戟を受けています。サレスは一九九六年に自らマリオ・ペイショット・アーカイヴをリオに設立しました。そこでは、ペイショットの映画作品だけではなく、彼の文学的な活動を含めたすべてのアーカイヴを保存し、サレス自身もペイショットの遺産を研究しようという動きに加わっています。ペイショットの全貌にたいする再評価は、まだ始まって間もないといっていいでしょう。

『限界』が示唆する島と海のイメージ

もうひとつ、最後のテーマとして語っておきたいことがあります。それは『限界』という作品を通して私たちが受容するイメージのことです。振り返っておくと、映画における現在時は海の上に浮かんでいる船のシーンであり、これだけがこの作品のなかでリアリティをもった場であるといえます。あとのシーンはすべて過去の回想に属しているわけですから。それらはもしかしたら、ボートに乗っている三人の人物の頭のなかにある幻想にすぎないのかもしれません。海の上にたゆたう船のイメージがこの映画の美学的な基本リズムを決定づけており、それは映像における陰影であるとか、空気や光といったもののすべてを律しています。じつは、この海の上を漂う船というイメージは、実存的なテーマとして、ブラジル文化の深いところに潜在しているのではないかと私は考えています。

ブラジルというと、南米の広漠とした大陸のイメージがありますが、不思議なことに、ブラジルを海に浮かぶ島として幻想するようなひとつの文化的な想像力が、時代を通じてブラジルにあります。『限界』という映画もそのような傾向をもった作品のひとつとして捉えることができます。この大きな系譜を繙くと、五世紀のアイルランドにまでさかのぼることができます。アイルランドの作家ジェイムズ・ジョイスが書いた『フィネガンズ・ウェイク』という小説があります。一九三九年に刊行されたハイ・モダニズムの傑作であり、いまだに謎めいた小説として私たちの前に屹立しています。この小説のなかに「聖ブレンダンのマントルがケリブラジリアン海を白く染める、砕け波打ち寄せる約束の地から……」というフレーズがあります。試みに渉猟してみると、それぞれ少しずつ違う綴りを持っていますが、『フィネガンズ・ウェイク』には三か所「ブラジル」という言葉が出てきます。『フィネガンズ・ウェイク』はダブリンとアイルランドをベースにして、世界全体を川や水のイメージで結ぼうとする、途方もないイマジネーションをもった小説です。文

映画『限界』における「海の上をたゆたう船のイメージ」

章としては、どこの国の言葉で書かれているのかも分からないような破壊的な英語で書かれています。聖ブレンダンというのは、五世紀に実在したアイルランドの修道士のことです。彼はカトリックの修道士として、アイルランドの周辺の海において船を操って宗教的な遍歴をくり返していました。彼はスコットランドやウェールズ、ブルターニュといった現在私たちがケルト圏と呼ぶような場所を転々と移動しながら聖地巡礼を行っていた人です。そのために、聖ブレンダンはアイルランドから船でもってさまざまな島々や半島を訪ね歩きながら、どこかに楽園の島を発見していた人物というふうに段々と伝説化されていきました。

アイルランド伝説に「聖ブレンダンの島」と呼ばれる島があります。アイルランド人にとってユートピアの島であり、あるいは死者が行き着いて、そこで不死の命をもって暮らしている島です。アイルランド島は荒海に面しており、多くの漁師たちが海に呑まれて死んでいきました。そのような死者たちの存在を、おそらくは陸に取り残された人間たちは、死者たちが楽園の島で暮らしていると想像して、心を慰めるための神話にしていったのでしょう。その死者たちの島がいつからか、ブレンダンの島であると同時にブレゼルの島と呼ばれるようになりました。「ブレゼル」はアイルランドの貴族の姓です。やがてブレゼルの島がいつの間にか「ハイ・ブラジル」と呼ばれるようになり、一四世紀頃から、ハイ・ブラジルという島が実際に地図のなかでアイルランドの西の沖合の海に描かれるようになりました。これはまだブラジルや南アメリカが西洋によって「発見」される前の地図です。その後一六世紀に至るまで、ブラジルという島が大西洋上に描かれました。ですから、ブラジルは発見されるよりも前に、すでに大西洋上にユートピアの島として、アイルランド人の言説のなかで生まれており、それは「ブラジル」発見後も続いていたことになります。それが、ブラジルという島＝国にたいするひとつの想像力上の起源の物語なのです。

　現実の「ブラジル」の「発見」は、伝説の島「ハイ・ブラジル」のあった北大西洋の海域からはずっと南の海で起こりました。ポルトガル人の航海者カブラルが一五〇〇年に、偶然ブラジルを「発見」したことはすでに述べました。カブラルはアフリカの喜望峰をまわって、ポルトガルの胡椒貿易でインドへ行こうとしていたところ、ルートを大回りしすぎてしまい、ブラジルを偶然に発見するにいたった。ブラジルの「発見」という出来事のなかにも海をただよう漂流のイメージがあります。最初、カブラルはブラジルのことを島だと思い、イーリャ・ジ・ヴェラクルース（ヴェラクルース島）という名前を付けていたくらいで、島だという幻想がブラジ

地図のなかでアイルランドの西の沖合いに描かれるようになったハイ・ブラジルという島（一六世紀の地図）

ルの歴史の始まりにあるわけです。その後の奴隷貿易の時代には、黒人奴隷たちがやはり船にゆられてアフリカから大西洋を渡りました。さらにブラジルの地勢に着目すれば、アマゾンという巨大な川が内陸を流れ、その支流が毛細血管のようにブラジルの陸地全体を覆っています。ですから、ブラジルは確かに大陸ではありますが、さまざまな海や川といった水と結びついており、はじめから航海や漂流の記憶と深い関係をもっています。カブラルによるブラジルの「発見」以降も、ポルトガルからの漂泊者や漂着者がたくさんブラジルへ渡ってきています。たとえば、文学の領域でいえば、ルイス・デ・カモンイスというポルトガル人の一六世紀の詩人がいます。カモンイスは北アフリカの現在はスペイン領であるセウタに軍役で行ってから、インドのゴア、東アジアのマカオへ旅をして、インドシナ半島のメコン川で難破してしまい、リスボンに帰ってくるという波瀾万丈の生涯を送っていた時期があります。カモンイスはポルトガル語文学の詩人ではありますが、この詩人の漂流の人生のあり方は、現代のブラジル人にとっての文学的洋上漂流という観念の原型としてあるといっても過言ではありません。

これまで、マリオ・ペイショットの映画作家としての面を掘り下げてきましたが、じつは彼はブラジルの一九三〇年代以降のモダニズム文学における第二世代に属する詩人でもあります。ペイショットはとても謎めいた『ムンデウ』*Mundéu* という詩集を一九三一年に出版しています。いうまでもなく、これは『限界』が最初に上映されたのと同じ年のことです。この詩集もまた、映画と同じように長い間黙殺されてしまいましたが、最近のペイショットの再評価に伴って、一九九六年に復刊されました。これによって、詩人や文学者としてのペイショットが本格的に発見される出発点にようやく立ったといっていいかもしれません。

ブラジルがずっと長いあいだ、幻想的にイメージしている「島としてのブラジル」の系譜をお話してきましたが、現代ブラジルの文化人類学者で詩人でもあるカルロス・ヴォクチが書いた『イーリャ・ブラジル（ブラジル島）』*Ilha Brasil* という詩集があります。そのなかから一篇だけ「キャラバン」という詩を翻訳してみましょう。ここには、ブラジルの内陸部の砂漠がいつの間にか液体のように揺れ動き、そして蜃気楼のなかで、海のようになっていく感覚が書かれています。『限界』におけるブラジル内陸部の土地の描写などにも、海を漂流するようなイメージがあって、内陸と海が混ざりあっていく想像力があったと思いますが、そのような流動的な感覚というものがヴォクチの「キャラバン」という詩には書かれています。

砂漠の旅人が
砂漠を見ている
うち捨てられた
まぼろしのオアシス
液体のように揺れる砂漠の
蜃気楼に向きあう
旅人の眼が幻視する太陽
孤独のなかで。*

最後に、マリオ・ペイショットの詩も引用しておきましょう。「島《イーリャ》」A Ilha という詩は、彼が撮った『限界』という映画を、文学的なイマジネーションの側から補完する、瑞々しいイマジネーションに溢れています。

孤独
前進する見張りの浮標《ブイ》のように
船底の煤けた竜骨の汚れは拭われ

* Carlos Vogt, *Ilhas Brasil*. Cotia, SP: Ateliê, 2002, p.51.

遠くから
海がこだまを返す
鈍色の水平線から、まだ、半透明の
ままに
無数の太陽が放つ
硝石のような屈折光とともに
島はあえぐ。
……*

この「島」という詩は、二〇〇二年に出版された、その名も示唆的な詩集『海のなかに溶け込んだ詩篇』*Poemas de permeio com o mar* に収録されています。ペイショットはそのようなタイトルの詩集を準備していたのですが、結局、自分の手では刊行することができなかった。一九四〇年代から五〇年代くらいにおけるペイショットの詩がここには集められていますが、この詩集のタイトルには、海に交じりあった詩というものへのペイショットの憧憬が表明されています。ペイショットは詩を書くとき、彼が書いている言葉や詩というものが、海の光やゆらめき、たゆたいのな

* Mario Peixoto, "A ilha", *Poemas de permeio com o mar.* Rio de Janeiro: Aeroplano, 2002, p.258.

かで溶けあい、混ざりあったものであればいい、という強い希求をもって書いていたことが分かります。映画『限界』を見るときのもうひとつの補助線がここにあるといえるのではないでしょうか。

IV すべて真実

一人の映像的革命児がブラジル文化の深みにダイブした

善隣外交下におけるアメリカとブラジル

この章では、一九三〇年代から四〇年代にかけてのブラジル映画の歴史において起こった、外部からの特筆すべき介入をめぐる経緯について語りたいと思います。シネマ・ノーヴォ以前、すなわちブラジルがまだ自国において、自分たちの自律的な表現としての映画を真に獲得していなかった時期、アメリカ映画の模倣として多くの映画がつくられていた時代です。その頃、ハリウッドのミュージカル映画を模倣した「シャンシャーダ*」と呼ばれるブラジル独特のミュージカル・コメディのジャンルがとりわけ興隆をきわめていました。これはブラジル版ハリウッドと呼べるような、スタジオ・システムによる娯楽映画でした。この時期、ブラジルをはじめとする中南米諸国は、ハリウッド映画産業の圧倒的な影響下にあり、さらに大きくいえばアメリカによる文化帝国主義的な力の絶大な影響を受けていました。しかし、そのような大きな構図がある一方で、別の動きも出てきていたのです。このことを、

『イッツ・オール・トゥルー』*It's all true: Based on an Unfinished Film by Orson Welles* 監督：リチャード・ウィルソン他／編集：エド・マークス／出演：オーソン・ウェルズ、グランジ・オテーロ他／アメリカ、フランス／一九九三年
マーキュリー劇場や初期の映画監督時代にオーソン・ウェルズの助手を務めたリチャード・ウィルソンらが、ウェルズがブラジルで撮影したフィルムを当初の意図にな

一人のアメリカ人映画監督によるブラジルにおける未完の映画を題材にして考えてみたいと思います。

私たちがブラジル映画について考えるときに、陥りがちな盲点があります。それは、アメリカとブラジルの文化的な従属関係、場合によっては共犯的な関係について等閑視してしまうことです。この時代、アメリカはブラジルをはじめ中南米諸国の文化資源を自分たちの興味と利益のために巧みに利用していました。アメリカは紋切り型のエキゾチシズムを振りまきながらブラジルはじめ中南米へ愛想のいい表情を装い、一方で中南米の映画スターたちをアメリカの映画産業に引き抜いては消費し、使い捨てていました。そのような、ハリウッドとブラジルの従属・共犯関係が全盛をきわめていくなかで、その裏で起きた画期的な出来事のひとつが、一九四二年の、映画作家オーソン・ウェルズのブラジル訪問と映画撮影をめぐる顛末です。ウェルズが監督・主演した『市民ケーン』（一九四一）はいまでこそ映画史に残る名作とされ、常にオールタイムベストの上位に挙げられる作品です。けれども、公開当時は映画のモデルとなった新聞王ハーストの上映妨害などもあって興行的には失敗しています。センセーショナリズムを利用して大衆の嗜好を支配してゆくアメリカのイエロー・ジャーナリズムの潜在的な欲望のあり方をえぐりだそうとす

るべく忠実に再構成した幻の映画をめぐるドキュメンタリー。一九四二年、長篇第二作の『偉大なるアンバーソン家の人々』の撮影を終えて、ブラジルに渡ったオーソン・ウェルズは、カーニヴァルやファヴェーラを撮影しようとして当時のヴァルガス政権と衝突。そこで第三部「ジャンガディロス（筏乗りの航海者たち）」の撮影に打ちこんだが、労働条件の改善を政府に要求するために筏で二四〇〇キロを航海した貧民の英雄たちに取材したことから、八割ほどの撮影を終えたところで再びブラジル政府から干渉を受け、ウェルズが所属していたハリウッドの映画会社RKOは製作中止を決定した。撮影したフィルムは長らく行方不明になっていたが、一九八五年に発見され、それをもとにこの映画が製作されることになった。

＊シャンシャーダ chanchada
ブラジル産の軽妙なミュージカ

るウェルズの作品は、賛否両論の問題作となり、弱冠二五歳のウェルズは映画界においてきわめて論争的に扱われる人物となりました。そのオーソン・ウェルズがブラジルとどのような関係をつくりだしたのか。このことはあまり知られていません。しかしこれは歴史的にも思想的にも探究されなければならない、とても重要なテーマなのです。

オーソン・ウェルズは『イッツ・オール・トゥルー』*It's All True* というタイトルのもと——日本では『すべて真実』という訳語があてられているので、これに倣うことにします——一九四二年にブラジルで映画を撮影するプロジェクトに専心しました。ウェルズがブラジルに行くことになった背景には、アメリカ合衆国による中南米諸国にたいする政策転換の動きがありました。それが「善隣外交」Good Neighbor Policy と呼ばれているものです。

一九三〇年代に始まる「善隣外交」とはどのようなイデオロギーの産物だったのでしょうか。少し歴史的に遡れば、モンロー宣言に端を発する一九世紀以来のアメリカの拡張主義的な政策がまず前提としてあります。ラテンアメリカの国々がスペインから次々に独立していった時期に、アメリカはヨーロッパとのあいだに相互不干渉を保つ取り決めをしました。これは中南米諸国の独立にスペインをはじめとす

ル・コメディ。一九三〇年代から五〇年代にかけてブラジルの映画界の中心となったジャンルで、観客動員の面でかつてないほどの成功をおさめた。ハリウッドのミュージカル映画に多くを負っているが、その起源には喜劇的な演劇や民衆音楽などブラジルの大衆文化が流れこんでいるため、笑いのネタ、お約束の展開、決まり文句などはブラジルに特有のものとなっている。代表的な映画スターにカルメン・ミランダがおり、彼女の出演作には『アロ、アロ、カルナヴァル』(一九三七)など多数のシャンシャーダがある。

るヨーロッパが介入することを、アメリカが牽制したという意味合いを持ちます。旧宗主国であるスペインに代わって、アメリカが中南米へ独占的に介入したいという思惑の表れでした。それが一八二三年にモンロー宣言というかたちで出され、それ以降アメリカの中南米にたいしての領土的欲望を抱いた拡張政策が続いています。それを駆動したイデオロギーが開拓時代から続いている「マニフェスト・デスティニー」(「明白なる使命」＝アメリカの領土拡張を天命とみなす考え)です。モンロー宣言のあと、アメリカはまず西部のフロンティア征服をめざし、抵抗するインディアンを掃討して居留地に押し込めました。それからメキシコ、中米、南米全体へと進出していきます。それは端的にいって領土拡張的、帝国主義的、人種差別的といっていい政策でした。それを知るには、ハリウッド映画がインディアンや黒人やラテンアメリカの人間をどのように描き続けてきたか、一九二〇年代から三〇年代前半くらいまでの作品を見ればよく分かることです。西部劇において悪役となったインディアンのほかにも、メキシコ人は「グリーザー」と呼ばれる典型的な悪漢や盗賊として、ハリウッドがつくった敵役のステレオタイプのなかに閉じ込められて描かれました。一方で、ラテン女性はエキゾチックなセックス・シンボルとしてアメリカ白人の幻想をひたすら掻き立てるように描かれました。たとえば次章で扱うブラジルの歌姫カルメン・ミランダは、まさにそうしたラテン女性のシンボルとしてハリウッドに「略奪」された典型的な悲劇のヒロインでした。

「善隣外交」政策は、アメリカ合衆国がラテンアメリカにたいして行っていたこうした支配的で差別的な関係を表面的にあらため、その偏見を薄めようとするものでした。それは、戦場と化したヨーロッパにおいて一九三三年から政権をとって台頭したナチスドイツを牽制する必要があったからです。ラテンアメリカへの支配と差別を続けていると、同じ大陸のなかに敵意を生み出してしまい、ナチスの進出に隙をあたえるというわけです。だから中南米諸国と友好関係を築かなくてはいけない。「善隣外交」とは、端的にいってしまえば、アメリカが現代でも対外的に使っている「良き隣人としてのアメリカ」というイメージをラテンアメリカ諸国にたいして喧伝し、それによってそれまでの搾取的な支配関係にあった中南米諸国を文化的に懐柔しようとする政策のことです。これは自分たちがしてきた過去を隠蔽するための工作にすぎないわけですが、突然手のひらを返すように友好的に振る舞うことを、アメリカという国家はやり続けてきています。善隣外交のなかにも中南米にたいする差別的な関係性は無数に孕まれています。自分たちの娯楽や大衆文化を中南米に輸出してそれを人びとに享受させ、アメリカの文化イデオロギーに染め上げ、巧みに懐柔し、結果として支配しようとしたのです。

いずれにせよ、一九三〇年代の後半から「善隣外交」政策の推進によって、アメリカは中南米にたいして表面的な友好関係をつくろうとしました。その政策実現のための具体的な機関として、ネルソン・ロックフェラーを代表とする米大陸間問題調整局Office of the Coordinator of Inter-American Affairsが立ち上げられたのが一九四〇年です。さらにこのオフィス（略称ＯＣＩＡＡ）というオフィスのなかに「映画部門」を設けました。すなわち、映画界も一致団結して戦争に協力するという態勢がアメリカのなかにできあがったのが、この時期だったわけです。映画によってラテンアメリカの大衆に「アメリカはあなたたちの友人だ」「アメリカ的な価値は素晴らしい」と語ることで、大きな影響を与えることができるのです。映画はこのときから「アメリカ」というイデオロギーの伝道師になった、という言い方もできるでしょう。

こうして、映画はアメリカの善隣政策を実行する要の武器となりました。そしてアメリカ国家がＯＣＩＡＡを通じて「善隣外交」のための文化的な大使として送りだした最大の使節がウォルト・ディズニーであり、もう一人がなんとオーソン・ウェルズだったのです。

善隣外交におけるアメリカの視線を代表するのが、この時期にウォルト・ディズニーが製作した二本のアニメーション映画です。ディズニーは一九四二年と四四年に、ラテンアメリカを題材とした映画を発表しています。最初の『サルードス・アミーゴス』*Saludos Amigos* はスペイン語で「こんにちは、ともだち」という意味ですが、「ラテンアメリカへの旅」という邦題で日本でも公開されました。次作の『スリー・カバレロス』*The Three Caballeros* は「三人の騎士」という意味です。それまでのディズニーは、ラテンアメリカにたいして人種差別的な漫画を輸出してきた張本人です。アメリカの文化帝国主義の尖兵として、もっとも巧妙であからさまな差別的イデオロギーを輸出していたのがディズニーの漫画です。そのディズニーが中南米へ行って「友好的」な作品をつくろうというのです。結果は推して知るべしでした。

『スリー・カバレロス』の映画の冒頭、ドナルド・ダックがブラジルのバイーア州にあるサルヴァドールにいるラテンアメリカの友人二人から誕生日プレゼントを受け取ります。プレゼントの箱から、映写機とフィルムが飛び出してきて、それを観るとブラジルを紹介する映画で「君も遊びにきなさい」というメッセージが入っている。その手紙を書いたのは、ジョー・カリオカというリオ・デ・ジャネイロに住むオウムでした。そこでドナルド・ダックはブラジルのバイーアへ遊びにいきます。ジョー・カリオカが友人のドナルドとバイーアの街を歩いていると、アニメに実写

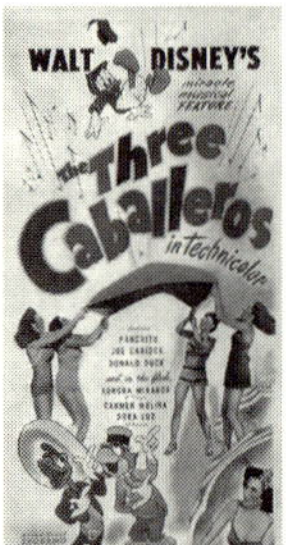

『三人の騎士』 *The Three Caballeros*
製作：ウォルト・ディズニー／監督：ノーム・ファーファソン／出演：クラレンス・ナッシュ、ジョゼ・オリヴェイラ他／アメリカ／一九四四年

がダブってバイーア娘が登場する。この女優がカルメン・ミランダの妹のアウロラ・ミランダです。カルメンもアウロラもハリウッド映画に出る前は、シャンシャーダというブラジル版のミュージカル映画に出演し、ナイトクラブのショーにおける花形の歌い手でした。そして、カルメン・ミランダはブラジルがアメリカに輸出した、いわば善隣外交のシンボルとしてハリウッドで大スターになりました。二人ともポルトガル系の白人で、姉カルメンは幼いときにブラジルに移住してきて、妹のアウロラはブラジル生まれです。バイーア州はブラジルでももっともアフリカ的な、黒人的な要素の強い場所です。バイーア女性といえば現実には黒人系の女性ですが、ウォルト・ディズニーはそのことを無視して、アウロラのような白人によってバイーア娘を代表させているのです。

そして先ほども触れたアウロラの姉、三〇年代の正真正銘のブラジルの歌姫カルメン・ミランダこそ、「善隣外交」の時代においてこのいびつな二国間関係に翻弄されてアメリカに文化的に「拉致」されてしまった真の犠牲者でした。これについては次章で詳しく考えてみたいと思います。

ウェルズのブラジル熱と『すべて真実』

一方オーソン・ウェルズは、「善隣外交」を文化的に推し進めようとするロックフェラーの資金的援助のもとで、カーニヴァルに関する映画を撮るため、一九四二年二月、カーニヴァル直前のブラジル、リオに降り立ちました。この国策プロジェクトを引き受けるには、アメリカ人にとっては愛国主義的な動機が必要でしたが、ウェルズはいうまでもなくそのような枠組みにおさまるような常識的な人物ではありませんでした。むしろ彼はアメリカ映画・演劇界の最大の革命児・反逆児ともいうべき人物でした。『市民ケーン』による映画界への大きなアピールが、彼をブラジルに赴かせるためにプラスに働いたのかも知れませんが、彼は国家の善隣外交政策を従順に実行するような凡庸かつ体制順応的な映画人ではありえなかったのです。ウェルズのブラジルでの動きと撮影プロジェクトは大方の予想をくつがえすものでした。ウェルズは、リオの黒人たちによるカーニヴァルの撮影を通じてブラジル民衆による社会的抵抗運動に感情的に肩入れし、北部の漁民たちの甘んじていた差別的現実を暴きたてようと、叙事詩的な映像「筏乗りの航海者たち《ジャンガディロス》」の完成に心血を注ぎました。彼はブラジルの虐げられた黒人たちや辺境の漁民たちが生きる民衆世界へと、映画と共に一気に飛び込んでいったのです。結果として、『すべて真実』という作品は途中で製作資金を断たれ、撮影は中断し、結局ウェルズの死まで未完成のまま終わりました。映画史上もっとも「有名」な「未完の映画」のひとつが、こうして生まれたのでした。

ブラジルで、オーソン・ウェルズは、当時のアメリカ人としては例外的なほどに、民衆文化の奥深くまでのめり込みました。短期間の滞在であったにもかかわらず、ポルトガル語を学び、人びとに直接語りかけようとしました。彼が撮影した映像の一五万フィートにものぼるフッテージがパラマウント映画の地下室で発見されたのは、一九八五年のことです。ブラジルとメキシコで撮影されたそれらの見事なフッテージは未編集でしたが、それを撮影当時の協力者であったリチャード・ウィルソンらが中心となり、八年かけてウェルズの意図を可能なかぎり忠実に再現するかたちで編集しました。『すべて真実』がもし完成していたとしたらどういう映画でありえたのか、それがどのような映像を含んでおり、ウェルズがそれらをどのように撮影し、ブラジルの関係者がこのプロジェクトについてどのように証言したのか。これらを一本のドキュメンタリーとしてまとめたのが、いま私たちが観ることのできるリチャード・ウィルソンらの共同監督になる『すべて真実』*It's All True*（一九九三）

と題されたドキュメンタリーです。「未完の映画にもとづく作品」とサブタイトルにあるように、これはオーソン・ウェルズの作品ではなく、そのあり得たであろう姿を部分的にはさみつつ、全体の経緯を語った興味深いドキュメンタリーです。

『すべて真実』という幻の作品は、オーソン・ウェルズの構想によると、三つのパートによってでき上がる予定でした。第一部が「マイ・フレンド・ボニート」というメキシコのパートで、ここはウェルズがプロデュースして別の監督が撮る予定でした。第二部は「カーニヴァル」と名づけられ、一九四二年の実際のリオのカーニヴァルに取材しています。じつはこの年のカーニヴァルは、それまでパレード中心だったスタイルに大きな変化が起きた年でした。プラッサ・オンゼという地区がリオの中心部の南にありますが、ここはモーロと呼ばれる黒人のファヴェーラ街にも近い黒人居住区でした。ところが、新たな都市再開発の動きによってこの歴史的地区が取り壊されることになります。それにたいしての黒人たちによる抵抗運動を、サンバ・パレードの形式で行おうとしたのが黒人俳優グランジ・オテーロ*でした。四二年のカーニヴァルは、こうした社会的背景のもとで行われたのです。オーソン・ウェルズはこのカーニヴァルをめぐる黒人民衆による社会的な抵抗の動きを追いかけることに熱中しました。グランジ・オテーロ自身が、このときウェルズに

*グランジ・オテーロ Grande Otelo（一九一五—一九九三）ブラジルの俳優、コメディアン、歌手。ミナス・ジェライス州で孤児として育ち、八歳のときからサーカスに出演し、九歳でブラ

全面的に協力しています。このカーニヴァルの部分はカラーフィルムで撮影されていました。いずれにしても、カーニヴァルの踊りと歌を、娯楽的なスペクタクルとしてではなく、こうした社会的な視点を込めて映像化した者は一人としていませんでした。いうまでもなく、『黒いオルフェ』のような祝祭的イメージとはまったく違うカーニヴァル像が、すでにウェルズによってここで撮られていたことは特筆に価するといっていいでしょう。そしてウェルズを黒人たちの住むモーロやテレイロ（黒人系の憑霊宗教が実践されている祈祷所）に案内したのが、他でもないヴィニシウス・ジ・モライスでした。『黒いオルフェ』の原作者であるヴィニシウスは、すでにこの四〇年代の初頭の時点で、黒人文化の深層への理解をウェルズに手ほどきする存在でもあったのです。

なかでももっとも多くのフッテージが現存し、ウェルズが渾身の力をもって撮影した第三部は「ジャンガデイロス」（筏乗りの航海者たち）と名づけられ、八割がた完成していたといわれています。この第三部は、『すべて真実』のドキュメンタリーのなかで編集され再現されています。ポルトガル語で「ジャンガーダ」は筏《いかだ》のことで、「ジャンガデイロ」は筏に乗って沖合で魚をとるセアラ州の漁師たちのことをいいます。ブラジルの北部、フォルタレーザの周囲の海岸地帯には、軽く浮力のあ

ジルで最初の黒人劇団に所属する。一九三五年に『リオのその夜』*Noites Cariocas* で初めて映画出演を果たし、その後はブラジルでもっとも愛されるアフリカ系俳優となった。映画の出演作は一〇〇本以上にわたる。特に四〇年代から五〇年代にかけてのシャンシャーダ作品に多く出演し、「シャンシャーダの王様」と呼ばれて人気を博した。ネルソン・ペレイラ・ドス・サントスの『リオ北部』（一九五七）やジョアキン・ペドロ・ジ・アンドラージの『マクナイーマ』（一九六九）のようなシネマ・ノーヴォの作品にも出演した。

るバルサ材を成型して筏に組み、それに帆をつけて近海で魚をとる古い文化があります。原始的で伝統的な漁法です。これが日々の糧である魚をとる唯一の方法でした。このパートは、四人の筏乗りの男たちの物語です。過酷な労働の末、自分たちがとった魚の多くが仲買人に買い叩かれてしまう。そのような不条理な労働条件の改善を政府に要求するために、ブラジルの大統領に直接アピールするべく、村の海岸から筏で海にのりだし、当時首都だったリオまで小さな筏で大航海をします。冒険的デモンストレーションによって国民の共感をつかみ、政府への請願の力とするための行動でした。航海した距離が二四〇〇キロですから、日本でいえば北海道の稚内から沖縄くらいの距離でしょう。そのような大冒険を筏に帆をかけただけの小さな乗り物で四人の漁師たちが行ったのです。荒海の航海は、命がけのものでした。ちょうどオーソン・ウェルズがブラジルに到着する三ヶ月前ほどに、この出来事が起きていたのです。

当時のブラジルは、ジェトゥリオ・ヴァルガス大統領政権のもとにありました。軍事クーデタによって彼が権力の座について間もない頃で、いろいろなかたちで民衆への弾圧が起きていました。それにたいする真摯な怒りとともに、漁民たちは海を越えてリオを目指し、それを沿岸の漁民たちがサポートしました。そして

『すべて真実』より、ブラジル北部の漁師が使う伝統的な筏（ジャンガーダ）

二四〇〇キロの航海をなしとげて、リオのグワナバラ湾に入った彼らは国民的な英雄となり、ヴァルガス大統領も漁民たちの訴えをくんで、彼らの労働条件を改善せざるをえなくなります。オーソン・ウェルズはこの話をアメリカの雑誌『タイム』で読み、漁民たちが英雄になってから三ヶ月ほどしか経っていないブラジルに乗り込んでいったのです。ウェルズはこれをドラマとして再現し、『すべて真実』の第三部に組み込もうと考えました。いま見ることのできるドキュメンタリーのなかでも、このウェルズが撮った映像を再構成した「ジャンガディロス」（英語では「筏の上の四人」と題されています）の部分は見事な映像になっています。

この第三部を撮影する頃、ウェルズはすでに予算を断たれてカラーフィルムでは撮れなかったので、残っていた白黒フィルムで撮っています。カメラもサイレント用のカメラしか使えず、音声もあてられていません。しかし、そのことによって、むしろカメラがブラジル北東部の漁民たちの現実をつかまえるための凝縮された目になっています。シネマ・ノーヴォ初期において実現されるドキュメンタリーとフィクションが混ざり合ったような瑞々しい映像が、すでにここで展開されていて驚きます。漁師たちが筏を組み立て、さまざまな試練を経てリオまで航海する過程を再撮影によって写し撮った映像には、黒人・混血系の漁民たちの尊厳ある姿が、

『すべて真実』第三部「ジャンガディロス」に登場するブラジルの漁師たち

見事に再現されています。特にウェルズはブラジルの漁民たちの彫りの深い顔を、いかなる演出もなくそのままに撮ることにこだわっていたように見えます。ウェルズのブラジルの民衆的世界への没入の熱は、人びとの日常生活と飾らない表情の深い部分にまで届いていました。

こうしてみると、この時代において、アメリカの善隣外交がラテンアメリカにたいして示した「懐柔的な支配」という思想の対極にいたのがオーソン・ウェルズだ、ということがはっきり分かります。それはウェルズが作ろうとしていた作品を通じて明確に示されています。ウェルズは「善隣外交」期の途方もない鬼子にほかならなかったのです。

「ヴードゥー・マクベス」の演出

ウェルズがブラジルの黒人文化にたいして深い興味と理解を示した背景には、ひとつの前史がありました。ウェルズはブラジルへ行く六年ほど前の一九三六年、「ヴードゥー・マクベス」*という舞台を演出し、ニューヨークのハーレムの劇場で上演しています。ヴードゥーというのはハイチにおけるアフリカ起源の憑霊宗教です。

*『マクベス』 原作：ウィリアム・シェイクスピア／演出：オーソン・ウェルズ／場所：ライファイエット劇

キューバではサンテリーア、ブラジルのリオではマクンバあるいはウンバンダ、バイーアではカンドンブレなどと呼ばれ、同じ西アフリカのシャーマニズムを基盤にした憑霊宗教です。シャーマンがトランス状態のなかで精霊と交流するものですが、アフリカの精霊とカトリックの聖人とが習合したかたちで信仰されています。オーソン・ウェルズはブラジルへ行ってマクンバを深く取材したのですが、それ以前に、すでに「ヴードゥー・マクベス」の公演によってこうした黒人文化の宗教的側面への深い関心を示していました。

シェイクスピア劇の「マクベス」は、スコットランド王を暗殺して自分が王になったマクベスが、さまざまな魔術や呪術を使いながら王位を守ろうとし、錯乱し暴政を行い、最後には没落するという典型的な王権ものです。「マクベス」の物語をハーレムで上演するとき、オーソン・ウェルズはこれを黒人劇に書きかえました。黒人のオールキャストにして、舞台をスコットランドから一九世紀のハイチへ移しました。一九世紀におけるハイチ革命の指導者の一人で、のちにハイチ北部を王国だと宣言し、初代ハイチ王になった黒人指導者アンリ・クリストフという人物がいます。キューバのアレホ・カルペンティエルが小説『この世の王国』で題材にした実在の人物です。オーソン・ウェルズは、マクベスをこのアンリ・クリストフに置き換え、

場（アメリカ）／公演初日：一九三六年四月一四日
「ヴードゥー・マクベス」は、一九三六年四月にニューヨーク市ハーレム地区で、二〇歳のときのオーソン・ウェルズが演出した芝居『マクベス』の通称。すべてのキャストにアフリカ系アメリカ人を登用し、原作の「マクベス」のスコットランドの舞台をカリブ海の架空の島に設定。スコットランドの魔法をハイチのヴードゥー教のものに移植したので、そのように呼ばれた。興行は大成功し、黒人劇団の評判とウェルズの名声を高めることになった。

ハイチやクリストフといった固有名詞には触れずに、カリブ海の架空の島を舞台にした王権劇に翻案しました。そして、シェイクスピアの原作に出てくる魔術や呪術を黒人のヴードゥー教の呪術に置き換えたのです。登場人物がすべて黒人というこのユニークな「マクベス」はセンセーションをまきおこし、大変な才能が登場したと評判になりました。ウェルズがまだ二〇歳のときのことです。「ヴードゥー・マクベス」の上演は、アメリカにおける黒人への差別を真っ向から覆すもので、アメリカが黒人やハイチに向けてきたエキゾチシズムや帝国主義的なまなざしを批判するものでした。ハイチは一九一五年以来アメリカの占領下にありましたが、この作品のなかでは、ヴードゥー教がハーレム・ルネッサンスの運動に繋げられるかたちで、黒人の身体文化や音楽文化の再認識が意図されていました。このような流れの延長線上に、『すべて真実』におけるブラジル黒人たちのカーニヴァルの場面や、黒人系の貧しい漁民であるジャンガデイロスの場面が生まれてきたことは強調しておいていいでしょう。

このように考えると、映画『すべて真実』にむけてのプロジェクトのなかでオーソン・ウェルズがやろうとしたことは、当時のラテンアメリカにたいするアメリカの態度としては存在しない種類のものだったことが分かります。そもそも「アメリカ」という言葉を、アメリカ合衆国の専有物から解放しようという考え方をウェルズ自身は持っていました。「アメリカ」とは、少なくとも一九世紀から二〇世紀初頭までは、米州全体（南北アメリカ大陸）を指す概念でした。けれどもアメリカの政治的・軍事的な介入によって、「アメリカ」という概念そのものを北米すなわちアメリカ合衆国が占有し、それによって南北アメリカ全体を統率する盟主になってゆくという歴史的な経緯がここにあるのです。ウェルズはその一方的な搾取と濫用の実態を暴露するために、「アメリカン・リパブリック」という言い方をしていました。ハイチ、チリ、ブラジルといった国々こそが、アメリカにおける「共和制」国家の起源だとはっきり宣言したのです。確かに歴史的にいえば、フランス革命の直後に黒人革命によって独立したハイチこそが、アメリカで最初の共和制国家だということができるのです。ウェルズの歴史意識は、直感的なものであるとはいえ、たいへん正確なものでした。

ウェルズからシネマ・ノーヴォへ

オーソン・ウェルズがブラジルで出会って意気投合した人物たちのなかでも、『すべて真実』に実際に登場した黒人俳優グランジ・オテーロの存在は、ウェルズとシネマ・ノーヴォとの関連性を考えるためにも示唆的です。オテーロは、シャンシャーダと呼ばれ、カルメン・ミランダも活躍したブラジル版ミュージカル映画の流れのなかで、四〇年代から活躍する俳優、コメディアン、歌手、作曲家でした。ウェルズはオテーロと深い交友を持ったことで、カーニヴァルの場面をオテーロを中心に描く構想をたてました。すでに述べたように、オテーロはリオの黒人居住区であるプラッサ・オンゼの解体と再開発計画に反対して、仲間と共にカーニヴァルの歌と踊りを通じて抗議の声を上げようとしていたからです。ウェルズは、立ち退きの危機に直面した黒人たちの抵抗運動に深い理解を示していました。ウェルズの意図が「カーニヴァル映画」を撮るというような水準のものではおよそなかったことが、分かるだろうと思います。

オテーロはウェルズのブラジル滞在中、ほとんどつきっきりで相手をしていたようです。あるとき、ウェルズがリオのアメリカ大使館のパーティに招待されて行くと、そこにはヴァルガス政権の重鎮やポルトガル系白人の上流社会の人びとが大勢いました。オテーロがどこを探してもいないので、ウェルズが尋ねてみると、黒人やファヴェーラの人間はここには来ません、といわれる。そこでウェルズもさっさ

『すべて真実』より、カーニヴァルの場面の出演者とウェルズ

とパーティ会場から飛び出し、オテーロがサンバの作曲家や演奏家たちと溜まっている大衆的なバーへ行き、そこで深夜までお酒を飲んでいたというエピソードも残っています。こうした一つひとつのエピソードがすべて、ウェルズがどのような態度でブラジルに滞在していたかを教えてくれます。オテーロの方も、ウェルズの自由で開放的な態度に大きな感化を受けたに違いありません。のちに、オテーロはシネマ・ノーヴォ以後のブラジル映画においても重要な俳優になっていきました。

グランジ・オテーロといえば、彼が主役を演じたジョアキン・ペドロ・ジ・アンドラージ監督の映画『マクナイーマ』*Macunaima*（一九六九）がよく知られています。この映画については IX 章で詳細に検討しますが、オテーロの俳優・アーティストとしての気質を見事に捉え、その過激な存在感が発揮された傑作です。もしオーソン・ウェルズの『すべて真実』が完成していたら、グランジ・オテーロという俳優の存在に、それまでのブラジルの娯楽映画の流れから独立したところで新しい光が当たる、初めての機会になったことでしょう。ウェルズがオテーロと共に、のちのシネマ・ノーヴォの到来を予告するような精神を垣間見せていた可能性があります。その点でも、『すべて真実』は単なる「アメリカ映画」ではなかったのです。アメリカ政府はこれを国策的な「アメリカ映画」としてつくらせようとしましたが、ウェルズは明らかに「ブラジル映画」の未踏の領域へと参入しようとしています。ウェルズとオテーロが出会い、二人のあいだに生まれた友情と連帯からひとつの映画のアイディアが立ち上がれば、そのような稀有な可能性が生まれることはありえたのです。

『すべて真実』が持っている撮影のスタイルにも注目しておくべきでしょう。ウェルズのブラジル「発見」がもたらした啓示的な感覚が、彼にドキュメンタリー的な手法を強く意識させています。後半の「ジャンガディロス」の部分も、漁民たちの村へカメラひとつで入っていって、過剰な演技をさせることなく、淡々と漁民たちの日常にカメラを向け、見事なコンポジションで人びとの表情や光景を切りとっています。カメラをクロースアップして漁民たちにむけても、彼らはにかんだりせず、漁民たちに特有の尊厳あふれる日常的な表情をウェルズの前で見せている。このような撮影スタイルで物語を撮っていくこと自体が、当時としては画期的だったのです。そのあと、十数年経って、ネルソン・ペレイラ・ドス・サントスがドキュメンタリー・タッチの『リオ40度』(一九五五)という作品を撮り、映画史的にはこれがシネマ・ノーヴォ運動の幕開けとなる作品といわれています。独立資本によるブラジル人民衆のための「ブラジル映画」が、アメリカを模した映画製作会社のパラダ

『すべて真実』より、漁民たちの表情を捉えたクロースアップ

イムから離陸していくことになった記念碑的な作品です。そしてドス・サントス監督の次の作品『リオ北部』（一九五七）には、グランジ・オテーロが主役として裏山のサンビスタを見事に演じています。どちらの作品も、フィクションとドキュメンタリーを混淆させたようなスタイルを持っています。どこにその精神的な起源があるかと問えば、それはウェルズの『すべて真実』のカーニヴァル篇やジャンガデイロ篇において実現されようとしていた、ブラジル民衆との深い連帯感です。その意味で、ウェルズのプロジェクトは、シネマ・ノーヴォの情熱とまっすぐに結ばれていました。しかしながら直接の影響を与えたわけではありません。なぜなら、オーソン・ウェルズの作品は完成せず、シネマ・ノーヴォの監督たちがそれを観ることはできなかったからです。

ウェルズはアメリカの善隣外交の大使としてブラジルに派遣されましたが、その範疇で作品をつくるような凡庸な器ではそもそもなかった。ウォルト・ディズニーは国家から託された役割を見事に演じて見せましたが、ウェルズはその期待をものの見事に裏切った。彼のブラジルでの製作プロジェクトが中断させられたのは当然のことでした。しかしいま見直すと、ウェルズはブラジル映画におけるシネマ・ノーヴォの思想や美学を、先駆的に生み出すような姿勢をみせています。こう考えれば、ウェルズの未完の作品『すべて真実』も、「ブラジル映画史」という枠組みのなかで検討される意味を充分に持っているといえるのです。

『バラベント』*（一九六二）というグラウベル・ローシャの最初の長篇映画があります。彼にとってシネマ・ノーヴォの第一作となった記念碑的な作品ですが、これが網元に搾取されるバイーア州の漁民たちの不条理な日常をテーマにした映画なのです。オーソン・ウェルズがセアラ州の漁民たちのあいだで撮影してから二〇年後に、シネマ・ノーヴォは同じテーマで、同じようなフィクションとドキュメンタリーを混ぜ合わせたスタイルで北東部の海岸に飛び出していったのです。ウェルズの『すべて真実』を誰も観ていないにもかかわらず、ウェルズ的なるものがドス・サントスやグラウベル・ローシャらシネマ・ノーヴォの作家たちにしっかりと引き継がれていった。そういう興味深い、無意識の継承の現象が起こっています。そしてそこに、ジョアキン・ペドロの『マクナイーマ』に出演したグランジ・オテーロの存在を考えあわせるとき、ウェルズが中断を余儀なくされた映画プロジェクトが孕んでいたもののすべてが、じつはシネマ・ノーヴォにおいて芽吹くことになったという流れが見えてくるのです。『すべて真実』は歴史的に見ても、それほどに重要で象徴的なプロジェクトでした。

＊**『バラベント』*Barravent*** 監督：グラウベル・ローシャ／撮影：トニー・ラバトニ／編集：ネルソン・ペレイラ・ドス・サントス／出演：アントニオ・ピタンガ、ルイザ・マラニョン他／ブラジル／一九六二年

ブラジル北東部バイーア州出身のグラウベル・ローシャが、同地方を舞台に撮った長篇映画のデビュー作。舞台は、アフリカからの黒人奴隷の末裔たちが多く暮らし、素朴な漁師たちの生活が息づく海岸の村。人びとは祈祷師を中心に、祈りを捧げ、呪いをかけ、音楽と踊りのなかでトランス状態になる、カンドンブレという西アフリカ起源の民間信仰にのめりこんでいる。そこへ都会から、白いスーツ姿の青年が帰郷する。青年は村人たちを彼らがとらわれている因習から解放しようとするが、それを機に村にはさまざまな波

一九九六年からブラジルのサンパウロとリオ・デ・ジャネイロで毎年開催されているラテンアメリカにおけるドキュメンタリー映画の収穫を上映する大きな祭典は、「すべて真実——ドキュメンタリー国際映画祭」É tudo Verdade: Festival Internacional de Documentários と名づけられています。こんなところにも、ウェルズの先駆性への認識が、すでにブラジル映画界において共有されているという事実を見ることができます。

風（バラベント）が立ちはじめる……。シネマ・ノーヴォを代表する作品の一本。

V
バナナこそわが職務
略奪された歌姫をブラジルは取り戻せたのか

批判を浴びた脱神話化の作業

この章では、『バナナこそわが職務』*Bananas is My Business**（一九九五）というカルメン・ミランダ*に関するドキュメンタリーを取り上げてみたいと思います。この映画は、ブラジルの女優、歌手カルメン・ミランダの生涯をたどりながら、彼女とブラジル、彼女とアメリカの関係を批判的な視点から追っていきます。アメリカ映画産業によってカルメン・ミランダというイメージがいかに搾取され、濫用され、消費され、最後にはそれがいかに捨てられていったか。ブラジルとアメリカを舞台に、一九三〇年代末から四〇年代にかけて起こった一人の映画スターをめぐる文化状況を批判的に捉えた作品なのです。

これは一九九五年に製作された、演出された夢のシーンを含むドキュメンタリー作品ですが、公開された当初、アメリカではかなり辛辣な批評が出ました。監督のヘレナ・ソルバーグ*は、一九三八年にリオに生まれた、ノルウェー系の父をもつブ

＊『バナナこそわが職務』*Carmen Miranda: Bananas is My Business*
監督：ヘレナ・ソルバーグ／出演：カルメン・ミランダ他／ブラジル、アメリカ／一九九五年／九二分

＊カルメン・ミランダ Carmen Miranda（一九〇九－一九五五）
ポルトガルで生まれたブラジル人の映画スター、サンバ歌手、ダンサー、ブロードウェイ女優。一〇代の頃はブティックで働いて帽

ラジル人女性です。若い時からカルロス・ディエギスやアルナルド・ジャボールらシネマ・ノーヴォの監督と接触しつつ映画をとりはじめましたが、独裁権力による反体制派への弾圧が激しくなった七〇年代にアメリカに移住し、以後アメリカでドキュメンタリー作家としての地位を確立しました。ニカラグア革命前後の状況を社会の底辺の視点から描き出した中篇映画『灰燼のなかから――今日のニカラグア』（一九八二）は真摯な作品でしたが、アメリカでは保守的な教会や反共勢力からあまりにもサンディニスタ政権寄りだとして批判を浴びました。そのあと、長い取材と調査を経て完成したのがソルバーグにとっての初の長篇映画『バナナこそわが職務』でした。この映画がまず公開されたのはアメリカ国内でしたが、辛辣な批評もありました。「これはカルメン・ミランダをブラジルに奪い返そうとする悪意に満ちた作品で、アメリカ映画がつくり出したこのスターのイメージを踏みにじるものである」というものや、「ここにはまったく本当のカルメン・ミランダが描かれていない。あたかも彼女が大きな権力によって搾取され続けた悲劇の主人公のように描かれているが、これはひどい曲解だ。本当のカルメン・ミランダを観たかったら、『ハバナの週末』（一九四一）や『リオのあの夜』（一九四一）といった四〇年代の映画そのものに立ち戻って観るべきである。なぜなら、そこに本当のカルメン・ミランダが

子づくりを学び、自身の帽子屋を開業。二〇歳のときにサンバ歌手としてアルバムをリリースして、二四歳で銀幕デビューを果たす。一九三六年の『アロ、アロ、カルナヴァル』など、三〇年代以降シャンシャーダのスターとして人気を博した。三九年にアメリカで舞台デビューして、四〇年から五三年のあいだに一四本のハリウッド映画に出演。自宅もハリウッドに移した。第二次世界大戦後には人気が凋落し、五五年に心臓発作で亡くなった。

いるのだから」などという否定的な批評もありました。

これらのアメリカの批評家にとってのカルメン・ミランダ像は、一九四〇年代の二〇世紀フォックスの映画において、彼女がラテンアメリカ女性のステレオタイプを演じ続けるなかでつくられたイメージです。いまだに多くのアメリカ白人にとって、四〇年代のハリウッド映画のなかで輝いていたラテン的セックス・シンボルとしてのカルメン・ミランダこそが、正真正銘のミランダなのです。その背後にあるイメージの搾取と濫用の関係を暴いた映画『バナナこそわが職務』にたいして、いまもこのような批判が出るということがそれを証明しています。神話破壊をめざそうとするこの映画の意図がまったく理解されず、いまだにこのようなナイーヴな批判が出るということは、アメリカの大衆文化のなかでハリウッド映画がつくってきたカルメン・ミランダのイメージが、いかに巨大で影響力のあるものかを示しています。そのイメージを無意識のうちに愛してきたアメリカ人たちがいる。彼らはそこから逃れることができないのです。自分の幻想のなかにカルメン・ミランダを押し込め、そのイメージをラテン女性の象徴として記号的に消費していたいという無意識の欲望があるからこそ、その無意識の先入観を突かれると苛立ってしまうのです。しかも、『バナナこそわが職務』についての痛烈な批判を書いた一人が、女

＊ヘレナ・ソルバーグ Helena Solberg（一九三八―）
ブラジル出身の映画作家。リオ・デ・ジャネイロ生。シネマ・ノーヴォのムーヴメントにおける唯一の女性作家でもあった。若いときに映画監督のカルロス・ディエギスやアルナルド・ジャボールらに接触し、一九六六年に短篇映画を製作してキャリアをスタートして劇映画とドキュメンタリーの両方を製作。七〇年代には独裁政権を避けてアメリカに移住し、八二年のドキュメンタリー映画『灰塵のなかから――今日のニカラグア』が高く評価された。九五年にはカ

性の映画批評家だったことに私は驚きました。いずれにしても、このドキュメンタリー映画はこのように、論争的な空気のなかでまず受けとめられた映画でした。

この作品は、背後に非常に長い歴史を背負っています。カルメン・ミランダは一九〇九年にポルトガルのリスボン郊外にある貧しい村で、ポルトガル人の両親から生まれました。彼女がポルトガル人だということを強調する知り合いのお婆さんが、映画のなかでインタヴューを受けています。「みんなはカルメン・ミランダがブラジル人だと思っているけれど、そうじゃない。カルメン・ミランダのなかにはブラジルなんてひとつもない。両親はポルトガル人だし、ポルトガル生まれの生粋のポルトガル人なんだ」と、そのお婆さんが話しているシーンがあります。カルメン・ミランダは自分たちのものだと考えたい意志がアメリカにも、ポルトガルにも、ブラジルにもそれぞれあるのです。カルメン・ミランダは時代を象徴するスターでした。彼女が純粋なポルトガル人の出自を持っていることを、現代のポルトガル人は一種のナショナリズムあるいは郷土愛を背景にして、認めさせようとする。一方、ブラジル人にとっては、カルメン・ミランダが自分たちのスターだとは宣言しにくい状況になっていました。彼女をハリウッドに掠め取られ、くたくたになるまで使い尽くされ、最後は捨てられてしまったという感覚がブラジル人には根強くありま

ルメン・ミランダの人生を描いたドキュメンタリー『バナナこそわが職務』を発表した。

す。だからこそ、この映画を撮ったヘレナ・ソルバーグには、カルメン・ミランダをもう一度ブラジル人の手に取り戻したい、という隠された強い意志が働いているように思われます。この強い奪還の意志をアメリカ人は感じ取り、この映画を否定しようとしたのでしょう。

『バナナこそわが職務』の最後に葬儀のシーンがあります。一九五五年八月五日、カルメン・ミランダはハリウッドの自宅で心臓麻痺のため死亡しました。彼女がテレビのショーに出ているとき、グラグラッと眩暈がして、ホスト役の男性に抱きかかえられるようにしながらも、最後まで踊りながら扉を出ていくシーンがあります。これは彼女が亡くなった当日の映像なのです。すでに彼女はテレビの撮影中に発作を起こして崩れかけており、その夜、自宅で強い発作が起こり亡くなってしまいました。晩年は薬漬けになっていたという話が映画のなかで出てきます。眠れないため睡眠薬を飲み、だんだんと免疫ができてきて通常の量では効かなくなり、ますます量を増やしていく。あまりに薬の効果が強すぎて、今度は反対に起きることができなくなる。そうすると今度は朝起きるための薬を飲むようになる。こうしていつしか薬漬けになってしまったというわけです。それでも彼女は午後になるとショーがありますから、睡眠薬でぐったりした身体を目覚めさせるために薬を飲んで、自分の精神を日常に戻し、スタジオに出て踊っていた。そのようなことを彼女は日々繰り返していたのです。それは相当な負荷になったはずで、最後には心臓麻痺で亡くなってしまう。カルメン・ミランダは男に恵まれず、結婚はみな彼女の金目当てのもので、彼女を労わる人間もおらず、冷たくなった彼女を発見したのは、身の回りの面倒を見ていたメキシコ系の女中でした。

すぐに彼女の遺体は飛行機でブラジルへ運ばれました。これはカルメン・ミランダのひとつの象徴的な帰還だといえます。アメリカに奪われていたカルメン・ミランダが、遺体となってブラジルへ帰ってきた。ブラジルの人びとは彼女を熱狂的に迎えました。ブラジル人は、一時は彼女にたいして冷たいときもありました。アメリカナイズし、ブラジルへの愛を忘れたかのような彼女を、ブラジル人は裏切られたとして冷たく思っていたことがあったのです。けれどもそれは、愛情の裏返しであったのでしょう。熱狂する人びとのあいだを、カルメン・ミランダの棺がブラジル国旗に包まれ厳かにリオの街頭を運ばれていく。この葬送のシーンが、映画の最初と最後に使われています。

ブラジル人にはアメリカに奪われた自分たちの歌姫カルメン・ミランダを取り戻したいという願いがあった。ポルトガル人はミランダを生粋のポルトガルの産物と

『バナナこそわが職務』より、リオの墓地でカルメン・ミランダの柩をとり囲む群集

して意味づけようとした。そして先ほどの批評に見たように、アメリカ人には「本当」のカルメン・ミランダはハリウッド映画のなかにある、という思いこみがあった。他人から侵されたくない何かとして、彼女のイメージがあったのです。興味深いのは、カルメン・ミランダという一人の人物をめぐっていくつもの勢力が、それぞれの所有権を主張するような関係にあったということです。そのような背景のなかで、このドキュメンタリー映画はつくられました。ですから、ここでのもっとも大きなテーマは、映画というメディアの歴史過程において、ラテンアメリカ、とりわけブラジルの女性がどのように表象されたのか、ということなのです。映画という媒体は視覚的に直接あるもののイメージを伝えることができます。二一世紀の現在ではテレビやインターネットなどほかのメディア媒体がイメージ操作のメカニズムに介入する比率が高くなっていますが、映画というものが大衆娯楽としてテレビの普及以前に力を持っていたこの時代では、何よりも自分が知らないイメージを伝えてくれるメディアとして映画の存在は決定的に大きかったのです。映画が「こんな悩殺的で魅力的なブラジル女性がいる」と伝えれば、それこそが一気にブラジルのイメージへと横滑りしていくのです。

カルメン・ミランダの生涯

それでは映画の流れに沿いながら、カルメン・ミランダの生涯をたどり直してみましょう。彼女は一九〇九年にポルトガルに生まれましたが、一歳にもならないうちに両親に連れられてブラジルのリオ・デ・ジャネイロへ渡っています。ですから、ポルトガルというのは両親の故郷ではあっても彼女にとってはリアリティのないもので、本人のなかではやはりブラジル人としての意識が強かったでしょう。リオで学校を卒業し、帽子屋の店員になります。帽子屋では自分の手でデザインをして顧客もついたということで、なかなかセンスがいい帽子デザイナーだったようです。けれどなによりも、彼女は歌と踊りの上手な娘でした。オーディションを受け、一〇代の前半からラジオ番組などで歌っていました。リオのパーティや祭典などで、も、彼女の歌と踊りが注目されていました。ソルバーグの映画のなかで、彼女のかつての恋人が登場して「自分ほど彼女を愛した者はいない」といいながら、いかに彼女の踊りが上手かったかを証言しています。あるいは、彼女に歌を提供した黒人の庶民音楽家の証言も語られています。こうしてカルメン・ミランダの歌と踊りの才能は早くから開花し、彼女はラジオやミュージックホールのような場所で常時歌うようになります。

一九三〇年に「タイー」Taíという曲が大ヒットして、これで押しも押されもせぬポピュラー歌手としてブラジル音楽界に認められるようになります。ちょうど二〇歳の頃です。一九三〇年代を通じて、カルメン・ミランダはブラジルの音楽界・映画界でスターとして活躍していきます。リオのチャップリン・クラブの創設者の一人アデマール・ゴンザーガがハリウッドのスタジオ・システムの影響を受けて製作したミュージカル・コメディ『アロ、アロ、カルナヴァル』*Alo, Alo Carnaval*（一九三六）にも出演し、そこで印象的な歌と踊りを披露しています。けれどその頃はまだ、あの特徴的な帽子をかぶって、誇張された目つきをしてけれん味たっぷりに歌うアメリカ時代の「カルメン・ミランダ」ではありません。もっと自然で天真爛漫な若い女性が、生き生きと自分の好きな歌を歌っている印象です。その頃のブラジルの芸能界は、アメリカのショービジネスのスタイルを取り入れてはいるものの、ハリウッド特有の虚飾と過剰な演出によってあらゆるものを人工的に精緻につくり上げてゆくようなものではありませんでした。ですから、彼女は伸び伸びとブラジルのショービジネス界を楽しんでいました。「一杯の温かいスープ、歌を歌える機会があれば、それで自分は満足だ」という台詞がドキュメンタリー映画にも二度ほど出

『アロ、アロ、カルナヴァル』*Alo, Alo Carnaval* 監督：アデマール・ゴンザーガ／撮影：エドガー・ブラジル／出演：ハイメ・コスタ、カルメン・ミランダ、アウロラ・ミランダ他／ブラジル／一九三六年

てきますが、それはその頃のブラジル時代のことをいっているのだと考えられます。彼女は質素な考え方を持った天才歌手だったといっていいでしょう。

ところが、カルメン・ミランダの運命ががらりと変わるのは、一九三九年のことです。アメリカのブロードウェイ・ミュージカルの興行権を数多く持っていた、やり手の興行主リー・シュバートがリオ・デ・ジャネイロへやってきます。そして、リオのナイトクラブで歌っているカルメン・ミランダを発見します。シュバートに見いだされたおかげで、彼女はブロードウェイへ出演する機会をえます。自分の才能が世界のショービジネスをリードするブロードウェイに認められたのですから、彼女はそれを幸運だと思ったことでしょう。契約を交わし、一九三九年五月、三〇歳のカルメン・ミランダはブラジルを離れて船でニューヨークに着きます。もちろんいきなり主演というわけではありません。その頃、シュバートはブロードウェイのミュージカル・レビューで『パリの街角』*The Streets of Paris* という作品をプロデュースしていました。その一場面でカルメン・ミランダが歌を歌うというかたちで、ラテン女性を登場させたのです。彼女は「サウス・アメリカン・ウェイ」*South American Way* という歌を歌いました。「熱帯の夜、あなたは南米的な狂おしいダンスを踊ったことがある？　月光のもと、あなたは南米的な艶やかなキスをしたことがある?」こんな内容の歌が、なぜ当時のアメリカのブローウェイのレヴューで歌われる必要があったのか、ということが気になります。それはのちほど話しますが、そこには政治的・社会的な背景がありました。いずれにしてもこんな官能的でエキゾチックな歌をラテン女性独特の強いアクセントで歌い、それが大いに受けたのです。ラテン訛りを丸出しにして、堂々と自分の歌を天真爛漫にアメリカ人に投げかけるグラマラスな女性。こうした演出はアメリカの白人男性にとっては、いままで感じたことのなかった、ミステリアスでしかもインパクトの強いラテン女性のイメージを刺激するものでした。三〇年代のアメリカの白人男性にとってラテン女性のイメージは、このような幻想のなかで肥大化していくものでした。こうしてカルメン・ミランダはブロードウェイのアメリカ人観衆を痺れさせ、悩殺し、たちまちセンセーションを巻き起こしました。これに目をつけたのが、ラテン系の映画スターを探していたハリウッドだったのです。

こうしてカルメン・ミランダはハリウッドへと引き抜かれ、四〇年代はじめから、二〇世紀フォックス製作の、ラテンをテーマにした映画に立て続けに出演しました。カルメン・ミランダが出演したハリウッド作品の全一四本のなかの最初の五本が、二〇世紀フォックス時代に彼女が出演した代表作といえるものです。その映画第一作が『遥かなるアルゼンチン』*Down Argentine Way*（一九四〇）で、ミランダはここで再びあの悩殺的な訛りの「サウス・アメリカン・ウェイ」を歌っています。ほかに『リオのあの夜』*That Night in Rio*（一九四一）、『ハバナの週末』*Weekend in Havana*（一九四一）、『ロッキーの春風』*Springtime in the Rokies*（一九四二）、『集まれ！　仲間たち』*The Gangs Are All Here*（一九四三）といった作品が代表作といっていいでしょう。

『バナナこそわが職務』にもこれらの映画からの抜粋が引用されていますが、彼女はいつも派手な民族衣装を着て、トレードマークであるフルーツをあしらった帽子をかぶっています。有名なのはやはりバナナの帽子をかぶっているシーンでしょう。カルメン・ミランダとバナナといえば、真っ先に思い出すのが彼女の映画女優としてのイコン性を象徴するあの特別の帽子です。「トゥッティ・フルッティ・ハット」Tutti Frutti Hat と呼ばれているこの奇っ怪な帽子は、バナナや苺をはじめとする果物が積まれた小さな塔のような形をしています。もっとも有名なシーンが『集まれ！　仲間たち』のなかの、その名も「ザ・レイディ・イン・ザ・トゥッティ・フルッティ・ハット」という歌のシーンです。何百もの巨大なバナナの張りぼてを踊りのなかで万華鏡的に使った途轍もないシーンであり、ハリウッド映画の演出のなかでも資金と技術をつぎ込んでつくった娯楽的には完璧な映像のひとつだといえます。

バナナの帽子をかぶって歌うカルメン・ミランダ

このナイトクラブでのシーンの全体が巨大なバナナによって演出され、振り付けられています。カルメン・ミランダはブラジル時代から果物のついた帽子をデザインし、かぶったりしていましたが、それがハリウッドに渡ってさらにエスカレートし、誇張されたラテン・イメージをかきたてる記号として、バナナが利用されていくことになりました。

ハリウッド映画のなかでのカルメン・ミランダ像と彼女の素顔には、いうまでもなく大きなギャップがあったに違いありません。彼女自身は映画のなかで、アメリカの白人男性が持っているラテン女性への幻想をより刺激し、より高めるために、目つきや腰の振り方、歌い方などいろいろなところに工夫を凝らしています。こうしたところに、カルメン・ミランダがだんだんとハリウッドのつくり物になっていくプロセスが見られます。アメリカ白人のラテン幻想を巧みに刺戟することで彼女は大成功し、ハリウッドのラテン・アイコンの一人として絶頂の時期を迎えます。けれどももちろんそれは外から見た姿であって、彼女自身のなかには自分の歌手、アーティストとしての別の美学や野心があったはずです。

カルメン・ミランダの素顔はこれまでほとんど知られてこなかったのですが、この『バナナこそわが職務』によって、それが少しずつ見えてきます。たとえば、戦

『集まれ！　仲間たち』（一九四三）の象徴的なシーン

後のやや不遇になった時代に、彼女が絵を描いているシーンがあります。そこには映画のなかの「ブラジルの爆弾娘」カルメン・ミランダの姿はなく、化粧を落とした質素で、飾り気のない、どこか少女を思わせるような飾らないカルメン・ミランダがいます。ビキニ姿で自分の衣装をスケッチしています。あのようなごく自然で私的な時間に、彼女が何を思い、何を考えていたのか興味をそそられます。

けれども、つくられたカルメン・ミランダは映画に出演するたびにどんどん注目されていきました。彼女はハリウッドにおいて、アメリカのショービジネス界でも最高のギャラを取る女優になりました。そして、カルメン・ミランダが住むロサンジェルスの屋敷は一種のブラジル大使館のような場所となり、ブラジルからやって来た人がみなそこに巡礼するようになりました。ドキュメンタリー映画のなかでも「カルメン・ミランダ詣で」を回想している人がいます。観光バスで彼女の屋敷の前に乗りつけ、行列をなしてカルメン・ミランダ本人に会うといったことが、一時期本当に起こりました。

ところが、第二次世界大戦が終わると、ハリウッドがぱたりとラテン・イメージの宣伝を止めてしまいます。それによって、カルメン・ミランダは用済みになってしまうわけです。戦後に彼女が出演した映画を観ると、それまでの艶やかな役柄は見る影もありません。彼女は作品のなかに端役として登場し、歌を歌うことも頭に飾りをつけることもあまりなくなり、少々シリアスな演技をすることもありました。でも、それはまったくうまくいっていません。昔の栄光を引きずったカルメン・ミランダが端役で登場するというだけの、懐古的なアクセントとして使われたにすぎなかったのです。ですから、戦後の方が作品数は多いのですが、以前とはまったく違ったカルメン・ミランダがそこにいます。それでも彼女は戦前のイメージを再生産し続ける運命を甘んじて受けとめ、自分で過去のイメージを風刺したりパロディ化したりするような演技を強いられました。

このようなシーンも『バナナこそわが職務』で引用されています。彼女が別人の役で映画に出演していて、ほかの人たちと何か話をしていると、カルメン・ミランダの話題になります。すると、彼女は「カルメン・ミランダですって。カルメン・ミランダって、むかし人気だったあのべらべらしゃべる変な女の歌手じゃない?」と台詞をいうのです。自分で過去の自分をそういうかたちで茶化すような演技を、戦後の彼女はやっています。観客にとっても、カルメン・ミランダのイメージはすでに消費され、使い古されており、いつも同じことしかやらないブラジル娘はもう見飽きたということになっていたわけです。これにはいろいろと複雑な状況がありました。彼女のなかに新しいカルメン・ミランダを開拓する気持ちがあれば、別のカルメン・ミランダが戦後のハリウッドに登場することもあったかもしれません。しかし、カルメン・ミランダは自分からはそうしませんでした。自分というもののまわりに貼りついていた虚像を演じ続けるところに、女優としての自分の生き延びる道を見いだしたようなのです。さらに晩年は比較的安いクラブのショーなどに出て、踊ったり歌ったりをくり返していました。

凋落したラテン・アイコンの復権

一九三九年のブロードウェイ・デビューから一九四五年までの五、六年間の短いあいだにカルメン・ミランダを襲った、この大変動と運命の変遷には想像を絶するものがあります。ほんの五、六年のあいだに、カルメン・ミランダはスターダムに昇りつめ、そして一気にそのイメージが消費され尽くしてしまったのです。ハリウッドの大スターが五年ほどでスクリーン上の生命を終えてしまう、ということは途轍もなく不条理なことです。どうしてこのようなことが起こったのか。その背景を知ることで、これからブラジル映画のたどることになる道を見ていくためのひとつの歴史的な枠組みを理解することができると思います。

それを探るためのキーワードになるのが、「善隣外交」Good Neighbor Policyです。前章ですでに触れたように、これは第二次世界大戦に至る前の時期にアメリカ合衆国がとった政治的・文化的外交政策です。フランクリン・ルーズベルト大統領の決断によるこの国策が、カルメン・ミランダの運命を変えたといってもいいでしょう。そして彼女だけではなく、ラテンアメリカの多くの映画関係者の運命を変えたともいえます。

すでに前章で見たように、ハリウッドは、中南米にたいして政治、経済、文化にわたるさまざまな働きかけを行うかたちで、この善隣外交というものを進めていきます。しかし、それは四五年に突然終わりを告げます。それは戦争が終わったことで善隣外交の使命も終わり、北米の人びとがラテンアメリカにたいして持っていた幻想も強迫観念も消えてしまったからです。次々とラテン的なテーマは用済みとなり、ラテンのスターも切り捨てられていきました。結局はカルメン・ミランダという人も、第二次大戦期のラテンブームのなかで沸いたハリウッドが、一挙にスターに押し上げ一挙に没落へと突き落としたのです。なぜ彼女の人気が一九四五年で終わってしまったのかというと、それは善隣外交の終止がその時期にぴったりと符号するからです。ここが彼女の最大の悲劇といえるでしょう。政治というものが彼女の運命を翻弄したのです。

そのように考えた上で、『バナナこそわが職務』というドキュメンタリー作品をいまわれわれがどのように観ることができるでしょうか。監督のヘレナ・ソルバーグは、映画のなかの英語のナレーションも自身で務めていますが、リオ・デ・ジャネイロに生まれたブラジル人です。名字からも判るように、父親がノルウェーからの移民でした。リオのカトリック大学在学中から同じ学生仲間のカルロス・ディエギス*やアルナルド・ジャボール*らのちのシネマ・ノーヴォの監督たちと交わりを深め、雑誌のリポーターとしてさまざまな芸術家や作家にインタヴューするなかで、これらの取材を映像作品として発表しはじめます。ジョアキン・ペドロ・ジ・アンドラージやパウロ・セザール・サラセニ*らとも親しい交友関係を築きました。シネマ・ノーヴォの黎明期に唯一女性としてこの運動に参加した人物といっていいでしょう。カルロス・ディエギスについては、今後の章で、『バイバイ・ブラジル』と『キロンボ』という作品を見ていきます。ジョアキン・ペドロの『マクナイーマ』にも一章をあてて考えていきます。これらはシネマ・ノーヴォ以後のブラジル映画の深化の過程のなかで、きわめて重要な位置づけをもった作品です。ともかく、ソル

＊カルロス・ディエギス
三八五ページの註参照。

＊アルナルド・ジャボール Arnaldo Jabor（一九四〇―）
ブラジルの映画作家。リオ・デ・ジャネイロ出身。監督作品に『すべての裸は罰せられる』（一九七三）、『あなたを愛してしまう』（一九八六）、『あの日の幸せ』（二〇一〇）などがある。

＊パウロ・セザール・サラセニ Paulo César Saraceni（一九三三―二〇一二）
ブラジルの映画作家、脚本家。リオ・デ・ジャネイロ出身。監督作品に『頭痛』（一九六七）、『殺された家』（一九七〇）などがある。

バーグはそういう人たちと学生時代に友人としてのつき合いがあり、そのなかで映画づくりというものを学んでいきました。そして六〇年代末、シネマ・ノーヴォ最大の映画作家であるグラウベル・ローシャに、「自分の映画をつくりたい」と相談します。ローシャは彼女のことを随分と助け、いくつかの短篇ドキュメンタリー作品が生まれます。そのあと、政治的に不自由な状況もあり、彼女はアメリカへ渡ります。一九七一年にアメリカに移住し、以後は三〇年に渡ってアメリカでドキュメンタリー映画作家として活躍してきました。『バナナこそわが職務』はアメリカでの経験と取材・調査が生んだ大きな成果です。

ヘレナ・ソルバーグには、アメリカにおいて深められたフェミニズム的な視点が明らかにあります。もうひとつは政治的な現状にたいする左翼的な視点があります。この二つが、ドキュメンタリー作家としてのソルバーグの拠点でした。そのようなソルバーグの視点から見ると、カルメン・ミランダは格好の素材でした。善隣外交の文化風土のなかでアメリカによってそのイメージが変形され、異国趣味的で性的な商品として消費されてしまった、という点に批判的に切り込むことができるからです。カルメン・ミランダの生涯をそうした批判的視点から初めて浮き彫りにすることで、映画によって過去の神話的イメージを払拭し、カルメン・ミランダの真正な像というものを取り戻したい、という意図がはっきりこの作品からうかがえます。そして繰りかえせば、ブラジル人のもとにカルメン・ミランダを取り返すのだ、という強い戦闘的なメッセージが『バナナこそわが職務』という作品に込められていたからこそ、アメリカ人の批評家たちはこの作品に生理的な違和感を覚え、辛辣に攻撃したのです。

ブラジルにカルメン・ミランダを取り戻そうというメッセージは、この映画のなかでは監督の個人的な語りや個人的な記憶というかたちで物語化されています。この映画はドキュメンタリーとして伝記映画のような体裁をもっていますが、じつは監督であるヘレナ・ソルバーグ自身の個人的な思い出や記憶がかなり語られています。少女時代、ソルバーグ自身がカルメン・ミランダ映画のファンだったという出発点があります。けれども、そのことを親にいうと、お母さんに怒られたのです。「あんなアメリカナイズしたショーガールなんかに熱をあげてはだめよ」と否定されてしまい、自分のなかでカルメン・ミランダが常にアンビバレントなものとしてあったのです。この歌姫への素朴な愛を素直に表明できない。そのような存在としてあったわけです。監督のヘレナ・ソルバーグは、そんな個人的な記憶を自分の母親の思い出を語りながら語っていきます。そのようにしながら、カルメン・ミランダをブラジルへ取り返すという、彼女の新しい試みが進行していきます。映画の最後で、彼女の母親が彼女のことを理解してくれた、カルメン・ミランダにたいするお母さんの偏見も払拭された、とヘレナ・ソルバーグが語るところがあります。自分の身内にもあったカルメン・ミランダにたいする偏見や誤解が、家族のなかで解決されたということが映画のなかで語られます。ここには、アメリカによって搾取されたままだったカルメン・ミランダの存在そのものを、私的な通路を経てブラジル人の側へ取り戻していく、という大きな視点があるのです。

バナナをめぐる政治文化史

この作品へのもうひとつの切り口は、映画の表題にもなっている「バナナ」です。『バナナこそわが職務』*Bananas is my business* と仮に訳してみましたが、「バナナがあたしの仕事なの!」と軽く訳すこともできるタイトルです。カルメン・ミランダは実際に「バナナが私の仕事だ、自分はバナナで最後までやるんだ、いかにそれが自分で自分を茶化すことになっても、バナナ一本槍でいいんだ」ということを最後までいっていたようです。一見、これはカルメン・ミランダの弱さを示す言葉のようにも聞こえます。つまり、自分に押しつけられたイメージを最後まで演じ続けるしかない、つくられたスターという役割に甘んずるということです。ですが、監督のソルバーグはもうひとつ別の読みを加えています。カルメン・ミランダはいくらでも変身してバナナを捨てることだってできたけれども、あえてそうしなかった。自分のなかにあるバナナを最後まで演じ続けることで、自分のブラジル人としての役割を守り続けようとした。それが外から押しつけられたイメージであるにせよ、すでにバナナによって表わされてしまっている自分のブラジル性を最後まで守り続け、自分のなかのブラジルをまっとうする。そう彼女が考えていたという読みです。屈折はしていますが、これこそカルメン・ミランダのブラジル人としての尊厳を守る強い信念だったのではないか、と、そこまでソルバーグはいおうとしています。だからこそ、ソルバーグはもう一回、「バナナ」というもの自体が被ってきた、政治的な記号性を問い直して見せるのです。

われわれがスーパーマーケットなどで見かけるチキータ・バナナのシールをよく見てみてください。頭に果物満載の帽子をかぶった女性の絵が使われています。一九四四年にユナイテッド・フルーツ社は、バナナが女性の恰好をしてスカートやドレスを着て、頭に果物の帽子をのせているミス・チキータ・バナナというキャラ

チキータ・バナナの「頭に果物満載の帽子をかぶった女性の絵」

クターをつくりました。カルメン・ミランダが登場してバナナ・ダンスを踊った映画『集まれ！　仲間たち』の一年後のことです。明らかに映画からこのキャラクターが生まれたことが分かります。それだけではありません。それまでバナナという果物は、お金持ちの人がエキゾチックな熱帯の食べ物として輸入して食べていたものでした。バナナはもともと東南アジアの原産ですが、一五世紀にアフリカへ渡って主食化されました。大航海時代に奴隷交易が始まると、スペインやポルトガルやフランスが黒人奴隷をアフリカから新大陸やカリブ海へ連れて行く。その際、船に載せるのにバナナは安くて簡便で保存の効く食料だったわけです。これは黄色いバナナではなく、赤いバナナでした。じつは最初に世界的に広まったのはレッド・バナナと呼ばれるもので、いまでもアフリカではよく食べられています。味にも癖があり、いまわれわれが日常的に先進国で消費している、デザート的なバナナとは少し違います。赤いバナナは植民地主義の展開のなかで、アフリカから新大陸へと渡っていきました。ですから、一九世紀まではバナナは黄色くなかったといっても過言ではありません。いまでも市場には赤いバナナもあり、メキシコなどでは「マンサーノ」（＝林檎）と呼ばれたりしますが、文字通り林檎のような少し甘酸っぱい味がします。バナナを、二〇世紀のアメリカ発の大衆的な食物として大々的に売り出すために、ユナイテッド・フルーツ社は「チキータ・バナナ」という食べやすく日もちのする黄色いバナナを品種改良の末につくり出しました。これが少し大げさにいえば世界を変えていくことになります。CIAなどと結託しながら既得権益を守りつつ、アメリカの海外政策に多大な影響力を持ったユナイテッド・フルーツ社は、一九八〇年代に「チキータ・ブランド・インターナショナル」と社名を変更していまも全米最大のバナナ交易会社として存続しています。

二〇世紀の世界の果物市場を席巻することになるユナイテッド・フルーツという会社は、一八九九年に設立されています。まさに一八九八年、米西戦争に勝利したアメリカがスペインの植民地だったプエルトリコ、キューバ、フィリピンといった熱帯の島々を手に入れた直後のことです。これをきっかけにいろいろなことが動きだします。ハワイで王朝が潰され、太平洋におけるアメリカの軍事拠点として併合されたのもこの年の出来事です。その翌年にユナイテッド・フルーツ社が設立されているのは象徴的です。いまはファッションブランドとして知られるバナナ・リパブリックなる言葉がありますが、「バナナ共和国《リパブリック》」とは植民地主義を濃厚に背負った言葉であり、バナナのような第一次産業産品の輸出に依存して、アメリカなどの外国資本に支配された政情不安を抱える中南米の小さな国、という意味から生まれた言葉なのです。二〇世紀前半の中米、ホンジュラス、コスタリカ、グアテマラといった国々は、ユナイテッド・フルーツ社という一企業がほとんど乗っ取ったような状態になっていました。これが「バナナ・リパブリック」です。

どうしてバナナ会社が一国の経済や文化を支配できたのか。もともとアメリカには政情不安な国に取り入ってゆく拡張主義的な指向性がありました。バナナを生産して輸出することによって権力を得るためには、単に農園を経営しているだけでは不可能です。まずバナナを運搬するためのインフラを整備する必要がありま す。ユナイテッド・フルーツ社は、中南米の小さな国々における電話などの通信をほとんど整備しました。それから鉄道、道路、港湾といったものを自己資金で建設したわけで、これらの国のインフラを支配したといっていいでしょう。その上でバナナを生産し、本社があったボストンなどのアメリカ東海岸へと輸出する。そのようにプランテーション経済の構造を温存させるかたちで、アメリカの一般企業が企業型のコロニアリズムを延命させていったのです。歴史を見れば分かることですが、一九〇九年にはアメリカ軍の海兵隊がニカラグアを占領し、一九一四年にはパナマ運河が開通し、これをアメリカが管理していくことになりました。アメリカは東海岸から西海岸へ、大西洋から太平洋へと渡る海路がどうしても欲しかった。南アメリカを下ってホーン岬をまわるのはとても遠い。ですから、アメリカは一九世紀の半ばくらいから、中米のどこに運河をつくったらよいのかということを調査し、国家的に中米への進出を加速していました。アメリカの国土において陸続きの鉄道で大量の物資を運ぶのは大変なことだったので、最終的にパナマ運河ができることで、船で両海岸が短時間で結ばれることになったのです。

一九世紀の半ばには、アメリカの関心はパナマではなくニカラグアにありました。ニカラグア湖という大きな湖があり、それが大西洋と太平洋の両側の海岸から近いところにありました。だから、当初はニカラグアに運河を作るという計画が現実味を帯びていました。そのための調査も行われ、ニカラグアは半分アメリカの属国のようになっていました。国益を見越して利権を先取りしようとするフィリバスター＊と呼ばれる民間人の軍事探検家たちが私兵を率いて中米の国々へ入っていき、ニカラグアで大統領になってしまったウィリアム・ウォーカーのようなフィリバスターも現れました。そのようにアメリカの裏庭のような状態が中米では続いていたのです。一九一五年にはアメリカによるハイチの占領、翌一六年にはドミニカ共和国の占領、一九一九年にはホンジュラスの内戦に干渉し、さらにグアテマラの内戦に干渉していきます。中米とカリブ海にたいしてアメリカ国家が政治的、経済的、軍事

＊フィリバスター filibuster　民間人の軍事探検家で、植民地などの外国へ入り、非合法なかたちで革命や反乱を扇動する者のこと。最初は一六世紀のカリブ海の島々で、植民地や船を襲う者を指した。一九世紀にアメリカ合衆国が領土を拡張した時代には、フィリバスターがメキシコ、カリブ海、中南米へ入った。テネシー州出身のウィリアム・ウォーカー William Walker（一八二四―六〇）は、一八五四年に部下と共にメキシコ領内に入って勝手に共和国の樹立を宣言。同年、ニカラグア内戦の援軍に入ったウォーカーは軍功が認められて最高司令官に着任、二年後には自らニカラグアの大統領選挙に出馬して当選した。

的に徹底して介入していったことが分かります。そのなかでユナイテッド・フルーツ社のような企業が、その先兵としての役割を果たしていたのです。

さらにパン・アメリカン航空という会社が設立され、ナショナル・フラッグ・キャリアを八〇年代まで続けました。この企業は一九二七年の設立です。フロリダのマイアミからキューバのハバナまでが最初の航路となりましたが、その後は善隣外交のイデオロギーによって支えられ、一国を代表する航空会社としての地位を獲得しました。第二次世界大戦へ向かう時期に、アメリカの航空会社や軍需産業は大きな力を持ちました。航空機を生産するロッキード社はラジオ番組の巨大スポンサーとなりました。ラジオ放送を通じて、アメリカの航空機やその歴史を広く普及する番組を流したのです。一九三〇年代後半から四〇年代にかけて、ラジオ・パーソナリティとして才能を発揮していたのが、若いオーソン・ウェルズでした。彼に声をかけて、ロッキード社をスポンサーにしたラジオ番組が四一年に始まりました。「シーリング・アンリミティッド」という番組名ですが、これは「限界がない天井」という意味ですから、航空機が果てしなく空を支配していくというイメージなのでしょう。ちょうどウェルズが『すべて真実』を撮影するためにブラジルへ渡航する前年のことで、飛行機をめぐるさまざまなラジオドラマの短篇がウェルズの脚本でつくられていました。その翌年にウェルズは「ハロー・アメリカンズ」というラジオ番組を手がけています。これはロックフェラーが率いる米大陸間問題調整局の要請によるもので、ウェルズはラジオ放送からアメリカの善隣外交を発信する番組を製作しました。このシリーズにカルメン・ミランダが登場して、ブラジルのさまざまな楽器を紹介したことがあり、ドキュメンタリー映画『すべて真実』のラストシーンでも二人のやり取りが音声で使われています。

そのとき、オーソン・ウェルズはすでにブラジルから戻ったあとで、ファヴェーラでさまざまなサンビスタたちと深いつき合いをして、ブラジルの相当に奥深いところまでリサーチをし、サンバに関する知識も持っていました。それにもかかわらず、アメリカとハリウッドにおけるラテンアメリカ大使であるカルメン・ミランダを呼んできて、彼女の口から一つひとつの楽器の名前と由来を聞いていくという対話をしたのです。ウェルズはすでにサンバの深い部分と共振していて多くのことを知っているのですが、あくまでも台本のなかで知らないふりをして聞いていく。ラジオ番組のやりとりでは、一般大衆のためにサンバの権威であるカルメン・ミランダを呼んできて、サンバで使う楽器について聞く体裁になっていますが、実際の演出をコントロールしているのはウェルズの方です。そうやって当時の平均的で紋切り型のアメリカ人、つまりはサンバとタンゴとボレロとマリアッチの区別もつかないような人びとを風刺したのです。

その頃のカルメン・ミランダは、自分の意志に反してブラジルの正統的な歌や音楽や踊りをきちんと紹介することができず、ステレオタイプの演技をひたすらさせられていました。『集まれ！　仲間たち』のような映画は、じつは筋立ての部分ではラテンアメリカとまったく関係がありません。婚約者のいるアメリカ人の男性が、戦争で戦地へ行っているあいだに、そこで別の女性を好きになってしまって連れ帰ってくるというプロットです。その映画のナイトクラブの場面で、カルメン・ミランダが突然ショーに登場し、果物の帽子をかぶって歌い、ダンスをするのです。

カルメン・ミランダは善隣外交の返礼として、ブラジルからアメリカへと輸出された新しいタレントでした。ハリウッドはラテンアメリカにたいして「友好的」な映画を作ると同時に、アメリカの大衆にたいしても、ラテンアメリカのイメージを与えようとしました。そのような相互の働きのなかで、ディズニーによるアニメ映画が製作され、二本の作品はリオとメキシコシティでプレミア上映され、中南米市場に送りだされました。当時は戦争中のヨーロッパが市場として小さくなっており、ハリウッドもラテンアメリカの市場を開拓していく必要がありました。そこでラテンスターを利用した。そのような経緯で、カルメン・ミランダが登場し、バナナは植民地主義の歴史をたどっていき、中米においてアメリカの政治進出が展開していった。政治、経済、映画といったすべてのものが連動しながら、二〇世紀前半におけるアメリカの拡張主義的な動きがつくられていったのです。

文化帝国主義を超えて

バナナに戻りましょう。戦後日本で、初めて自分がバナナを食べた日のことを覚えているでしょうか。私やそれより少し上の世代の場合、幼年時代においてバナナは贅沢品でした。親にねだって、半分黒くなって安売りされているバナナをようやく買ってもらい、その甘くて新しい味に魅せられ、バナナへの憧れを頭と舌に植えつけられました。アメリカの一九三〇年代から五〇年代にかけての一般家庭においても、バナナはそのような贅沢品でした。ユナイテッド・フルーツ社は、現在一般化している黄色いバナナになるまで何十年も改良を重ね、「チキータ」というバナナの品種をつくり上げたのです。その一方で、アメリカの家庭の主婦や子供たちにアピールするために、バナナの格好をした女性、つまりカルメン・ミランダをモデルにしたキャラクターを生み出し、ラジオのCMソングではカリプソをベースにしたチキータ・バナナの歌がつくられました。カリプソはカリブ海のトリニダード・トバゴの音楽ですから、ラテンアメリカのテイストをでたらめに混ぜ合わせているわけです。それが毎日ラジオで流れていたので、アメリカで七〇代より上の世代でしたら、どんな人でも二番くらいまでは歌えることでしょう。そのようにして、チキータはバナナの代名詞になっていきました。飲み物や食べ物の大衆化の過程のなかに、さまざまな政治的、経済的背景が連動していることに、気をつけた方がいいかもしれません。

ドナルド・ダックの漫画に、「島をひとつ買いたいって?」という物語があります。ヒューイ、デューイ、ルーイというドナルド・ダックの三人の甥っ子たちと、その幼稚園の先生が登場します。ドナルドの三人の甥っ子たちが、幼稚園の先生と「大会社ゲーム」をする。「僕は銀行がいい!」「僕は商人がいい!」とゲーム遊びが始まる。「僕は売地をたくさん持ってるぞ」とデューイがいう。「僕が買うぞ、島をひとつ売ってくれ」「どれくらいの大きさで、どの海にある島?」といって地図を広げるのですが、それがカリブ海の地図なのです。「僕はここを全部所有しているから、どれでもいいよ」とデューイはいいます。このシーンは、かなりあからさまに

ドナルド・ダックの漫画「島をひとつ買いたいって?」

当時のアメリカの状況を反映しています。アメリカ政府と軍、企業と文化産業のすべてが結託し、北米から中米にかけての一帯を広く支配している構図が露出してしまっている。ユナイテッド・フルーツ社のような、カリブ海の島をひとつ支配してしまうほどの企業は、庶民の味覚の支配だけでなく、固有名詞としてディズニー漫画がそのまま採用するほど、アメリカの海外進出や領土支配のイデオロギーを体現する会社だったわけです。

少し脱線もありましたが、もう一度大筋の部分をまとめてみましょう。バナナというものは、アメリカとラテンアメリカの不平等な搾取の関係を象徴する果物です。バナナとアメリカ帝国主義というものは、一〇〇年の歴史を持った関係にあるのです。すでに見たように、一八九八年にアメリカはスペインとの戦争に勝利し、スペイン領であったキューバとプエルトリコ、フィリピンを自分の実質的な支配の領土に組み込みました。キューバは独立しましたが、実際はアメリカの傀儡政権を立てて独立させたのです。同じ年にアメリカはハワイを自分のものとしています。こういう熱帯的な土地土地が、この年にアメリカのものになったわけです。

これらの土地での権力を確立するためにアメリカがやったのが果物の栽培です。もともとプランテーションで果物栽培の土壌があったところへ一挙に乗り込んでいき、本格的に果物生産をはじめました。ユナイテッド・フルーツ社は一種の国策会社としてカリブ海、中南米、フィリピンでの果物生産によって莫大な利益を得、アメリカはこれらの土地をほとんど自分の植民地の状態にしていくわけです。もうひとつ、ドール Dole という会社もユナイテッド・フルーツ社にわずかに遅れて一九〇一年からハワイに生産拠点を置いて主にパイナップルやバナナの生産と流通を拡大していきます。いずれしても、アメリカがこういったかたちでバナナをはじめとする熱帯果実を栽培・流通させだしたのはこの時期なのです。二〇世紀の一〇〇年間をかけて生み出されたバナナの大量消費とは、アメリカのこうした中南米や太平洋地域における土地と労働力の搾取の構造がつくったものです。

二〇世紀後半、日本はアメリカに次ぐバナナの最大の消費国になっていきました。あの黄色いチキータ・バナナというのは、アメリカの資本によって改良に改良を重ねられてつくられた、文明国輸出向けの上品なバナナなのです。それまで中南米で食べられていたバナナは、もっと小さくてあまり甘くない日持ちの悪いバナナです。それでは困るということで現在食べられているバナナ品種、すなわちチキータ・バナナが、アメリカの二〇世紀の経済的な搾取の構造のなかで生まれてきた。バナナというのは、いわば一九世紀末から二〇世紀のアメリカの経済帝国主義のシンボルといってもいいのです。そしてそのバナナの宣伝の役割を一身に背負わされたのが、ほかでもないカルメン・ミランダでした。これはとても象徴的なことです。ヘレナ・ソルバーグがこのドキュメンタリー作品に『バナナこそわが職務』*Bananas is my business* というタイトルをつけたのも、そこに理由があったといえるでしょう。あえてバナナの記号性や政治性のすべてを引き受け、自分の職務はバナナであると宣言したカルメン・ミランダのイノセンスと苦渋のなかに、ソルバーグは歴史批判の視点を見いだしたにちがいありません。

少なくともわれわれはそれくらいの想像力の広がりのなかで、この作品とタイトルを読み取っていく必要があるのだと思います。これからはスーパーで買ったチキータ・バナナを食べるときも、私たちは少しは考えねばならなくなるはずです。果物の品種を改良して文明国の人間が喜んで食べられるようにすることの背景には、権力国家の意志と支配力への欲望がひそんでおり、結局それは政治の産物であって、それは映画にまで介入してくるのです。バナナをめぐるそのような歴史の因果を、カルメン・ミランダは教えてくれているのです。

カルメン・ミランダとブラジルのいま

カルメン・ミランダがラテンアメリカの典型的な表象として、ハリウッド映画に利用されたことはまさに悲劇でした。アメリカナイズした彼女にたいする批判が、ブラジル人のあいだから相次いで表明された時期がありました。カルメン・ミランダが、一九四〇年にアメリカからブラジルへ一時帰国したときには、人びとから裏切り者の扱いを受けました。そのときにミランダが歌った曲があります。「みんな私がアメリカナイズされて戻ってきたっていうの」*Disseram que voltei Americanizada* というタイトルです。この歌詞には、ブラジル人たちへの返答がミランダの本心として歌われています。「わたしが食べたいのはエビと瓜のスープなのよ」という詞を見ると、この曲のなかで自分がブラジル的なものをまったく失っていないと誠実に伝えようとしたことが分かります。ですが、彼女はそれから一五年というもの、故郷のブラジルへ帰ることはありませんでした。

カルメン・ミランダは、ハリウッドに大きな邸宅を構えており、そこがブラジル関係者のサロンになっていて「ブラジル大使館」とまで呼ばれていました。しかし、ミランダの人生の最後は悲しいものでした。年をとり若々しさもなくなっていった戦後の時代においては、善隣外交の大使としての必要性もなくなりました。また、ミランダの誇張されたラテン・イメージは、五年も経てば大衆に飽きられてしまう種類のものでした。結局、一九五五年にテレビ番組の喜劇ショーに出演している最中に心臓発作で倒れ、その夜に亡くなったことはすでに述べた通りです。まだ四〇代でした。それは、スターとしては悲劇的な死でした。ところが亡くなってすぐ、カルメン・ミランダの遺体が故郷のリオに運ばれてきたとき、ブラジル人たちの熱狂はものすごかった。ブラジルがカルメンの身体をついにアメリカから奪い返したからです。一時帰国のときの冷たい反応とはまったく違い、リオの街路を進む棺のまわりを五〇万人もの群衆が埋めたといいます。ブラジル人にとって、カルメン・ミランダはアメリカの帝国的な力との共犯関係を背負った象徴であり、そのおかげでアメリカでスターとなった。けれど最後は、ようやく故郷のブラジルと、ブラジル人たちの心のなかへ帰還することができたのです。死ぬことで帰郷がかなう、というのも大いなる逆説ではありますが……。

最後にカエターノ・ヴェローゾ*の「トロピカリア」という曲を聴いてみましょう。六〇年代後半から、音楽、現代美術、演劇、映画において「トリピカリズモ*」と呼ばれる芸術運動が起きました。音楽のジャンルで、その中心にいたのがカエター

＊カエターノ・ヴェローゾ Caetano Veloso（一九四二―）バイーア州出身のブラジルを代表するミュージシャン。若い頃は絵画や映画に夢中だったが、州都サルヴァドールでの大学時代に、生涯の盟友となるジルベルト・ジルと出会い、音楽に目覚める。リオ・デ・ジャネイロで仲間たちと共同生活をしながら、ジルベルト・ジル、ガル・コスタ、トッキーニョらと共に「トロピカリズモ」の音楽を形成していく。それは後期ビートルズなどのロック、ブラジルの民衆音楽、前衛音楽などを雑食的にミックスした、サイケデリックで反体制的な音楽だった。軍事政権による抑圧のなかで、六八年にはコンピレーション・アルバム『トロピカリア』を発表して時代の寵児となる。現在までに五〇枚以上のアルバムを発表している。

＊トロピカリズモ Tropicalismo 一九六〇年代のブラジルで勃興し

ノ・ヴェローゾやガル・コスタ、ジルベルト・ジルといった音楽家たちでした。トロピカリズモの誕生を告げたデビューアルバムが『カエターノ・ヴェローゾ』（邦題『アレグリア・アレグリア』）で、そのなかにこの曲が入っています。カエターノのこのファーストアルバムがリリースされた六八年という年は、ブラジルにおいても抑圧的な政治状況があると同時に、全世界的なカウンターカルチャーの運動の流れも押し寄せてきていました。だから、権力や権威にたいする反発心のなかで、この曲は生まれているのです。そのときに自分たちが何に拠って立つかということを、カエターノは「トロピカリア」という曲の「ビバ」に続くリフレインのなかで語っています。そこで彼は「ビバ、カルメン・ミランダ、ダ、ダ、ダ、ダ」と歌っているのです。どうしてここでカルメン・ミランダが抵抗のシンボルとして呼び出されたのでしょうか。

「トロピカリア」は、新しい音楽や文化を生み出そう、というマニフェストのような曲です。そこで、カエターノ・ヴェローゾが「ビバ」のあとに続けているものを、一つひとつ見ていくと興味深いのです。まず「ビバ、ボッサ」といっていますが、これはボサノヴァのことです。「ビバ、パリオッサ」というのは、ブラジルの田舎にある藁葺きの家のことです。都会で発展したボサノヴァにはさまざまな政治

た新しい芸術運動。一九六七年に環境芸術家のエリオ・オイチシーカ Hélio Oiticica が発表した、《トロピカリア》*Tropicália* というインスタレーション作品が呼称の由来とされ、単に「トロピカリア」で運動全体を指すこともある。詩人のオズヴァルジ・ジ・アンドラージは一九二〇年代に、かつてのインディオにおけるカンニバリズムを逆手にとり、あらゆる文化を飲むこむ多人種国家ブラジルならではの「芸術における人食い」を宣言した。それを精神的支柱にして六〇年代後半に活躍したカエターノ・ヴェローゾやジルベルト・ジルらの音楽をはじめとして、文学、映画、演劇、美術で展開されていたカウンター・カルチャーの全体が「トロピカリズモ」と呼ばれるようになった。

的メッセージが込められていましたが、カエターノから見ればひとつ上の世代の人たちが、地方において伝統的な民衆音楽を通じて行ってきた抵抗へのオマージュとしての意味もありました。そうした先駆的な伝統音楽を生んだかもしれない藁葺き屋根がここでは呼び出されているのでしょう。次に「ビバ、マタ、ビバ、ムラタ」と歌っていますが、マタはブラジルの北東部にある森やジャングルのことです。豊かさの象徴であり、そこにブラジルの深い本質が眠っていて、まだ真に開拓されてはいないものというイメージでしょう。ムラタは混血の女性ですね。じつは、オーソン・ウェルズがブラジルで撮った映像フッテージのなかで、米大陸間問題調整局の人たちがラッシュを観て強い抵抗を見せたのが、そこに映っている混血の人びとの姿だったといいます。黒人がエキゾチックな空間で踊っているだけならば良かったのでしょうが、アメリカ国家はこうした混血の人たちの姿を嫌いました。ブラジル大統領のヴァルガスもそれを検閲したといわれています。ですから、ここでカエターノが「ムラタ」と混血の女性のことを歌っているのは重要なことなのです。

それから「ビバ、マリア、ビバ、バイーア」。マリアというのは聖母マリアでもあるし、ブラジルの典型的な混血女性の名前でもあります。前のムラタを引きずったマリアなのでしょう。ブラジルにおける新しい女性の混血的なありようが、聖母

カエターノ・ヴェローゾのデビューアルバム『アレグリア・アレグリア』(一九六八)、その一曲目が「トロピカリア」Tropicália である

と一緒に並べられている。そのあとのバイーアですが、これはアフロ的なブラジル文化の揺籃になった北東部の土地です。カエターノ自身がバイーアの出身であり、トロピカリズモはバイーアから生まれたといっても過言ではありません。次に「ビバ、イラセマ、ビバ、イパネマ」と歌う。『イラセマ』は一九世紀に作家ジョゼ・ジ・アレンカールが書いた「インディアニズモ」小説のことです。詳しくは、第X章で述べますが、ブラジル人の文化的誕生を語った代表的な作品です。ポルトガル人の植民者とインディオの女王の結婚の物語で、この女王がイラセマという名前なのです。二人の間にモアシールという名前の子供が生まれるのですが、この子が最初のブラジル人となるのです。イパネマはリオの海岸のことですが「イパネマの娘」というボサノヴァの曲をふまえているでしょう。そして最後に「ビバ、ア・バンダ、ビバ、カルメン・ミランダ」となります。バンダは音楽のバンドのことです。カエターノ・ヴェローゾにとって少し先輩にあたる音楽家シコ・ブアルキが六〇年代に「ア・バンダ」というヒット曲を出していますので、それへの言及でしょうか。そしてこのア・バンダと韻を踏むかたちで、最後にカルメン・ミランダが言及されるのです。

カエターノ・ヴェローゾによるトロピカリズモ宣言である「トロピカリア」という

曲が、最後にカルメン・ミランダの名前で終わっていることは重要です。なぜ彼女がここで呼び出されなくてはならないのか。ミランダはハリウッドによってラテンの紋切り型イメージとして消費されてしまった没落した歌姫。ブラジルにとっては、アメリカへ渡った裏切り者という側面がありました。しかし、それらのイメージを超える本質的な「ブラジル性」がミランダにはあるということなのでしょう。カエターノはそのことを直感的に、ミランダの名前を出しながら歌ったのでしょう。それ以降もミランダは、ブラジル音楽のなかで絶えず呼び出されています。重要な出来事のひとつに、ブラジル音楽界の鬼才ネイ・マットグロッソが二〇〇一年に出したアルバム『バトゥーキ』*Batuque* があります。ここでマットグロッソは、三〇年代のカルメン・ミランダの名曲を集めて、彼女の時代のサンビスタによる音楽的遺産への情熱的なトリビュートの意志を表明しています。カルメン・ミランダは、こうしてブラジルの過去を問い直し、刷新するためのシンボルとして援用され続けているのです。

これまで見てきたように、アメリカの善隣外交政策の両面として、オーソン・ウェルズがブラジルへ行って映画でやろうとしたことの対極にカルメン・ミランダの存在がありました。ウェルズのブラジル行きとミランダのアメリカ行きは、時代的にもちょうど交差するようにして起きた出来事ですが、見事にそれが歴史的状況の表と裏をなしている。この対アメリカにおける抵抗と濫用の二面性を、ブラジル映画の歴史のなかで考えていくことは、とても興味深い主題であり続けています。

Ⅵ リオ40度

シネマ・ノーヴォの精神が初めてリオのファヴェーラへと飛び出した

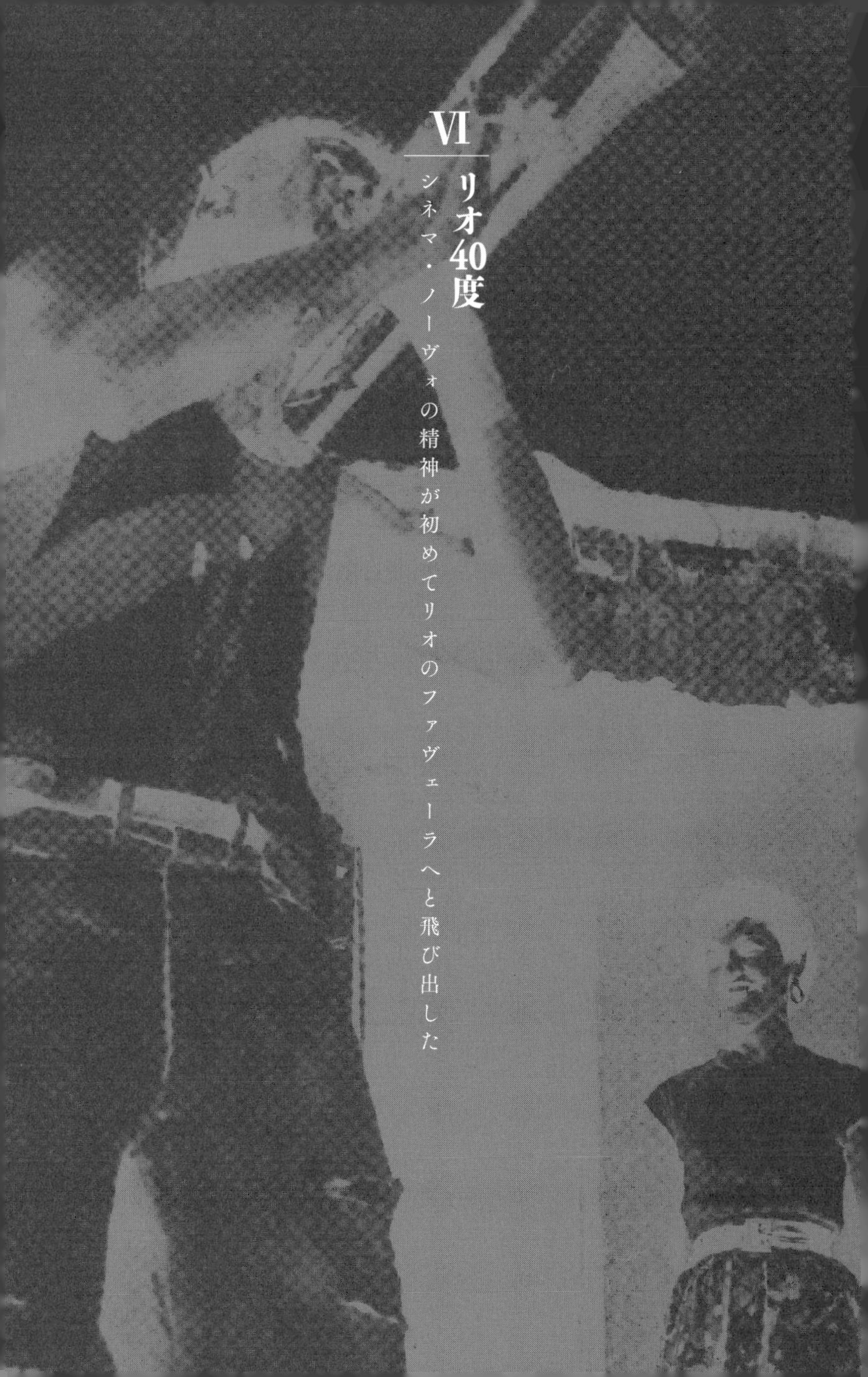

映画都市リオ

さていよいよ、ブラジルの「シネマ・ノーヴォ」の黎明を告げる記念碑的な作品『リオ40度』（一九五五）について語る準備が整いました。時は一九五四年三月。ネルソン・ペレイラ・ドス・サントス*の『リオ40度』の撮影が始まりました。このとき、二六歳の若きドス・サントス監督が文字通りカメラひとつを持って、リオの街へ飛び出していったのです。じつはこのようなことは、それまでのブラジルの映画の歴史ではまったく起こったことがありませんでした。一人の映画作家がカメラ一台を持って街に飛び出していくという情景は、現代であれば普通に起こりうることのように思えますが、それまでは映画はスタジオのなかで撮られるものと決まっていました。大きな資金を使い、有名なスターを揃え、綿密に書かれた脚本を用意し、数多くのスタッフを動員して、巨大な産業資本のなかでつくり上げていくものでした。ブラジルに限らず、世界的に見ても同じです。第二次世界大戦後になって、ようや

『リオ40度』 ***Rio, 40 Graus*** 監督・脚本：ネルソン・ペレイラ・ドス・サントス／撮影：エーリオ・シルヴァ／出演：ジェス・ヴァラドン、グラウセ・ローシャ他／ブラジル／一九五五年

＊ネルソン・ペレイラ・ドス・サントス Nelson Pereira dos Santos（一九二八―）
ブラジルのサンパウロ州生まれの映画監督。第二次世界大戦後にヨリス・イヴェンスやネオレアリ

くイタリアで、カメラが野外へ出ていって庶民の日常の現実を撮るという行為が、ネオレアリズモという運動として始まった。ソビエト連邦でも同じような動きがありましたが、それらは例外的なことであり、ブラジルにおいてはまったくありえないことだったのです。それが六〇年ほど前のブラジルで初めて起こったことへの鮮烈な驚き、そしてその場所がリオ・デ・ジャネイロだったということを、『リオ40度』の瑞々しく自由な映像表現を見ながらまず感じとりたいのです。

『リオ40度』の冒頭のタイトルバックは、空撮によるリオの街の俯瞰のシーンから始まります。リオはスペクタクルそのもののような街で、街全体が壮大な劇場だともいえます。入り組んだ入り江、弧を描く長い砂浜、海岸からはすぐに大きな岩山がいくつもそびえ立ち、そのあいだを町並みが埋めつくしています。これらの様子を空中から俯瞰すると、溜息が出るほど美しい。アントニオ・カルロス・ジョビンの名曲「飛行機のサンバ」*Samba do Avião*（一九六三）は、リオ上空を旋回しながらガレオン空港への着陸態勢に入った機上からの、街の壮大な眺めとリオへの愛を歌った歌でした。

シネマ・ノーヴォというブラジルの新しい映画運動は、それまでスタジオのなかに閉じこもってハリウッド的な極めて人工的なかたちのセッティングで映画をつ

ズモの映画に夢中になり、シャンシャーダ映画の助監督やドキュメンタリー映画の撮影をしてキャリアを積む。一九五五年、ファヴェーラの少年たちを物語の軸にすえた初めての長篇映画『リオ40度』を発表して、シネマ・ノーヴォ運動の先陣を切った。グラシリアーノ・ラモスの小説が原作で、北東部のセルタンの貧しい民衆生活を扱った『乾いた生活』（一九六三）、一六世紀のヨーロッパからの植民者とトゥピナンバ族の文化接触を描いた『私が食べたフランス人』（一九七一）などの作品で、世界的な成功をおさめた。

くっていたブラジル映画が、初めて戸外へ出て、政治や社会への批評的な視点を前面に出しながらブラジルの現実を、ブラジル人の手で、ブラジル人のアイディアで表現しようとした、とても自覚的な映画運動です。その先陣を切ったのが『リオ40度』という作品です。一般に歴史的には一九六〇年代になってからシネマ・ノーヴォ運動が始まったと語られますが、『リオ40度』はいわばその先駆けとして、運動の旗印になっていった作品です。リオの裏山のファヴェーラ、この貧しい黒人系の住民が住むスラムの五人の子供たちが、ピーナッツを売りに夏の暑い日曜日、裏山をおりて街へ出かけていく。四〇度というのは夏の一日の異常な気温のことであり、同時にこの街の人びとを包み込む途方もない熱気でもあり、さらにいえば、新しい思想に目覚めた若い映画人たちの情熱のことでもありました。この暑い日曜日、子供たちがピーナッツを売るためにリオの観光的な名所へと散らばっていく。そこからリオのさまざまな生活の断片や社会現実が垣間見えてくる。リオの庶民の「生の断面」をリアルに切りとることが、まずはこの映画の方法論的な目論見でした。しかも『リオ40度』には、「黒人」というそれまでのブラジル映画において完全に疎外されていた存在が、映画の主人公として登場していることも特筆すべきです。ファヴェーラの貧しい黒人たちの話す特徴的な「話し言葉」が、これほど生々しく映画の場に現れたのもブラジル映画においては初めてのことでした。ですから、一般のブラジル人にとっては、そのような黒人の存在と、黒人たちの言葉使い自体がひとつの新しい世界を突きつけているように見えたにちがいありません。

シネマ・ノーヴォというムーヴメントは六〇年代初頭から始まり、七〇年代いっぱいまで続いていった。二〇年ほどのあいだ、大変エネルギッシュな映画運動として持続したわけです。こうしたひとつの文化的な大きなムーヴメントが表現の歴史を変えていこうとするとき、それに関わる映画作家、芸術家たちのなかからいくつかの典型的なタイプが現われるような気がします。一人はいわば教祖ともいえる人物です。いってみればそのムーヴメントの精神や良心を代表するような人間です。それから、ある種の反逆児という人物が必ずいます。その運動のなかでもとりわけ先鋭的で、革命的な人間です。それから、道化もいます。ムーヴメントのなかでは異端のように見えて、じつは根幹を押さえていて、けれども方法論が正統的ではない人物。それから、天才というタイプもいますね。何をやらせても突出して天才的な閃きと創造の力をもった人間もいる。シネマ・ノーヴォについて考えてみると、やはりネルソン・ペレイラ・ドス・サントスという監督は精神的な支柱であり、この運動の信頼できる良心だったといえます。もっともオーソドックスに、この運動の新しさや深さを代表している作家です。一方、革命児は間違いなくグラウベル・ローシャです。シネマ・ノーヴォを革命的な映画運動としてみたとき、その前面に立つのはドス・サントスではなくむしろローシャのほうでしょう。ローシャの映像言語は革新的であり、同時に彼の映画理論ももっとも尖鋭的でした。それから道化といえば、ジョアキン・ペドロ・ジ・アンドラージをあげることに異論はないでしょう。シネマ・ノーヴォを代表する監督でありながら独特の立ち位置にいて、流派を超えた存在感があります。諧謔的、風刺的な作風も群を抜いています。そして最後に天才といえば、このなかではもっとも若いカルロス・ディエギスということになるでしょうか。いずれにせよ、シネマ・ノーヴォの初期からこの運動に関わりながら、二〇年を超える長いあいだ、新しいブラジル映画を牽引したのがこの四人でした。

『リオ40度』の時代

『リオ40度』はネルソン・ペレイラ・ドス・サントス監督が二六歳のときの作品です。一九五四年から五五年の間にリオ・デ・ジャネイロで撮影されました。リオを舞台にし、リオをテーマとモチーフにした映画です。まずは、一九五五年のリオ・デ・

ジャネイロという時間と空間の位置づけについて考えてみましょう。

リオはその当時、ブラジルの首都でした。いまはブラジリア*という人工的につくられた街がブラジルの首都であり、人口規模からいえばサンパウロがブラジル第一の都市です。リオは脇に退いた感があるかもしれません。けれども一九五五年のブラジルにおいては、首都であるリオ・デ・ジャネイロが、政治的、文化的にももっとも重要な中心都市でした。ほとんどの映画の撮影所がリオにあり、映画産業においても中心だったのです。

ブラジルは二〇世紀に入ってから何度か軍政の時代を経ています。とりわけ一九三〇年に軍事クーデタを起こし、三七年から独裁を行ったジェトゥリオ・ヴァルガス大統領の政権は、第二次大戦の時期まで続きました。ポルトガル語では「エスタード・ノーヴォ」といいますが、この「新国家体制」がクーデタによってつくられ、国家権力による統制が強い全体主義的な政権が一九四五年まで続きます。そのような世相のなかで映画に目を転じると、一九三〇年にハリウッド型のプロダクション・システムである「シネジア」がリオに誕生し、ここを拠点にしてウンベルト・マウロらが映画製作を進めていくと同時に、シャンシャーダのような娯楽映画の全盛期がやって来ます。一九四〇年代になるとアトランチダ製作会社の設立に

＊ブラジリア Brasília
人口約二〇〇万人のブラジルの首都。リオ・デ・ジャネイロやサンパウロへの人口集中や経済格差を是正するために、一九五〇年代後半、標高一一〇〇メートルの高原地帯に建設された計画都市。都市の設計はブラジル人の建築家ルシオ・コスタが、国会議事堂などの主要な建築物はオスカー・ニーマイヤーが担当した。モダニズムと未来的なデザインがその特徴となっているが、莫大な建設費は国家財政への大きな負担となった。

よって、商業主義的なシャンシャーダやメロドラマ映画がたくさん製作されました。「シャンシャーダ」と呼ばれるミュージカル・コメディは、ハリウッドにおけるミュージカル映画に相当するものですが、シャンシャーダの場合はカーニヴァルやサンバがモティーフになっており、そのなかで人びとが歌ったり踊ったりする。そして、男女のロマンティックな物語が、コメディタッチで進行していく。ハリウッドのミュージカル映画のややチープな模倣です。それから、ブルジョワ家庭における男女のメロドラマもつくられました。これは後年、テレビが登場すると「テレノヴェーラ」と呼ばれ、いわゆるソープオペラとして展開していきます。いずれにしても、一九四〇年代までのブラジル映画には、シャンシャーダかメロドラマ、そのどちらかしか存在しなかったといっても誇張にはならないでしょう。

ヴァルガスによる新国家体制が終わり、戦後になるとブラジルの文化的な空気も以前よりも解放感を得るようになります。これを反映するように、一九四九年にサンパウロ近郊にヴェラクルース撮影所が誕生し、ハリウッド型の大規模スタジオ・システムを採用しながら映画産業をより洗練されたものに体系化しようとする動きが起こりました。それまでの内向きの娯楽作品に代って、映画の国際市場をも意識した大作がめざされたのです。こうしてヴェラクルース撮影所の巨大な施設を使って、ハリウッド西部劇の影響下でリマ・バレット監督の『カンガセイロ』*（一九五三）などの大作がつくられました。ヴェラクルース撮影所の理念は、娯楽的に行き過ぎた大衆映画の方向性を見直し、真面目なテーマを追求しようとするものでしたが、コストをかけた大作指向がシャープな切り口を鈍らせ、ブラジルの大衆に訴えかける力をなかなか持てませんでした。こうした流れのなかで、消費的な娯楽映画を排し、映画産業の巨大資本化にともなう弊害から脱し、より低コストで自主的な方法によって、ブラジルの社会的現実に批判的に切り込もうとする新しい意識を持った若い映画人たちが生まれてきます。「シネマ・ノーヴォ」の誕生の経緯はここにありました。

『リオ40度』は、完成後もいろいろと紆余曲折はありましたが、一九五五年の一二月に一般公開されました。一九五五年はブラジルでも多くのことが起きた年でした。映画界ではハリウッド型のプロダクション・システムで映画製作をしていたヴェラクルース撮影所が倒産しました。巨大資本のなかで限定されたテーマと階級に向けて大作映画をつくっていく、という状況が破綻したことを意味します。それと並行するようにして、独立予算で自主映画を撮っていこうという気運が高まっていく。アメリカナイゼーションや商業主義から離れ、映画によって自分たちの国民

＊**『カンガセイロ』*O Cangaceiro***
監督：リマ・バレット／撮影：チッキ・フォウレ／出演：ミルトン・リベイロ、アルベルト・ルシェル、ヴァンジャ・オリコ、マリーザ・プラド他／ブラジル／一九五三年
ブラジル北東部の山賊カンガセイロを西部劇映画の枠組を参照しながら描いた先駆的作品。カンガセイロの文化風土について詳しくは二二一ページ以降を参照。

的・民族的なアイデンティティを確認していこうとする「良心」が生まれてくるのです。その最初の自覚的な映像作家が『リオ40度』のネルソン・ペレイラ・ドス・サントスだったといっていいでしょう。

同じ一九五五年に、ブラジルではジュセリーノ・クビチェック大統領が当選し、この辺りから進歩主義と工業化を掲げたポピュリスト的な政権運営が始まり、軍政独裁制から一時的に別れを告げることになります。クビチェックは、ブラジル内陸部の開発を象徴する施策として、新首都ブラジリアの建設を計画し、五年かけて巨大な人工都市をつくります。それと同時に、「トランス・アマゾニカ」と呼ばれるアマゾン横断道路の建設に着手し、進歩主義のイデオロギーによって国家を近代化していこうとします。当然ですが、ファヴェーラのような都市の裏山に住む貧しい黒人たちは、そのような動きからはこぼれ落ち、疎外されていくことになります。

一九五六年に『リオ40度』はパリで上映され、喝采を博します。ジャン＝リュック・ゴダールやフランソワ・トリュフォーといった、後年フランスのヌーヴェルヴァーグを牽引していく人たちが、熱狂的にこの作品を迎えました。イタリアのネオレアリズモやフランスのヌーヴェルヴァーグがブラジルのシネマ・ノーヴォに影響を与えた、という言い方がされますが、確かにネオレアリズモはシネマ・ノーヴォの誕生に大きな力を貸した側面がありますが、ヌーヴェルヴァーグはむしろシネマ・ノーヴォ初期のエネルギーをひとつの刺戟にしてフランスで生まれていったともいえます。通常いわれていることとは反対の影響関係も存在したと考えてよいと思います。実際、ゴダールの『映画史』（一九九八）におけるグラウベル・ローシャへの敬意は並々ならぬものがありました。

そしてすでに述べたように、一九五六年は詩人ヴィニシウス・ジ・モライスによる黒人劇『コンセイサンゥのオルフェウ』の舞台がリオでセンセーションをまき起こした年でもありました。ここで、音楽と踊りによって体現された黒人文化の豊かさとエネルギーが、初めて本格的に認知されることになったのです。『リオ40度』のテーマとの共振性が、ここには存在しているといえるでしょう。

『リオ40度』の舞台

さて『リオ40度』の物語は、貧しい人びとの居住地区であるファヴェーラに住む五人のピーナッツ売りの少年たちの動きを軸として展開されます。ピーナッツのことをポルトガル語では「アメンドイン」といいますが、映画では「アメンドイン！

アメンドイン！　ア・ウン・クルゼイロ！　ア・ウン・クルゼイロ！」と少年たちが叫びながら、紙でできた小さな容器に入れたピーナッツを一クルゼイロ（かつてのブラジルの通貨単位、現在はレアル）で売っているのです。少年たちの家は、リオの裏山にある水道も電気もないファヴェーラにあります。水道の設備がないことは、映画の冒頭で、子供たちが水の入った缶を頭に乗せてファヴェーラの坂を登って来るシーンがあることから分かります。この、ファヴェーラ特有の朝の水運びの光景は、映画『黒いオルフェ』（一九五九）の冒頭でも見られました。

　さて、ピーナッツ売りの少年たちが、空き缶にピーナッツ袋を入れてファヴェーラから下町へと散っていきます。これは現実の風景であるとともに、映画を語るためのひとつの仕掛けといえるでしょう。『リオ40度』はリアリズムの映画に見えますが、映画の仕掛けとしては、五人の貧しい家の少年たちがリオの重要な五つの観光地へ行って、そこでいろいろな人生の断面やリオの人間模様がくり広げられていく状況に遭遇する。それらをこの映画はリズミカルに撮っていき、そこで起こる個別の出来事がだんだんと収斂したり、重なりあったりして、ひとつの「都市」の物語として融合していくのです。ですからピーナッツ売りの黒人少年たちは、映画の主人公というよりは、物語を駆動するための一種の媒介者、狂言回しのような役割

『リオ40度』より、冒頭の朝の水運びのシーン

を担わされているというべきでしょう。気温が摂氏四〇度に達しようかというほどに暑いリオ・デ・ジャネイロの日曜日、この映画はそのたった一日の物語です。のちにドス・サントス自身が語っていることですが、ジェームス・ジョイスの『ユリシーズ』――これはダブリンの一九〇四年六月一六日というたった一日に主人公のまわりで生起する出来事を扱った長大な小説です――の物語構造がドス・サントス自身の頭のなかにあって、同じ手法をリオを舞台にして試してみようと考えたことがひとつのきっかけのようです。

では、この五人の黒人少年たちが散っていく街中の五か所とはどんな場所なのでしょう。それは、どんなリオの観光案内書にも出てくるだろうと思われる場所ばかりで、意図的に紋切り型のロケーションが選択されています。最初はコパカバーナ海岸です。リオでもっとも有名なビーチで、海岸通りにはホテルが建ちならんでいます。それに隣り合っているのがイパネマ海岸であり、アントニオ・カルロス・ジョビンが作曲し、ヴィニシウス・ジ・モライスが作詞したボサノヴァの名曲「イパネマの娘」の舞台です。それから、パン・ジ・アスーカルという岩山が出てきます。これは、特徴的なシルエットをもつ標高四〇〇メートルほどの一枚岩の花崗岩でできた岩山であり、グアナバラ湾の入口に美しくそびえています。『リオ40度』のなかでは、ボスに追いかけられていた少年が、親切な人に助けてもらってケーブルカーに飛び乗るシーンがあります。ボスは少年たちがピーナッツを売った金をピンハネしている人物です。その少年は途中に一か所ある駅でケーブルカーを乗り換えます。バビロニアという丘まで最初のケーブルがあり、そこから今度はロープウェイになって岩山の頂上まで行けるようになっています。ここは、リオを訪れる人は誰もが行く場所でしょう。英語ではシュガーローフと呼ばれていますが、パン・ジ・アスーカルは文字通り「砂糖パン」という意味で、その形が植民地時代の円錐形をした砂糖菓子に似ているというのです。

それからコルコヴァードの丘*も有名な場所です。グアナバラ湾を見下ろすリオでもっとも高い七〇〇メートル以上ある岩山の頂上に、両手を広げて立っている「救世主キリスト像」Cristo Redentor があります。先ほど触れた「飛行機のサンバ」という曲には、「救世主キリストが両手を広げて、グアナバラ湾を見下ろしている」という詞がありますが、まさにその像です。この像は高さ約四〇メートル、両手の幅が約三〇メートルという巨大なキリスト像です。ブラジルの独立一〇〇周年にあたる一九二二年に建設が始まり、一九三一年に完成したもので、世界最大のアールデコ建造物ともいわれています。ピーナッツ売りの少年の一人は、この場所に行

***コルコヴァードの丘** Corcovado ブラジルのリオ・デ・ジャネイロにある標高七一〇メートルの丘。頂上には高さ四〇メートルの両腕を広げたキリスト像が立っており、リオの象徴となっている。ケーブルカーで登ることができ、頂上の展望台からはリオの美しい海岸線や街を一望することができる。一九六二年に、アントニオ・カルロス・ジョビンは「コルコヴァード」という曲を発表し、ボサノヴァの定番曲として親しまれている。

きます。地方から出てきた大物代議士がキャデラックに乗って登場し、それを迎えるリオの人物がいます。この人物は代議士に取り入って、いろいろと頼みごとがあるので、大歓迎のそぶりであちこち案内して歩いているわけです。あろうことか自分の娘を代議士にエスコートさせて、代議士は代議士でコルコヴァードの丘でこの若い娘に手を出そうとします。こうして、コパカバーナ海岸、パン・ジ・アスーカル、コルコヴァードの丘、この誰もが訪れるもっとも有名な観光地ともいえる場所が、リオの日常の断面を切りとって見せる場所として選ばれたわけです。

さらにキンタ・ダ・ボア・ヴィスタが出てきます。キンタは「農園」や「公園」の意です。ボア・ヴィスタという名前の大きな緑地公園です。そこには、サン・クリストヴァンという宮殿があります。ポルトガルの王室は複雑な歴史を持っていますが、ナポレオン軍がイベリア半島に攻め入ったときに、ポルトガル王がブラジルへ亡命したことがありました。だからこの一時期、リオ・デ・ジャネイロはポルトガルの首都でもあったわけです。一九世紀の初頭、ブラジルが独立する前の二〇年ほどのあいだ、リオは植民地ブラジルの中心都市であるとともに、ポルトガルの首都でもあった。そのときにポルトガル王が居住していた宮殿がこのサン・クリストヴァン宮殿です。いまは国立博物館になっています。その脇に動物園が併設されていて、ピーナッツ売りの少年の一人はその動物園に入っていくのです。

最後に世界最大のサッカー専用スタジアム、マラカナンが出てきます。正式にはエスタジオ・ド・マラカナンといいますが、多くの人はただ「マラカナン」と呼んでいます。これは一九五〇年のワールドカップ・ブラジル大会のときに建設されました。当時で最大二〇万人ほどが収容できるスタジアムでしたが、二〇万というと地方の中都市の人口がすべて入ってしまうほどの大きさです。はじめはコンクリートの段差があるだけで座席がなかったのですが、人が入り過ぎて何度も床が陥没したこともあり、一九九〇年代後半に大改修があり、現在のように座席がすべてとりつけられて八万人ほどを収容するスタジアムに変わっています。マラカナンは普通よりもピッチが少し大きいということでも有名で、ここでプレーするにはとりわけ体力が求められます。『リオ40度』では、キャリアの晩年になって悩んでいるダニエウという サッカー選手が出てきます。彼は年をとって体力が落ちてきていて、マラカナンでプレーするのが難しくなり、ほかのチームに売られようとしている。現在のFIFA規格のピッチの大きさは、最低で一〇五メートル×六八メートルはないといけないのですが、マラカナンは一一〇メートル×七五メートルで、長さも幅も七、八メートルずつくらい長い。だから、マラカナンではスペースがゆったりと

＊エスタジオ・ド・マラカナン Estádio do Maracanã
リオ・デ・ジャネイロにある世界最大級のサッカースタジアム。以前は二〇万人規模の観客を収容できたが、事故をきっかけに改修され、現在は八万人規模。地元のサッカークラブ、CRフラメンゴの本拠地。一九五〇年のサッカー・ワールドカップのブラジル大会では、このスタジアムでブラジル代表がウルグアイ代表に逆転負けをして「マラカナンの悲劇」と呼ばれ、長らくブラジルのサッカーファンたちの集団的トラウマとなった。

与えられた違うタイプのサッカーが見られたわけです。いわゆる現代サッカーのような体力勝負で、ひたすら走り、攻撃も守りもするサッカーをマラカナンで一〇年も続けたら、その選手は疲弊してしまいます。ですから、マラカナンをホームスタジアムとして持つということは、そのようなスタイルのサッカーはできないことを意味するのです。

さて、このような五つの場所に、少年たちはピーナッツを売りに出かけていくのです。どこも観光客がたくさん集まっており、裕福な人たちもたくさん来て、商売する場所としては適切です。『リオ40度』がシネマ・ノーヴォの旗印になっていく理由は、巨大資本の撮影所システムから離れて、スタッフと撮影クルーと出演者たちの寄付や協力によって製作資金を集めた自主制作による完全なインディペンデント映画だったことです。そして、すべてを野外で撮影し、スタジオでの撮影は一切行わなかった。それから職業的な俳優もほとんど出演しておらず、ほとんどみな演技の素人がやっています。このような、イタリアのネオレアリズモの影響から始まった新しく軽快な映画手法が、ブラジルに初めて生まれたのです。そのような方法によって、従来の撮影所システムでは決してテーマ化しえなかった貧困や飢えや暴力といった、ブラジルの民衆の日常を構成するさまざまな状況をヴィヴィッドに描くことが初めて可能になったのです。逆にいえば、それまでのブラジル映画は一切そうした貧困や飢えや暴力を描くことができず、消費的な娯楽を提供するだけのものだったことになります。ブラジルの民衆のリアルなイメージは、それまでの映画の製作手法では表現することができませんでした。

『リオ40度』においてはブラジルの庶民、とりわけ黒人たちの言葉、身振りが初めてスクリーンを通して大衆の前に現れたという衝撃がありました。それ以前のシャンシャーダ映画でも黒人たちはそれなりに役割を持って登場していましたが、そのような映画では現実とは違って、着飾った舞台コスチュームのような姿で出てくる。ネルソン・ペレイラは若いときに、シャンシャーダの製作助手をしていて裏山《モーロ》にあるファヴェーラの貧しい住民たちと関わりを持つようになりました。彼自身も貧しかったので、ファヴェーラの近くに引っ越し、自分の家の裏手がモーロへと登っていく道でした。貧しい黒人たちの日常生活に触れ、そのなかで『リオ40度』のアイディアが彼のなかに芽生えていったのです。人びとの言葉づかいという面で見ても、それまでのブラジル映画では、正統的なポルトガル語しか話されていませんでした。シャンシャーダ映画に黒人やムラートが登場しても、彼らは実際とは違う正統的なポルトガル語を話していましたので、人工的で奇妙な状況にあったのです。黒人たちがスクリーンに出てきて、日常的に使っている言葉で話す。そのようなところからネルソン・ペレイラは大きな革命を起こそうとしました。ブラジルの中流や上流階級の生活だけが映画の素材になってきた歴史を、ひっくり返そうとしたのです。黒人の下層階級を含めて、社会の末端に置かれた者たちの視点から上層部の社会における不条理や欺瞞や偽善を暴いていく。そのような批評性を持ち、政治性や社会参加を主張する映画の思想が、ここに生まれてきたのです。

『リオ40度』のストーリー

『リオ40度』には一貫した物語性が希薄です。まず、映画冒頭のタイトルバックにリオの空撮があり、飛行機からの俯瞰の構図がパン・ジ・アスーカルの岩山の上から、ゾナ・スルと呼ばれるリオの南部地域へと向かっていく。その辺りは比較的裕福なエリアです。白砂の海岸沿いにホテルや高層マンションがたくさん建っていて、リオらしい壮大な光景ですが、コパカバーナやイパネマのビーチ上空を旋回したあと、中心市街の上空へと戻ってきて、巨大なドーナツ状の屋根のあるマラカナン・スタジアムも視界に入ってきます。そして、最後には空撮のカメラが市街を離れてリオの街の裏山の方へ移動していき、映画の冒頭のシーンへと繋がっていきます。こうした導入部分は、シャンシャーダの映画でもよく見られる形式でした。リオの観光的な映像をいくつか入れて、背景にはカーニヴァルのサンバの音楽を流している。『リオ40度』では、ちょうど映画が撮られる前年に大流行したサンバの曲が使われています。ですから、シャンシャーダの栄養分をそのまま取り込みつつ、それを一種のパロディとして使いながら、最後にはミュージカルの舞台ではなくファヴェーラの貧しい日常のなかにカメラが入っていく。そこで「リオ・デ・ジャネイロの民衆に感謝する」という謝辞があらわれます。これは、ある意味では、それまでのブラジル映画のたどってきた道筋をも踏まえ、そこから新たな目的をもって離陸しようとする、とても練られた導入部分なのです。

本編が始まるとまず少年たちが水を汲んだブリキ缶を頭に乗せて裏山の坂を登っているシーンがあります。一人の少年が一軒のあばら家に入ると、代りにそこから父親らしき中年の黒人男がこそこそと逃げ出すように出てきます。太った中年女がそのあとを追って出てきて、男に非難の言葉を浴びせます。また遊び歩いて酒を飲んで管を巻くだけなんでしょう、もううんざりよ、というようなことをいっていま す。家に居場所のないぐうたら男はこうして、ほとんど追い出されるようにどこかに消えます。ファヴェーラの家族のあり方を象徴するシーンです。そのあと、ピーナッツ袋を持って少年たちが山を降りてお金を稼ぎにいきます。少年たちはみな一様に貧しい身なりをしています。病気の母親をかかえている少年もいます。病気の母親に何とか薬を買ってあげたいという純粋なモチベーションを持ってお金を稼ぎにいく子供もいることが示唆されます。その一方で、貧困層における少年たちの非行といった問題も取り上げられ、少年たちの心が荒んでいる部分も示唆されます。けれども、ドス・サントスはこの映画ではあまりその部分に焦点を当ててはいません。むしろ少年たちの貧しさの根源にある生活苦を即物的に描き、それによって彼らがピーナッツ売りに行くことの理由を説明しています。また、隣人の太った中年女が病気の母親を思いやり、食事をつくってあげているシーンがあったりと、ファヴェーラにおける家族を超えた相互扶助のあり方も描かれています。

最初のエピソードがとても印象的です。五人の少年のなかでは一番幼さの残るパウロという少年が、キンタ・ダ・ボア・ヴィスタの公園に行く。パウロはペットであるカタリーナという名前のトカゲを手に持って大事にしています。ところがゴロツキたちがいて、パウロはピーナッツの売り上げを盗まれてしまう。おまけにトカゲのカタリーナがその拍子に逃げて、動物園のなかに入っていってしまう。パウロ

『リオ40度』より、少年たちがピーナッツを売りに出かける

はそれを追いかけて、動物園の入口の守衛がいなくなった隙を見て無断で入場してしまう。ここからしばらく主観的なカメラワークになります。パウロという少年の目線で、キンタ・ダ・ボア・ヴィスタの緑地の鬱蒼たる木々から漏れる日射しのキラキラした感じ、動物園のさまざまな鳥や動物たち、そうしたものが彼にとって新鮮で瑞々しく見える様子が描かれます。パウロにとっての日常である不毛な世界としてのファヴェーラと、この別世界のような動物園の風景がコントラストになっています。それらに見とれている少年の表情もすばらしい。ところがパウロのペットであるトカゲはコウノトリの檻に入っていき、何もできない少年は絶望しますが、結局カタリーナはまた彼の手に戻ってきて安堵します。このカタリーナというトカゲにたいする少年の無私の愛情が見事に描かれています。ところが、ヘビの檻の前にいたパウロは守衛に捕まってしまいます。「タダで入っただろう、おまえなんかが来るところじゃない」と引っ張りだされ、園外に蹴っ飛ばされてしまう。その瞬間、パウロが一度は救ったカタリーナがヘビの檻に入っていき、その犠牲になってしまう。ヘビに食われるトカゲと、警備員に捕まるパウロとの関係性が、同じような構図として暗示されるシーンです。

『リオ40度』のこのシーンを見ていて思いだすのは、シネマ・ノーヴォの最初期の

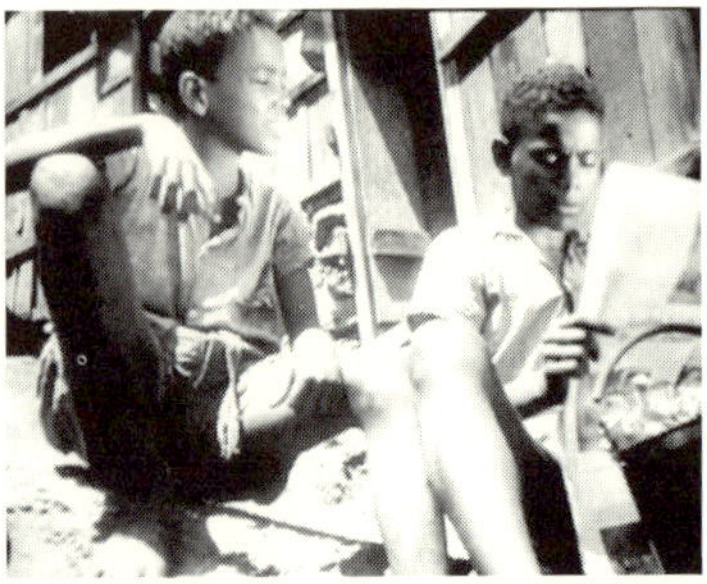

『リオ40度』より、ファヴェーラの少年たち

作品として伝説的ともいえる『五度のファヴェーラ』*という一九六一年の作品です。ファヴェーラの現実を映し出す五本の短篇映画によってつくられた一種のオムニバス映画で、とても瑞々しい作品ばかりです。そのなかでもとりわけ叙情的な傑作に、ジョアキン・ペドロ・ジ・アンドラージが監督した短篇『猫の皮』*Couro de Gato* があります。英語で「キャット・スキン」などと呼ばれることもある作品です。この映画は『リオ40度』と同じように、ファヴェーラに住む少年たちの世界を描いています。カーニヴァルの前になると、少年は猫の皮を売るために街のあちこちで野良猫を捕まえます。タンボリンという、ブラジルのカーニヴァルの音楽に使う小型のドラムに似た楽器がありますが、それをつくるために猫の皮が必要なのです。猫を捕まえたり盗んだりして売るという仕事が、ファヴェーラの子供たちの労働のひとつとして成立することになります。すなわち、ファヴェーラの黒人系の子供たちの仕事には、水汲み、ピーナッツ売り、靴磨き、猫狩りがあるということですね。『猫の皮』はそのなかの猫狩りという仕事の様子を撮った短篇ですが、同時に子供のイノセントな心にとって猫は愛情を注ぐ対象でもあるわけです。映画では、一人の少年が裕福な家の庭から捕ってきたアンゴラというエレガントな猫を大好きになり、餌を上げたり頬ずりしたりして、商品として売ることができなくなってしまう。それでも

*『五度のファヴェーラ』*Cinco Vezes Favela* 監督：マルコス・ファリアス、ミゲル・ボルジェス、カルロス・ディエギス、ジョアキン・ペドロ・ジ・アンドラージ、レオン・イルツマン／ブラジル／一九六一年
オムニバス映画『五度のファヴェーラ』のなかで、ジョアキン・ペドロ・ジ・アンドラージが監督したのは『猫の皮』*Couro de Gato*。主人公はリオのファヴェーラで暮らす少年で、映画は彼がブリキ缶を頭にのせて水を運ぶ姿から始まる。サンバの打楽器であるタンボリンには猫の皮が使用され、リオのカーニヴァルが近づくと需要が

結局、その猫は最後にはタンボリンにするための皮として売られていきます。猫を売ったあとの少年の後ろ姿で、彼が泣いているのが分かります。そのようなファヴェーラに住む少年の小さな心の葛藤を描いた瑞々しい短篇がこの『猫の皮』です。その先駆的なエピソードがネルソン・ペレイラの『リオ40度』のトカゲであるカタリーナかもしれません。二人の作家の描き方のニュアンスは違っていて、ジョアキン・ペドロの描き方は主観的でリリカルであり、ドス・サントスは比喩的でやや図式的に描いています。一方に搾取する人間がいて、もう一方に無力でその犠牲になる人間がいるという図式が、トカゲのエピソードには鮮明に描かれています。

『リオ40度』では、五人の少年たちを狂言まわしのようにして、リオのあちこちで物語が起こり、それらが少しずつ重なり合ったり、すれ違ったりします。そのような物語の構成が見事です。たとえば、マラカナンでベテランのサッカー選手が登場しますが、コーチやマネージャーは「あいつはもうダメだから売ろう」と陰で相談している。この試合で結果が出なければもうダメだという状況になっています。大変なプレッシャーを抱えながら、試合の前半は調子が悪く、後半は気を取り直して復活のゴールをあげます。それまではブーブーと非難の声をあげていた観客が、手のひらを返すように歓喜の叫びに変わります。その人びとが叫んでいる瞬間の映

増える。貧しい少年が、猫を捕まえて楽器職人に売り払い、生計の足しにしようとする姿を描く。

『猫の皮』の一シーン

像が急に切りかわり、病気のお母さんを抱えているジョルジという少年がゴロッキに追いかけられているシーンが映されます。ジョルジはゴロッキから逃げようと、市電に飛び乗ろうとしますが失敗し、トラックに轢かれてしまう。轢かれる瞬間の彼の顔のアップと、スタジアムで歓喜する人びとの顔がカットバックで重なります。これは意図的なモンタージュであり、人びとが歓声をあげて喜ぶシーンと少年の悲劇を重ね合わせることで、二人の宿命を対照させています。それと同時に、もう少し視線を引いてブラジルの社会全体で見れば、ジョルジという少年がトラックに轢かれて亡くなったということは、何ほどのことでもないという視点も同時に表現されています。一方で、サッカー・スタジアムではゴールが決まって人びとは狂ったように喜んでいる。どこかの街角では不運な少年が車に轢かれて死んでいる。それはリオのとある日曜日の風景として、何も珍しいことではない、というメッセージです。

映画の最後に少し不思議なシーンがあります。チンピラふうのいつも怖い顔をした男性が出てきますが、彼は昔の女であるアリスに未練があり、ちょっかいを出している。しかし、アリスには黒人のフィアンセがいるので相手にされない。カーニヴァルに出場するサンバのグループをエスコーラといいますが、アリスはこのモーロのエスコーラを代表するライーニャ、つまりカーニヴァルの女王役です。そのリハーサルをしているところです。この年のカーニヴァルのお披露目にあたるリハーサル場面で、アリスはフィアンセとの結婚のことをみんなに報告しようとしている。そこへ怖い顔をした男が乱入し、一触即発の緊張が走る。ところが、この男はアリスのフィアンセの黒人を見て突然表情を崩し、二人で抱き合う。じつは二人はむかし同じ工場に勤めていた仲間で、強圧的な経営者にたいして共に闘い、ストライキのときに互いに協力し合い、賃金アップを勝ち取ったという間柄だったのです。普通の映画であれば、あの場面で切った張ったの緊迫した展開が用意されていてもいいわけで、むしろその方がドラマティックなのかもしれません。けれども、ドス・サントスはカーニヴァルを背景とした、ファヴェーラのひとつの精神共同体を描こうとします。人びとは互いに助け合いながら生きている。たとえ恋敵であっても精神的な繋がりの方が遥かに重要である。そのような帰結をここで描こうとしたのでしょう。

次々と展開する物語のなかで登場人物たちはさまざまに行動します。けれども、一人ひとりをそれほど深く掘り下げては描いてはいません。特定の人物に焦点をあて、その人物の心理のなかに深く突っ込んでいかないと、よく分からないこともももちろんあります。しかし、それは無い物ねだりであって、ドス・サントスがこの映画でやろうとしたことは、登場人物たちをひとつの類型として描くことだったのです。どのような類型の人間がリオ・デ・ジャネイロという都市に生きているのか。どれほど複雑な人間類型があり、相互にどのような非対称の関係があるのか。そう考えると、キャラクターの個人性が際立ってしまうことは、むしろマイナスであることになります。映画のなかで描かれるこうした社会的人間類型のことを、エイゼンシュテインは「ティパージュ」と呼びました。ある社会のなかの人物類型を映画が描き出すことは、社会全体のトータルな姿を描くための技法なのです。『リオ40度』は、革命的な映画文法であるモンタージュやティパージュをはじめとしたエイゼンシュテイン的な技法にたいする、ブラジル人の若い監督からのオマージュでもあったのです。

『リオ40度』で扱われる人物類型の種類にはいろいろあります。たとえば、若い娘が水兵の男とキンタ・ダ・ボア・ヴィスタで逢い引きをします。水兵はその娘を引っかけ、適当に遊んで捨てようとしている。ところが、おそらく女性に子供ができてしまったのでしょう。そのことを打ち明けられた水兵はショックを受けます。「とても責任は持てない、結婚もできない」と無責任なことをいいますが、娘はそれを承服せず「かたちだけでもいいから結婚してくれ」となるのです。彼女には父親がおらず、庇護者である堅物の兄がいます。コパカバーナ海岸の近くに彼の仕事場があって、そこへ一緒に会いにいきます。別の物語がはさまれたあと、画面ではこの兄が激怒しています。事情を話した上で、水兵は「結婚させてください」と娘の兄に頼んだのですが、保守的な兄は二人の不始末を許しません。たとえかたちだけの結婚をしたとしても、二人には希望もなく、愛情もなくなってしまっている。そして、通りすがりの若くてきれいな女性が物を落としたのを見た水兵は、それをパッと拾って渡し、今度はその娘を引っかけようという気持になってしまう。けれども、女の脇にはベビーカーがあって赤ちゃんが寝ていて、それをフッと見た瞬間、男は急に暗い顔になってしまう。結ばれる希望のないこの男女のあいだに、望まれない子供ができてしまっていることがここでも暗示されています。じつはここには「父の不在」という大きなテーマが隠されています。

一方、物語が転じてコパカバーナの海岸では、ブルジョワの家族が水着で砂浜に寝そべって「ああ、この人生は喜ばしい、喜ばしい狂気だ」などといっています。その一方で、地方から出てきた政治家が若い娘に、「お前たちも自由を謳歌しなさいよ」といって、気取ったブルジョワの自由の美学を披露しています。そうかと思

『リオ40度』より、キンタ・ダ・ボア・ヴィスタで逢い引きする水兵と若い娘

えば、他方では保守的なところもあって、自分の娘を有力代議士にエスコートさせ、娘を貸し与えてでも自分に便宜を計ってもらおうとします。そのようなどろどろとした駆け引きもあり、若い娘もそのような役割を理解している様子です。ファヴェーラに住む五人の少年は、ボスや悪党にピーナッツの売り上げをほとんど召し上げられています。この搾取の構造は、映画全体を通じて描かれています。サッカー選手は全盛期を過ぎても過ぎなくても、絶えず商品として売り買いの対象になっていきます。これは現代でも問題視されていますが、この時代からブラジルのサッカーにおいて起きていた現象です。それから、コパカバーナのカフェにアメリカ人の観光客が二人座っていて、貧しいブラジル人の少年を見て、「かわいいわね、でも、とてもプリミティヴだわ」と話しています。どうしようもないアメリカ的な観光客のエキゾチシズムの視線と、その根底にある人種差別の意識が見てとれます。

このようにして、ブラジルにおけるさまざまな社会問題が、人物たちの類型を描き分けることであぶり出されます。そこに通底しているドス・サントスによる批判の対象は、プチ・ブルジョワによる時代遅れの道徳観念です。自分の娘を政治目的の道具にするような、きわめて父権的で家父長的なそれです。それから、下層階級の少年たちが常に搾取されているという現実、スポーツの世界における商業主義、そしていたるところに顕在している暴力が描かれています。ドス・サントスはただそれらを告発するだけではなく、抵抗のヴィジョンを何らかのかたちで示唆しています。ピーナッツ売りの少年は、しばしばボスに歯向かったり、出し抜いて逃げたりする。うまいことサッカーのスタジアムに潜り込んだり、動物園に潜り込んだりということもしている。あるいはサッカー選手も、チームやマネージャーからのプレッシャーのなかで復活のゴールをあげる。それから、ブラジルの黒人たちが持つ連帯感も描かれている。それらは、ネルソン・ペレイラ自身がブラジル社会のなかで共有しているものです。ある批評家はこの『リオ40度』を観たときに、「ブラジル映画において、これまで黒人民衆がこれほどの共感をもって描かれたことはなかった」と書きました。文学や音楽においてヴィニシウス・ジ・モライスが黒人文化にたいして深い本質的な共感を示したように、同じことがブラジル映画においてなされた象徴的な作品でもあったのです。

ブラジル社会のマトリフォカリティ

もうひとつ、ブラジル社会が持っている混血性についても触れておきたいと思い

『リオ40度』より、ピーナッツ売りの少年と彼を搾取するボス

ます。ブラジルの国民性には、植民地時代にアフリカから奴隷を広範に導入したことによって、無数のアフリカ的要素、黒人的要素が付け加えられました。それが母胎となって、独立後の新しいブラジル文化が生まれてきたということを初めて学問的に説いたのが、先にも少し触れた歴史学者、人類学者、社会学者ジルベルト・フレイレの著書『大邸宅と奴隷小屋』*Casa-Grande & Senzala* で、この本は一九三三年に刊行されています。歴史的にも、もっとも重要なブラジル文化社会の成り立ちに関する研究書であり、日本語訳も二〇〇五年に出版されています。大邸宅を意味する「カーザ・グランデ」Casa-Grande は、プランテーション以降の土地所有者――大部分がポルトガル系の白人です――が所有している農園の中心にある大きな邸宅のことを指します。そしてこの大邸宅のまわりに奴隷小屋がひしめくように建っており、そこに黒人奴隷たちが住まわされています。しかし、その大邸宅と奴隷小屋は必ずしも搾取と被搾取の関係において二つに分断された世界ではなく、じつはいろいろなところで交わりあっていて、ひとつの相互的な小世界として、そのなかでさまざまなことが起きていたのです。たとえば、貴族や大農園の主人たちは、乳母として黒人奴隷の女性を邸宅に入れて子供の世話をさせました。乳母に食事もつくらせます。そうするとポルトガル人の植民者の生活のなかに、黒人の乳母の言葉や身振り、それから料理や子守歌など、いろいろなものが入りこんできます。もちろん乳母たちは農園主に性的には搾取される対象でもあり、多くの混血児が誕生しました。ポルトガル人による植民地下において、ブラジルの支配層の文化も、こうして黒人的な要素を孕みながら内側からつくり替えられていったのです。そのことを支配層のブラジル人たちは二〇世紀になっても認めようとしませんでした。ジルベルト・フレイレのような人が初めて学問的に、大邸宅と奴隷小屋のあいだに成立していた複雑な相互関係を研究し、ブラジル文化なるものが白人と黒人との（さらにはインディオの文化遺産も含めた）混合体であることを立証したのです。一九三三年にこの本が書かれ、シネマ・ノーヴォ誕生はそれから二〇年あまり遅れていますが、ポルトガル系の白人ブラジル人のなかに潜在してきた内在的な「黒人性」への意識が咀嚼されたのちに、映画という場においてブラジル文化の基底にある「黒人性」が発見されたといってもいいでしょう。のちにドス・サントスは、二〇〇〇年すなわち「ブラジル発見」五〇〇年の年に、フレイレの『大邸宅と奴隷小屋』をテレビ・ドキュメンタリーのシリーズとして映像化しました。全部で一〇時間ほどもある作品ですが、私はちょうどこの年にブラジルに住んでいたので、そのテレビ放映を観ることができました。まさにドス・サントスは、自分の映像の原点にあるブラジルの混血性、黒人的なものの本質を発見したジルベルト・フレイレという学者へのオマージュをこめて、この映像作品をつくったのでしょう。とりわけ、ブラジルの奴隷制社会の高度に家父長的な構造のなかで、混血文化を生み出す媒体となった黒人の母や女性の果たした大きな役割は無視することができません。

これに関連して、社会学や人類学の用語で、「マトリフォカリティ」matrifocalityという概念があります。マトリは母で、フォカルは焦点のことです。ですから、マトリフォカリティとは「母親を焦点にした家族の関係性」というほどの意味です。これは一九五〇年代に社会学や人類学の世界で生まれた理論的用語です。簡単にいえば、白人ブルジョワ社会における父の権威と庇護を支えとする「パターナリズム」（父権主義）にたいして、黒人系の周縁化された社会においては家の中心に母がいて、社会や共同体を維持する要にも母の存在があるという状況のことです。母と子供という基本単位があり、それが家を動かし、ひいてはその地域共同体を動かしている。父親というものは断続的あるいは間歇的にそこに存在しているだけで、家庭や共同体の継続的・本質的な担い手ではない。母が家庭を切り盛りし、家族をまとめている。そういう状態をマトリフォカリティといい、カリブ海のアフリカ系の都市住民たちの調査や研究からこの概念が生まれてきました。ですが、ブラジルの都市の黒人系の貧しい住民についてもこの概念は充分に適応できると考えていいでしょう。『リオ40度』という映画もそれを反映しており、ファヴェーラにおける父親の存在は稀薄で、父親が家にいないケースも多いのです。

たとえば、パン・ジ・アスーカルの岩山へ登っていくケーブルカーのなかで、小さい黒人少年が「君、何してるの?」と白人の家族連れからいろいろと質問されているシーンがあります。「お父さんは?」と聞かれると「いない」と答えます。「お母さんは?」と聞くと「死んじゃった」といいます。この「お父さんは、いない」というのが、マトリフォカリティについての核心的な台詞です。「いない」というのは、父親が誰だか分からないということなのです。つまり子供の母親が父親の「妻」であるとは限らない状態が、マトリフォカリティです。従来の核家族的な発想からすれば、特別の事情がなければ、自分の母親は自分の父親の妻であることはあたりまえの事実です。ところが、マトリフォカリティのもとにある社会では、母は自分を生んでくれた人であってそれが誰かは明快ですが、父が誰なのかというのはよく分からない。母からいえば、さまざまな男とのあいだに子供が生まれているからです。ですから、たとえ父と同じぐらいの年齢の男が母の夫として家にいたとしても、そのときどきの母親の夫が自分の父親である可能性が低い状態のなかで家族が存在しています。そうすると、父親の存在が稀薄なものにならざるをえない。出稼ぎへ行ってそのまま消えてしまった男とか、あちこちに女がいて転々と移動しながら暮らしている男とか、そのような男たちがたくさんいる。どの段階で誰と一緒になって、どこで子供が生まれるかということも、きわめて場当たり的なことにすぎません。

『リオ40度』には、貧しい人たちの生活のなかにマトリフォカリティのテーマがあることがはっきりと見えます。一方で、白人のブルジョワ家庭では父親が権威を持っていて、子供たちの庇護者として振る舞う。そうした家庭では、父親が家族や娘たちを完全に押さえ込んでいます。先ほど述べた、コパカバーナ海岸でブルジョワ階級の父親が娘の庇護者としての権威を振りかざしているシーンは典型的でした。一方ファヴェーラでは、ジョルジという少年の家に、ドニャ・エルヴィーラという病気の母親がいます。この家庭でも父親の存在は稀薄です。父は一度だけ家に入ってきますが、すぐにまた出ていき、家に居着きません。おそらくときどき家に出入りしている男なのであり、ジョルジの父親ではないのでしょう。黒人少年たちがいう「父がいない」という台詞は、父が死んだり、不在であったり、誰だか分からないということのすべてを含み、そのどれでもありうる状況のなかから発せられた言

『リオ40度』で描かれるファヴェーラの家庭

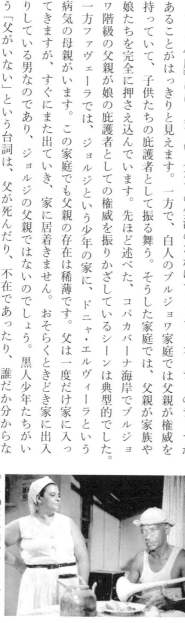

葉なのです。

一方で、病気の母であるエルヴィーラのところにアナという黒人の女性が出入りして、拡大家族がつくられています。女同士で助け合いながら、マトリフォーカルな共同体を維持しています。そこへ警官が一人の黒人少年を連れてやって来て、「この子の父親は誰だか知っているか」と訊いている場面がありました。「この子はどこに住んでいるんだ？　どこにも住んでいない孤児ならば引き取っていくぞ」という警官にたいして、病気のエルヴィーラが「その子は自分の子供じゃないけど、うちでずっと面倒見ている子なのよ」と咄嗟に機転をきかせて応える。それは彼女の嘘なのですが、そのようにして孤児を助けるのです。そうしないと子供は連れていかれて、拘置所か施設に入れられてしまう。あるいは人身売買で売られてしまうかもしれない。マトリフォーカルな共同体は、自分の子供ではなくても、ほとんど自分の子のようにして家庭に取り込む。そのような絆や相互扶助の関係があるのです。

どうして、このような状況が特にカリブ海の黒人系社会で生まれたのかは、理論的な研究のなかでさまざまに考察されています。ひとつには、奴隷制社会のなかで黒人奴隷に結婚というものが基本的に許されていなかったことがあります。黒人の女性の夢は、白人とのあいだに子供をもうけて、少しでも色の白い子供を産み、自

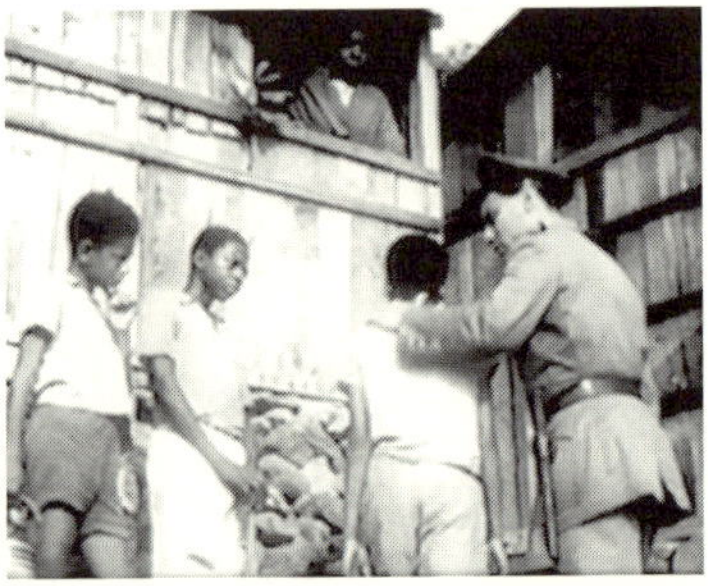

『リオ40度』より、孤児を受け入れるファヴェーラの共同体

分のステータスを上げることでした。それは本当にシビアな肌の色による人種差別の時代のことです。生まれた子供にしてみれば、肌が黒ければ黒いほど一生恵まれない境遇になってしまう。少しでも肌が白ければ、子供には出世していく可能性が開けます。これはフランツ・ファノン＊が理論的に書いたことですが、同じ白人と黒人の混血の子供でも、子供によって肌が白く生まれたり黒く生まれたりして、兄弟のなかにも社会的な差別をめぐる運の違いが生じてきます。そのような状況のなかで、黒人の夫というものの家族的地位が低下したということがいえると思います。奴隷制時代には、黒人の女性にとって、黒人の男とのあいだに子供を持つことの社会的意味が低下したのです。これが、奴隷制時代のブラジルにも共通する、マトリフォカリティの状況が生まれていくひとつの歴史的要因だったと考えられますが、他にも貧困なども含めた生活状況をめぐるさまざまな要因が複合化していると考えられます。

＊フランツ・ファノン　四一七ページの註参照。

『リオ40度』の公開

一九五五年、『リオ40度』が公開されようとしたとき、この映画はかなりの弾圧を受けました。検閲の審査をきちんと通り、一〇歳以上の年齢であれば観てもよいことになりました。ところが、検閲は通ったにもかかわらず、連邦公安局が公開を差し止めにしたのです。表向きの理由は、この映画がソ連からの資金援助を受けた共産主義の産物である、ということでした。それから、映画のなかで誰も働いていないので、ブラジル人が怠慢な民族だと思われてしまう、という理由もありました。それにたいしてドス・サントスは、これは日曜日の設定だから誰も働いていないのだと反論しましたが、それでも差し止めの決定は覆りませんでした。もうひとつ差し止めの理由として、リオの気温は絶対に四〇度にはならないから、このタイトルはデタラメだ、というケッサクな理由もありました。そのようにいくつかの難癖をつけられて、公開差し止めになりましたが、その真の理由は黒人の少年たちの視線を借りて、黒人の民衆のリアリティを生々しく描き、しかもそれに強い共感や感情移入が込められていたからなのです。ピーナッツ売りの金を掠め取るボスたち、サッカー選手を商品のように扱うチーム経営者、サンバチームを牛耳るスポンサーといった搾取構造を暴き、それへの抵抗の視線もありました。当時の政治的なイデオロギーのなかで、こうした視線ははじめからタブーで排除されなければいけなかった。しかし、映画的な感性として、そうした黒人や民衆の置かれた生の姿を初めて描き出すことがまさにドス・サントスの目的だった。この思想的対立こそが、公開差し止めになった真の理由でした。

この映画について、グラウベル・ローシャは一種のイコノクラスム、偶像破壊だといいました。ローシャがこの作品について書いた印象的な文章がありますので引用してみましょう。

新しい世代は、自主制作という道を信じ、『リオ40度』を旗印にたてて歩みだしたのだ。この騒がしく、混乱し、未完成で、偶像破壊的で、神経過敏で、血気にはやる作品とともに、シネマ・ノーヴォは雄叫びをあげたのである。*

ローシャがいうように、『リオ40度』は完璧にコントロールされた傑作ではなかったかもしれませんが、ここにありとあらゆる因習、旧来の価値観を破壊しようとする強烈なエネルギーが漲っていたということです。それを偶像破壊という言葉でいい表したのでしょう。それこそがシネマ・ノーヴォ運動の原動力となるエネルギーにほかなりませんでした。官憲は、おそらく、この映画の発するこの過剰な革命的エネルギーそのものに、否定的に反応したのだというべきでしょう。

* Glauber Rocha, *Revisão crítica do Cinema Brasileiro*, 1963, p.101.

『リオ40度』の公開差し止めに関して、メディア、批評家、文化人など、さまざまなところから作品にたいする支援の声や、公開禁止にたいする抗議の声があがりました。とりわけ、二〇世紀ブラジルのもっとも重要な小説家の一人であるジョルジ・アマード*は、このようなことが今後、映画から始まって文学、美術、音楽など、あらゆる言論統制に進んでいくに違いないという危機感を示し、かつてのジェトゥリオ・ヴァルガスの独裁制時代に戻ってはいけないのだということと強く主張しました。アマード自身は北東部のアフリカ的な土地バイーアに生まれ、三〇年代には『カカオ』という黒人のカカオ労働者の搾取についてのリアリズム小説を書きました。それから『汗』という小説を経て『ジュビアバ』を書きました。これはバイーアのカンドンブレ（黒人憑霊宗教）における司祭と黒人とのあいだの友情をテーマにした小説です。のちにドス・サントスはこの『ジュビアバ』という小説を映画化しています。ドス・サントスとアマードは、お互いの社会的・文化的自覚に関して、深く通じあってきた盟友だといえるでしょう。

最終的には海外からもいろいろなかたちで『リオ40度』の公開にたいする支援があり、そのなかで一九五五年の末に大統領がクビチェックに代わりました。軍はクビチェックが大統領に当選したのちにクーデタを起こそうとしましたが、それが潰

＊ジョルジ・アマード Jorge Amado（一九一二―二〇〇一）
二〇世紀のブラジルを代表する小説家。北東部のバイーア州にあるカカオ農園に生まれた。リオ・デ・ジャネイロ大学に在学中から小説の執筆をはじめ、『カカオ』（一九三三）や『ジュビアバ』（一九三五）といった作品で注目を集める。共産党員だったアマードは、軍事政権下で何度か亡命生活を余儀なくされた。ストリートチルドレン、ユーモラスな恋愛沙汰、政治的な風刺などテーマや作風は多様だが、一貫してブラジル社会の民衆生活に視線を注いだ。『ジュビアバ』『丁字と肉桂のガブリエラ』『フロール夫人と二人の夫』など映画化された作品も多い。

され、連邦公安局の責任者だったコルテスという人物が追放されます。これによって公開差し止めの措置が終わり、一九五五年の末に『リオ40度』は晴れて公開されたのです。そして、これがシネマ・ノーヴォの運動に繋がっていったのです。この映画は、商業的には決して成功したとはいえませんでしたが、新しい世代の人間たちが新しい映像的視線を発見し、この作品を支持しました。そうした新しい映画的感性と方法論の端緒をつくったという点でいえば、これはブラジル映画の歴史を書き換えていく真のスタートになった作品なのです。ヨーロッパでも評判を得て、ゴダールらにも強く支持されたことは、すでに述べた通りです。

ですが誰よりも、ブラジルの若い映画人たちが『リオ40度』を観て、強いインパクトを受けました。ここから、カメラだけを持って街に出て、即興的にスポンテニアスに映画を撮り、その成果を政治的に自覚的な思想を持って民衆に問いかけていく「シネマ・ノーヴォ」の方法論ができあがっていくわけです。その意味で、グラウベル・ローシャはこの作品を「第三世界における最初の革命映画」だといいました。キューバ革命は五九年に起き、そこからキューバ政府は映画をひとつの革命推進の武器として位置づけて、国営の映画会社をつくり、キューバだけではなく、ラテンアメリカあるいは第三世界へ向けて、その革命の意義を映画という大衆的なチャンネルを通じて伝えていこうとしました。映画はひとつの重要な政治的な武器としての側面を強く担ったのです。いわゆる「サード・シネマ」の誕生です。その端緒となる試みを、キューバ革命以前に、ドス・サントスは為し遂げたのだともいえるでしょう。だからこそローシャはこの作品を、「第三世界における最初の革命映画」と呼んだのにちがいありません。

　ネルソン・ペレイラ・ドス・サントスは『リオ40度』のあと、続けて「リオ三部作」をつくる構想を持っていました。第二作は『リオ北部』*という作品として完成しましたが、第三作の『リオ南部』*Rio, Zona Sul* という企画は資金の問題などもあり、結局はつくられずに終わりました。『リオ北部』は『リオ40度』の二年後に完成しましたが、ここでドス・サントスは『リオ40度』において採用した方法論を少し改めています。類型的な人物像をちりばめながら、リオという都市そのものに現実を語らせるという物語手法を採用しませんでした。『リオ北部』では、ファヴェーラのなかに一人の無名のサンバ作曲家がいて、自分のつくった音楽を名のある人に買ってもらってレコードにしてもらうという搾取の現実が、主人公の主観的な視線から描かれています。自分の書いた曲を二束三文で売って暮らすサンバ作曲家の物語です。グランジ・オテーロの名演が印象的です。これもひとつの搾取の物語ですが、

＊『リオ北部』*Rio, Zona Norte* 監督：ネルソン・ペレイラ・ドス・サントス／出演：グランジ・オテーロ、ジェシ・ヴァラド、マル・マイア他／ブラジル／一九五七年
『リオ40度』が、リオ・デ・ジャネイロで暮らすさまざまな民衆のパノラマであったのにたいし、『リオ北部』はエスピリトという一人

一人の人物の日常生活の心理的な襞のなかに入っていく作品で、『リオ40度』のように、人間類型を複雑に繰り出しながら物語ってゆく方法とは異質な作品になっています。より叙情的な作品です。しかし撮影所のスタジオを使っている場面もあり、カメラが野外に飛び出していくときの開放感は前作ほどではありません。やはりシネマ・ノーヴォの文脈からいうと『リオ40度』という作品こそが、ネルソン・ペレイラによって踏み出された新しい映画理念の新鮮さを凝縮して示す作品だといっていいと思います。

の黒人のサンバ作曲家を描く。最底辺の人たちが吹きだまるファヴェーラが舞台。そこに住む黒人のエスピリトは楽譜が書けず、録音する資金もないので、自作を売るためには、丘に出入りしてサンバで商売をするブローカーたちの力を借りなくてはならない。その結果、エスピリトは売れっ子の白人歌手に自分の歌を盗まれてしまう。底辺に生きる男をシリアスに描きながらも、本作にはエスコーラ・ジ・サンバの練習、ラジオの生放送の収録の様子など、ミュージカル映画の要素も入っている。

VII

黒い神と白い悪魔

ブラジル映画の夢見る力はセルタンの風土で懐胎された

四つの文化的背景

この章では、グラウベル・ローシャの傑作『黒い神と白い悪魔』（一九六四）について語りたく思います。われわれはシネマ・ノーヴォ運動の核心的な部分に入りつつありますが、このローシャの作品を観れば、グラウベル・ローシャはネルソン・ペレイラ・ドス・サントスとは大きく異なったスタイルを持った映画作家であると直感的に分かるだろうと思います。シネマ・ノーヴォという運動も決してそのスタイルにおいて一枚岩ではなく、いろいろな美学や方法論が混在していたことが分かります。一九五〇年代後半にはリアリズムへの覚醒があり、カメラが戸外へ出ていくその瑞々しさだけで物語をつくっていくこともできました。しかしローシャのようにドス・サントスより少し下の世代になってくると、思想的に「映画を創る」ということに関してさまざまな意図と仕掛けが浮上してきます。ローシャは「手にはカメラを、頭にはアイディアを」といって、同じように戸外へ飛び出していきましたが、

『黒い神と白い悪魔』 ***Deus e o Diabo na Terra do Sol*** 監督・脚本：グラウベル・ローシャ／出演：ジェラルド・デル・レイ、イオナ・マガリャンイス、オトン・バストス他／ブラジル／一九六四年

ポルトガル語の原題は「太陽の土地の神と悪魔」。シネマ・ノーヴォを牽引したグラウベル・ローシャの代表作の一本。民間伝承の想像力にもとづいた「紐の文学」の登場人物であるアントニオ・ダス・

そのアイディア、すなわち思想の部分が大きく膨らみ、その部分がファンタジーやイマジネーションの世界まで広がって映画作品の根幹を形成してゆくのです。

『黒い神と白い悪魔』と次章で取り上げる『アントニオ・ダス・モルテス』(一九六九)の二作品は、それが語られる背景となる文化風土を共有しています。作品に関する詳しい分析に入る前に、まず『黒い神と白い悪魔』が、どこを舞台にどのような時代につくられたものであるのかという文化的な背景とコンテクストについて話さねばならないでしょう。それがないと、この作品のあまりの異様さに、「これは一体どういう世界なのだろうか?」と呆気にとられてしまうはずです。盗賊がいて、狂気の神父がいて、そこに殺し屋が出てくる。文脈が分からず、どことなく禍々しい誇張された物語が展開されているようにしか見えません。これは、その物語を生み出すブラジルの文化風土を知らないと理解が難しいからです。そこで展開されている物語そのものも非常に多義的な寓意や暗示をもっています。ここでは、この作品を理解するために必要な、四つの文化的背景についてまずお話ししたいと思います。

第一は「セルタン」Sertão と呼ばれている特異な風土についてです。ブラジルでは、北東部の奥地に広がる半乾燥地帯の荒野を「セルタン」と呼びならわします。牧畜をおもな生業とする痩せた土地で、いまだに古い伝統や慣習が残っている辺境地帯

モルテスが登場する。「セルタン」と呼ばれるブラジル北東部の乾燥地帯で、大地主制度のもとで民衆が虐げられていた時代を描く。貧しい牛飼いの男マヌエルと妻のローザは、地主に牛の管理を任されていたが、あるとき地主からひどい仕打ちを受けて、衝動的に彼を刺し殺してしまう。マヌエルとローザは追っ手を逃れて山へ入り、メシア信仰をかかげて狂信的な信者を集めていた黒人の神父セバスチャンたちの仲間になる。地主たちはセバスチャンを暗殺するべく、殺し屋のアントニオ・ダス・モルテスを送りこむ。命からがら逃げのびたマヌエルたちは、今度はコリスコが率いる義賊(カンガセイロ)に出会い、その部下になる。サンフランシスコ映画祭大賞受賞作品。

です。北東部の地図を見てください。ピアウイ、セアラ、リオ・グランジ・ド・ノルチ、パライーバ、ペルナンブーコ、アラゴアス、バイーアといった州の内陸部分が乾燥地帯になっていて、定期的に旱魃に襲われるような土地です。こうした州の内陸部がセルタンと呼ばれる地域です。セルタンというのは確かに地理的な概念ですが、現実の土地にぴったり対応するというよりは、北東部の乾燥地帯とその土地の厳しい風土性を指す概念であるといった方がいいでしょう。単に地理的、気象学的な現実を示しているのではなく、セルタンが生んできた固有の歴史、文化というものがある。ブラジルのなかでも特異な文化ですが、その特異性も含めてブラジルの民衆文化のひとつの核心を形成しています。

二番目は「紐の文学」、すなわち「リテラトゥーラ・ジ・コルデル」Literatura de Cordelです。紐にくくりつけられて田舎の市場の屋台などで吊るされて売られている、粗末な印刷の小冊子です。その中身は詩や小説、英雄物語や恋愛物語、あるいは土地の伝説や時事的な社会諷刺の物語などです。それらを総称して「紐の文学」と呼んでいます。今では印刷物となっていますが、もともとは無名の吟遊詩人や歌い手が歌っていた口承文学、つまりバラッドによる「語り」の世界がおおもとにあったのです。この口伝えの物語文学が、民衆によって聞かれ、さらには冊子媒体を通

ブラジル北東部の地図

じて読まれていくことで、広まっていきました。この口承文学の伝統が、『黒い神と白い悪魔』の語りのモデルとして重要な要素になっています。「紐の文学」というセルタン地域の民衆の叙事詩の伝統が、映画そのものを導いていく大きな縦糸になっているのです。

三つ目が「カンガセイロ」*、すなわち盗賊、匪賊、山賊です。ブラジル北東部に特有の現象で、徒党を組んで集団で農場を襲う山賊たちがいるのですが、そのような盗賊団をカンガッソと呼び、盗賊の一人ひとりをカンガセイロと呼んで、とくに一九二〇年代から三〇年代にかけて活躍した、ブラジル北東部のセルタンにおけるひとつの人物類型にまでなっています。なかには農奴を救うために大土地所有者の横暴を標的にして略奪する義賊的なカンガセイロもおり、『黒い神と白い悪魔』の後半に登場する実在のカンガセイロであるコリスコなどがそうした義賊の代表です。カンガセイロそのものが歴史的な意味を持っており、ブラジル北東部のセルタン地帯に長いあいだ続いてきた文化風土に立脚しています。過去のカンガセイロの伝説は、土地の民の共有する集合的な記憶ともなります。ですから、突然一人のカンガセイロが現れる、ということではありません。セルタンは、歴史のなかで数多くのカンガセイロを生み出す文化的な気質・風土性をもっている、そういう土

＊カンガセイロ Cangaceiro
ブラジルでは一九世紀末まで政府の権限は都市部に止まり、広大な国土にコロネル（大佐）と呼ばれる大農園主たちが君臨していた。農園労働者たちは徹底的に搾取され、農園主たちは私兵を雇ってたがいに抗争に明け暮れていた。一方、逃亡した農園労働者や脱落した私兵が盗賊団をつくって跋扈し、そうした盗賊がカンガセイロと呼ばれた。彼らは武装して農村から略奪をくり返した。カンガセイロには大農園主を襲う者たちもおり、農園労働者たちから英雄視されて義賊としての神話が醸成された。実在のカンガセイロで有名なのは、アントニオ・シルビーノ

地なのです。

最後に「メシアニズモ」Mesianismo です。これはメシア信仰のこと。『黒い神と白い悪魔』では、映画の前半に出てくるセバスチャンと呼ばれる黒人の神父がいます。彼は、ふつう「ベアート」Beato とも呼ばれている狂信的な神父で、正統的な教会や教義から逸脱して、放浪しながらそのもとに信仰の徒を集めてしまうような不思議なカリスマ的教祖です。そういう一種の救世主《メシア》を待望して、人びとがそれについて行く民俗的行為をメシア信仰と呼びますが、終末論が浮上してくる一九世紀末のミレナリズム（千年王国運動）*の流れのひとつです。現代の日本にある新興宗教でもそういう部分は持っているわけで、人間の普遍的な信仰心の問題のひとつですが、特にこのセルタンという土地は、その過酷な自然条件のためもあって、救世主を待望するメシア信仰を生み出し続けてきた風土なのです。

セルタン、紐の文学、カンガセイロ、メシア主義。これらの四つをコンテクストとしてまず踏まえておくことによって、『黒い神と白い悪魔』という作品の広がりとそれが持つ文化的な背景が見えてきます。

である。労働者の庇護者として振る舞い、鉄道会社のような国家権力を代表する施設を襲撃したという伝説が残っている。一九二〇年代に盗賊の首領として頭角を現したランピオンは、早撃ちの名手だったことから「大きなランプ」の通称で呼ばれ、私的な復讐心から富豪を襲い、警察関係者を殺害した。そのことが義賊としての神話化につながったと考えられる。

＊千年王国運動 Millenarism キリスト教の終末論のひとつ。聖書の「ヨハネの黙示録」の記述を根拠に、終末の日が近づき、キリストが直接地上を支配する千年王国が間近になっていると説く。メシアを待望するユートピア主義であり、千年王国に入るための悔悛を人びとに迫る。元は中世のヨーロッパで起きた民衆運動だが、そののちの歴史のなかで千年王国的な運動は世界各地で確認されている。民衆の生活が徹底的に破壊さ

セルタンの文化風土

まず、「セルタン」という特異な地勢について詳しく考えてみましょう。ブラジルの北東部は内陸に行くと少し標高が高くなっています。そして雨がほとんど降らない「カアチンガ」caatinga と呼ばれる乾いた荒野が広がっています。映画の冒頭、ヴィラ＝ロボスの室内オーケストラ曲「ブラジル風バッハ」第二番のアリアの音楽に合わせて空撮された、乾ききった不毛の土地に見えるセルタンの光景が印象的です。旱魃のためでしょうか、雄牛が死んで白骨化している姿が映し出されます。セルタンにも雨季と乾季がありますが、雨季にも限られた量の雨しか降らないので、旱魃に見舞われる危険性が非常に高い土地なのです。ポルトガル人がここに入植してきてからも旱魃の歴史が続いています。一八世紀の末には一度に五〇万人もの人が死んだ大旱魃がありました。映画にも出てくるようにこの土地の牧場の財産は牛ですが、旱魃があると牧草がすぐになくなって牛は大量に死んでしまうのです。そのため驢馬とか山羊とかいった、乾燥に強い家畜を同時に飼育することがセルタンでは習わしとなっています。牛は商品価値は高いのですが、セルタンにおいてはリスクの高い家畜なのです。

れたときに、苦難に直面した民衆が救済思想にすがる狂信性が特徴である。しばしば、抑圧者への激しい抵抗と体制を転覆するための暴力をともなう。ブラジルにおける代表的な運動としては、一九世紀末にセアラ州のジュアゼイロ・ド・ノルチ市のシセロ神父が起こした奇蹟をめぐるメシアニズムや、バイーア州で指導者アントニオ・コンセリェイロと信者たちが起こした「カヌードス」の乱が挙げられる。

『黒い神と白い悪魔』の物語の発端はこうです。主人公である牛飼い男のマヌエルは牧場の牛の管理を任されていましたが、自分の労働の取り分を主張するが、農場主は報告せざるをえなくなる。マヌエルは自分の労働の取り分を主張するが、農場主は死んだ牛がお前の取り分だという。そこでマヌエルは農場主を衝動的に刺してしまう。いや、衝動的というよりは、不条理な仕打ちを以前から受け続けてきたのですから、あそこでついに堪忍袋の緒が切れ、正義の怒りが爆発したと考えたほうがあたっているでしょう。こうして、牛の死をきっかけに、マヌエルが農場主を刺し殺すことで物語が動き出すのです。それによってマヌエルと妻のローザはこの土地にいられなくなる。農場主の送った刺客がマヌエルの家へ来て彼の母親を殺してしまう。マヌエルたちは母親を埋葬し、この土地での生活を捨てることになります。そのとき、セバスチャンという神父が貧しい人びとの信仰を集めつつあることが転機になります。セバスチャンの救世主《メシア》のような姿に打たれたマヌエルは、メシア信仰にたいしてはやや懐疑的な妻ローザを無理やり引っぱって、彼につき従う狂信者たちのグループに入っていく。これが映画の最初のシークエンスです。貧しいけれども、ある意味で安定的で定住的な彼らの牛飼いとしての、農民としての生活が破綻してしまうという導入部です。セルタンという土地で人びとが苦労しながら、牧畜と農耕を営んでいるという文化状況に、無気味な亀裂が入ってゆくのです。

ところで、ヴァカ vaca というのはポルトガル語で「牛」のことですから、ヴァケイロ vaqueiro とは「牛飼い」のことです。しかし、それだけでは社会的な地位がよく見えてきません。ブラジルでヴァケイロというのは、牧場の管理を委託された人びとのことも意味します。牧場を所有しているわけではありません。牧場を持ってひとつの大きなビジネスとして経営しているのは、ポルトガル人の裕福な入植者かその子孫の牧場主です。普段そういう人は牧場におらず、海岸のそばの邸宅に住んでいてときどき様子を見に内陸にやって来る。大きい牧場ほどそのような構造を持っています。牧場主や農場主は内陸に牧場をいくつも持っているので、一つひとつをまわって管理人に会い、牛の状態とか農場の状態をチェックする。そういう構造のなかでヴァケイロというのは牧場管理人の役割を担っています。管理人のなかにも階層があり、マヌエルはもっとも下っ端の階層なのでしょうが、とにかく彼は牧場管理人というかたちで仕事をしている。新しく牛が産まれると、四頭のうち一頭を報酬としてもらえるというような関係になっています。その牛を育てて売ることで生計を立てているのです。また、ヴァケイロというのは一種のカウボーイで、アルゼンチンにはガウチョというまた別のタイプの牛飼いがいます。彼らは独自の

ヴァケイロ、マヌエルの後ろ姿

生活スタイルやファッションを持っています。革の膝あて、脛あて、胸あて、革の帽子、革の上着など全身を革でかためている。映画の冒頭でマヌエルの姿をカメラがかなり近づいて映していますが、彼の革でかためた服装が北東部《ノルデスチ》のヴァケイロのスタイルです。セルタンの人びとにとってヴァケイロは、格好の良い人びとというイメージがあります。しかし、その内実は非常に貧しく、それはマヌエルの生活を見ても分かります。乾いた不毛の土地でも収穫できるトウモロコシの実を潰して、主食の粉にしている風景が映画にもありました。

この北東部の生活を描いたブラジルの有名な小説が、グラシリアーノ・ラモス*の『乾いた生活』*Vidas Secas*（一九三八）です。これはまさにセルタンのヴァケイロたちの生活を描いた小説ですが、これを原作にして、ネルソン・ペレイラ・ドス・サントスは、グラウベル・ローシャの二本のセルタン映画と前後する時期に、小説と同じ題で『乾いた生活』という映画を撮っています。これもシネマ・ノーヴォ初期の傑作といわれている作品のひとつです。ドス・サントスもローシャと同じ舞台、同じ素材で映画を撮っているのです。貧しいヴァケイロを中心として営まれているセルタンの風土。しかし同時にセルタンという内陸の不毛な土地には、ブラジルの歴史においてじつはたくさんの流れ者が入ってきては吹き溜まっている。都会は海岸沿

＊グラシリアーノ・ラモス Graciliano Ramos（一八九二－一九五三）

ブラジルの小説家、政治家。少年時代をブラジル北東部で過ごし、アラゴアス州のパルメイラ・ドス・サントス市の市長を務めた。一九三六年に共産主義の運動に関わったとして逮捕され、投獄された。リオ・デ・ジャネイロの刑務所を経て、強制労働キャンプに収容されて苛酷な労働を強いられた。五三年に出版された一〇ヶ月に及ぶ監獄生活の回想録は、ネル

いにあり、そこで何かトラブルが起きれば内陸のセルタンに逃げてくる。いろいろな過去を持った流れ者たちの吹き溜まり、じつはそれがセルタンのもうひとつの特徴なのです。

そのようにして生まれたひとつの類型的な空間が「キロンボ」Quilomboと呼ばれる逃亡奴隷の集落です。海岸地帯にはプランテーション農場が植民地時代につくられ、そこでサトウキビやコーヒーを栽培するために、ポルトガル人がアフリカから黒人を連れて来て奴隷として使った。これがポルトガルの植民地時代における奴隷制の歴史です。「キロンボ」とはそうした強制的な労働の場を逃れて内陸へと逃げた奴隷たちが創った集落のことであり、黒人たちが奴隷労働させられている農場で反乱を起こし、その場を飛び出して内陸に建設した自立共同体です。歴史上もっともよく知られたキロンボに、現在のアラゴアス州内陸の「パルマーレス」Palmaresがあります。パルマーレスは、アフリカにあるような首長制の王国がセルタンのなかに生まれたという点でも画期的でした。この歴史を描いた『キロンボ』という映画作品がカルロス・ディエギス監督によって一九八四年につくられており、それについては本書の最終章で詳しく考察することになります。

いずれにせよ、海岸部分で起こっている植民地時代の活動から疎外されたり、逆

ソン・ペレイラ・ドス・サントスによって『監獄の記憶』*Memórias do Cárcere*（一九八一）として映画化された。ジョルジ・アマードらと共に「ノルデスチ文学」呼ばれる社会派のリアリズム文学の運動を支え、セルタンの貧しいヴァケイロたちの生活を描いた代表作『乾いた生活』は、同じくドス・サントス監督によって一九六三年に映画化されている。

にそれに抵抗して飛び出してきて逃げ込んだりする、そのような場所としてセルタンがあった。キロンボはセルタンを特徴づけるアウトローや流れ者の文化のひとつとしてみなすこともでき、それはプランテーションや奴隷制と深く関わる問題なのです。

そして、もうひとつの大きなアウトロー的な存在が「カンガセイロ」なのです。さらに狂信的なメシア主義的な指導者である「ベアート」も、セルタンの人物類型とみなすことができます。こうしてみると、セルタンが生み出す人物像というものに、ある特徴があることが分かります。いずれも貧しい、荒れ果てた土地で、海岸部の文明世界から疎外されているという風土が、いままで見てきたようないくつもの種類の人物たちを生み出していくのですが、みな何らかのかたちで反社会性、アウトロー的性格をもっており、社会の権威的な部分にたいする叛乱や抵抗の意志を秘めているという共通点があります。まず、そのような基本的なセルタンの特徴を踏まえた上で、次に「紐の文学」に入っていきましょう。

紐の文学

『黒い神と白い悪魔』のなかで、非常に印象的なかたちで場面を動かしていく人物がいます。それがジュリオと呼ばれる盲目のギター弾きです。このジュリオという存在が一人でこの物語を語りついでいくようにも見えます。まず、冒頭で彼の歌がマヌエルとローザを紹介します。「マヌエルとローザはセルタンに住んでいた。両手で大地と格闘していた。ところがある日、聖セバスチャンが彼らの人生に宿命のように現われた。彼の眼差しのなかに神が宿っていた……」。こんな歌の朗唱から映画は始まるのです。これはセルジオ・リカルド作の「紐の文学」風の歌謡です。そして新しい登場人物が出てくると、ジュリオがまず歌でもって紹介する。彼が歌で物語を引っぱっていくだけではなく、彼はその都度物語が転換する場面にいて、登場人物たちをどこかへ導いたり、あるいは登場人物たちになにか重要な情報を与えたりしています。だからといってジュリオという盲目のギター弾きがすべてを支配しているかというと、そんなこともありません。彼もまた、セルタンという土地の宿命のなかで自分の役割を果たしているに過ぎない。それがどういう結果に至るかは、彼の意思とは全然違うところにあります。しかし、物語と物語が絡み合う要のところにかならずジュリオが登場するのです。

グラウベル・ローシャ自身が、「紐の文学」という伝統的で民衆的な歌謡のスタイルをひとつのインスピレーションの源にして、この映画の物語をつくっていこうという発想を持っていたことは明らかです。とはいっても、ローシャが事前に完全なシナリオをつくり、この映画を撮るために北東部へ行ったというのではありません。シネマ・ノーヴォの初期には、そのような映画の撮り方はありませんでした。未定型のイメージだけをもって、ローシャはこの土地にカメラと共に入っていった。当然そこでは市場に行けば「紐の文学」が売られていて、ギター弾きがいて歌を歌っている。そういう、風土につきものの事物を発見することからローシャの物語が少しずつつくられていくわけです。即興的な刺戟として「紐の文学」は、この映画をつくり上げる着想の源となった。そこから、この物語自体がジュリオというコルデル文学の実践者によって語られていくという仕掛けが生まれたのです。

「紐の文学」は「リテラトゥーラ・ジ・コルデル」の訳語で、文字通り、野外市場などで紐にぶら下がって売られている小冊子を一般に指します。しかし、本質的には口承文学の一種で、文字化されずに歌われたり語られたりすることで伝わっていくバラッドの類を冊子化したものです。そもそもは口承の物語として完結していたバラッド=物語詩が近代になってから文字化されて、さまざまな叙事詩、民衆文学、時事的なニュース、風刺的な物語が印刷されて売られるようになり、これが「紐の

街頭で販売しているリテラトゥーラ・ジ・コルデルの小冊子

文学」となっていきました。

「紐の文学」の小冊子《フォリエト》folhetoは、小さめのパスポートくらいのサイズの薄い紙の冊子で、古いものには木版画の挿し絵がたくさん使われていました。最近は写真などが印刷されていることもあります。たとえばいま私の手元に一冊ありますが、これは「ランピオンとその悪魔が戦った夢」という題になっています。これはもっとも有名なカンガセイロであったランピオンの物語です。近年は、サッカーのワールドカップなども含めブラジル国内のあらゆるニュースも物語の素材になりますが、もともと「紐の文学」はセルタンの土地土地に伝わる伝説を小冊子化して売っていたものです。これは黙読するためのテキストではなく、たとえばそれを買った人物が家のなかで朗誦したり、広場でそれを読み上げて人びとがそれを聞いたりするものです。ブラジルの田舎へ行けば、識字率は低くなっていきます。そうなると字が読める誰かが大きな声で公衆に向かって読み上げることで、この物語が人びとに伝わるのです。ですから、古来の口承的な文化が根強く残っているからこそ、こうした冊子がつくられていることになります。口承文化の強固な存在を、文字文化のなかで生まれた小冊子の存在が、逆に証明しているという興味深い事例です。

いまは少なくなってきましたが、ブラジルの北東部にはこうした「紐の文学」の伝統がまだ残っています。研究家によれば、かつては一万五〇〇〇くらいの物語があったといいます。三〇〇〇人くらいの民衆詩人たちが、歴史的にそれらの物語をつくり出してきました。いまでも二、三〇〇の新しい小冊子が毎年つくられ売られている。映画のなかのジュリオのような人物は、ブラジルでは「レペンチスタ」Repentistaと呼ばれます。ギターを弾きながら即興の物語詩を朗唱する吟遊詩人、といっていいでしょう。流しの音楽家たちが伴奏するなかで、詩人はただ朗誦するだけ、という場合もあります。レペンチスタは基本的に流しの芸人であり、市が立っている町の広場やお祭りを流れ歩きながら、物語のレパートリーを歌い、何がしかの収入を得る。あるいは、結婚式とか誕生パーティとか祝いの席に行って、祝いの歌を歌ったり、言祝ぎの物語を語って聞かせたりする。日本でいえば、祝《ほか》い芸人の伝統に近いでしょうか。

それと同時に、彼は自分が持っている物語レパートリーを語るだけではなく、いろいろな村々をまわっているので世間の出来事や事情をよく知っています。ですから、地方の村々で仕入れた時事的な話題を人びとにニュースとして伝えていくメディアの役割をも果たしていました。新聞やラジオなどが未発達の場所で、バラッドの物語歌の形式を通じて土地土地の情報や事件を語っていく、ということです。

実際に映画のなかでも、ジュリオはアントニオ・ダス・モルテスに、コリスコがいまどこにいるかをちらっと教えてみたり、セバスチャンを殺したのはマヌエルの妻のローザだと教えたり、情報伝達者としてもさまざまに動いています。コルデルの伝統とは、民衆文学の一ジャンルを指すだけでなく、口承的な文化伝統のなかで情報が口伝いに伝播してゆくという、文化そのものの核心にある民俗的実践でもあったわけです。

「紐の文学」は声に出して読むことが基本であり、その内容は古い昔話や寓話、あるいは宗教的な説話、時事問題や地方の話題といったいろいろなものを含んでいます。そして「紐の文学」のなかの一大ジャンルが、カンガセイロに関わる物語なのです。カンガセイロをめぐる出来事や伝説を民衆の智恵として広めてきたのが「紐の文学」の伝統だったといえます。コルデルを歌う人びとが村々をまわっていたからこそ、風土の特殊性を反映した山賊についての知識がセルタンの人びとのなかに定着していったわけです。しかもカンガセイロというのは、恐ろしい山賊をめぐる怖い物語ではなく、むしろもっとも貧しい民のために権力者に立ち向かう義賊たちの物語、すなわち民衆の英雄の物語として人びとに語り継がれてきたのです。

カンガセイロの世界

『黒い神と白い悪魔』の後半に出てくるコリスコというカンガセイロがいますが、この映画のなかでもっとも複雑で、かつ魅力的な人物として描かれています。名優オトン・バストスの演技も素晴らしい。コリスコは野蛮な山賊としては描かれていません。仮に『黒い神と白い悪魔』というタイトルに引きつけて考えると、「黒い神」はセバスチャンのことで、「白い悪魔」とはコリスコのことだろうととりあえず理解してしまうかも知れません。しかし、コリスコは本当に悪魔なのか。むしろセバスチャンの方が悪魔的な存在にも見え、義賊であるコリスコの方がヒロイックな存在として描かれているのではないか。人物の描かれ方ひとつをとっても、この映画は両義性を孕んでいます。

そこでカンガセイロについて少し考えてみたいのです。これは確かに山賊や匪賊であるわけですが、われわれはいろいろな山賊のイメージを持っています。山賊についてはイギリスの優れた歴史家であるエリック・ホブズボームが、『バンディッツ』*Bandits*（一九六九）という古典的な歴史的山賊研究を書いています（邦訳：『匪賊の社会史』船山榮一訳、ちくま学芸文庫、二〇一一）。ここでホブズボームは山賊を主に三種

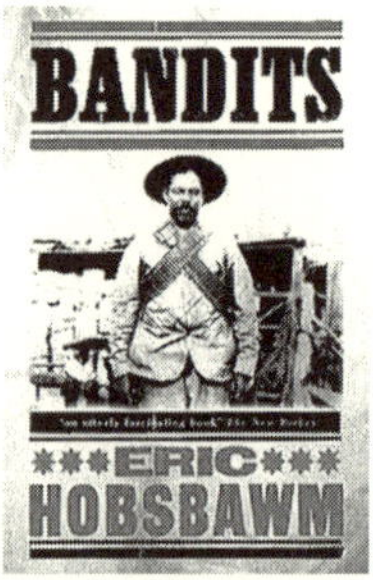

エリック・ボブズボーム著『バンディッツ』（原書）の表紙

類に分類しました。まず「ロビンフッド」タイプの高貴な盗賊。ロビンフッド伝説はよく知られていますが、これは一三世紀のイングランドを舞台にした伝統的な「義賊」の系譜にある山賊です。義賊とは、確かにアウトローで暴力的な行為に及ぶのですが、基本的に正義にもとづいている。民衆的な正義がしばしば政府や権力者から踏みにじられる。そんなとき、義賊はその政府や権力の横暴にたいして、むしろ民衆的正義を戴いて抵抗を行います。これをロビンフッド・タイプと呼んだわけです。

次は無法抵抗者タイプです。政府などに抵抗して一種ゲリラ的な行動を取りながら、無法者として動き回るタイプです。バルカン半島ではトルコの支配下に置かれた時代が長く続きました。そこで地下に潜って抵抗していた有名な「ハイダック」と呼ばれる山賊たちがたくさんいた。そうした例が典型的な無法抵抗者として挙げられています。

そしてホブズボームが最後にあげる山賊の類型が「復讐者」です。この復讐者のカテゴリーにブラジルのカンガセイロは分類されています。もちろん、この三つは部分的に重なり合っているところがあります。ですから、山賊たちがこのどれかに独占的に属していると考えないほうがいいでしょう。いくつかのタイプが組み合わされて原初的な反乱者の形態が生まれています。ホブズボームは『バンディッツ』を書く前に *Premitive Rebels*（邦訳：『素朴な反逆者たち――思想の社会史』水田洋他訳、社会思想社、一九八九）という本を書いています。この本の原題は「原初的な反乱者」という意味です。バンディッツというと山賊や盗賊ということでステレオタイプ化されやすいイメージですが、ホブズボームは山賊になるということが、じつは社会的権力や社会的暴力にたいして、民衆が非常にプリミティブなかたちで反乱し抵抗する行為だと主張しているのです。

ブラジルの北東部のカンガセイロを「復讐者」に分類するのは決して間違いではありません。ランピオンもコリスコも仇を討つ、恨みを晴らすという強い目的意識を持って抵抗している人物で、その点では間違いなく復讐者です。そこにはたいてい、肉親や近親者を殺されたというような根源的な恨みがあります。その場合の復讐とは、社会的に認知された正当な行為となります。日本でも復讐というものが犯罪とは考えられていなかった歴史があります。江戸時代には復讐の物語がたくさんありますが、なかでも集団による復讐を伝説化したものが忠臣蔵ですね。切腹させられた主君の恨みを晴らすため、四七人の侍が復讐のドラマを貫徹する物語です。これがひとつの美学でありうるのは、それが、殺人の罪が成立する文脈とはちがう社会的コンテクストにすでに置かれているからです。どの文化にも、そうした正義の復讐を単なる暴力や犯罪から区別するようなメンタリティが存在するのです。カンガセイロの文化にも、その暴力が復讐という正当な目的に向けられていればいるほど強く英雄視されるという構造があります。カンガセイロが英雄になるのは、その部分にたいする人びとの強い共感があるからです。

現実にカンガセイロが狙っていたのは、恨みのある牧場主や悪徳商人や悪徳神父たちでした。しかし、ロビンフッドのように正義の実践者だから尊敬されるというだけではありません。カンガセイロはことごとく貧しい人たちです。セルタンの民衆たちと同じ貧しい出身のヴァケイロや農民の出であり、そういう徹底的に疎外された者でも力を持つことができることを証明したからこそ英雄になった。貧しく疎外された者も決して弱くはないのだ、ということをカンガセイロは証明している。だから彼らは徹底的に怖ろしく、強く、暴力的でなくてはいけないわけです。少しでも優しさを見せることは、カンガセイロにとっては決してプラスにはならない。そのようなかたちでカンガセイロの物語というのは、ブラジルの北東部に長いあいだ伝えられてきました。

いろいろと有名なカンガセイロの伝説があります。アントニオ・シルヴィーノという義賊的カンガセイロもいれば、リオ・プレトという残虐非道で冷酷な山賊の物語もあります。もっとも有名なカンガセイロがランピオン Lampião というニックネームで呼ばれている人物です。本名はヴィルグリーノ・フェレイラ・ダ・シルヴァ。* 映画のなかでもコリスコが「ヴィルグリーノ」とときどきいっていますが、これがランピオンのことです。伝説化されていますがもちろん実在の人物で、一八九八年に生まれ一九三八年に没しています。生年はやや曖昧なところもありますが。一九世紀末から二〇世紀前半にかけて、このセルタンの土地を跋扈していたカンガセイロのなかでも、もっとも高名な一人です。ランピオンは、北東部にあるペルナンブーコ州の奥地で農民の子として生まれた牛飼いです。一七歳ぐらいのときに、泥棒を働いたという、まったくいわれのない罪を着せられ地主に追放されてしまう。境遇がマヌエルとよく似ています。マヌエルの場合は、牛を死なせてしまったことを牧場主になじられ、要求をほとんど無視されたことに怒って牧場主を殺してしまいました。ランピオンは少年のときに農場主に追われて、アウトローになり復讐者となるわけです。自分の兄弟や仲間二七人と共にその地主を襲っています。そういう有名なカンガセイロがいて、ランピオンの物語はさまざまに伝説化されて「紐の文学」などを媒介にして広まっていきました。とりわけ、愛人でありカンガセイロ

＊ヴィルグリーノ・フェレイラ・ダ・シルヴァ Virgulino Ferreira da Silva（一八九八?—一九三八）
一九二〇年代から三〇年代にかけて実在した、ブラジルでももっとも有名なカンガセイロの一人。早撃ちの名人で、まるで手にランプを持っているように見えたことから、「ランピオン」という通称で知られるようになった。ブラジル北東部にあるペルナンブーコ州の貧しい農家に九人兄弟の子供として生まれ、大人になるまではヴァケイロ（牛飼い）として家業を手伝った。一九二二年にカンガセイロの仲間になり、すぐに頭角を現してリーダーになり、長年にわたって一味を率いた。盗賊としてさまざまな暴力を振るったが、略奪した金品を貧しい人間に分け与えたことから「義賊」として民衆に讃えられるようになり、民衆文学や民

の女同志でもあるマリア・ボニータとのロマンスと活劇が無数の「紐の文学」を生み出しています。

ランピオンは、皮帽子のつばを半円形に折り曲げた、独特の服装をしています。帽子はカンガセイロのシンボルで、ライフルや革鞘に入れたナイフをはじめ、彼らは七つ道具を持っています。ヴァケイロにはヴァケイロのスタイルがあるように、カンガセイロも独自のスタイルを持っている。ランピオンの忠実な部下だったのがコリスコで、これも実在の人物です。映画では一九六〇年代の話になっていますが、その時代にコリスコが実際に生きていたわけではありません。ランピオンが数日前に死んだといっていることから、史実に当てはめれば一九三〇年代の終わり頃ということになるでしょう。とにかく、この映画でのランピオンやコリスコに関する言及は史実を踏まえています。あらゆるカンガセイロはニックネームを持っており、コリスコは「金髪の悪魔」Diabo Louro と呼ばれるランピオンの忠実な腹心だったのですが、あるときランピオンと口論をした挙句、手下を連れて彼から離れていく。ちょうどその時、ランピオンは殺し屋によって殺されてしまう。この映画の後半の物語では、ランピオンが殺された数日後にマヌエルとローザがセバスチャンに代わる新しい導

謡のなかで取り上げられる人物となった。

中央がランピオン、撮影年不明

き手としてコリスコと共に行動するようになります。カンガセイロは宗教的指導者ではありませんが、民衆の倫理観や生きるための哲学に展望を開いてくれる存在なのです。カンガセイロもまた社会が生み出した原初的反乱者のひとつのスタイルであり、民衆にとっては英雄的な存在として回顧されつつ、現在に至るまでその物語は生き続けています。そういうカンガセイロの集合的なイメージがセルタンという土地には伝統的に強固に存在しているのです。この映画の背景にある、もっとも重要な文化風土です。

メシア主義について

前半の最後に「メシアニズモ」Messianismoについて話しましょう。ベアートとも呼ばれる狂信的宗教者、あるいは狂信者のグループを率いていくメシア的なリーダーが、この映画における神父セバスチャンです。ブラジル北東部においては宗教的な異端の伝統があります。これは、民衆信仰における本質的な形態のひとつなので「迷信」とは呼びたくないのですが、ともかくブラジルではポルトガルからの植民と布教により、表面的にはキリスト教のカトリック信仰がさまざまなかたちで全土に定着していく。けれどもそういう制度的な教会からこぼれ落ちてしまうような人びとの悩みや苦しみ、病気や痛みを受けとめ、救ったのはじつは教会ではなく、むしろメシア的な人物たちでした。そのなかには必ずしも聖職者ではなかった人もいます。われわれの周囲にある民衆的な新興宗教というものも、こうした世界と繋がっている問題でもあります。ポルトガル人の入植によってブラジルの奥地もカトリック化されたのですが、インディオの自然崇拝が相当根強く残っている土地なので、当然、土着的な信仰も人びとの心に入り込んでいます。いわゆる呪術や占いといったものが力を持って存在している。そのように込み入った信仰心があり、その上に貧しさや疎外されているという社会的背景があるために信仰心はより強まっていく。そして現世利益を強く求めるという、民衆的な信仰心が肥大化していく部分があるのです。

　そうしたなかで一種の救済者であるベアートが出現してくる。人びとは奇蹟を求めて彼につき従っていきます。「ジュアゼイロの奇蹟」と呼ばれる、ブラジルでもっとも有名な物語があります。セアラ州のジュアゼイロ・ド・ノルチは巡礼地です。ここにシセロ*という神父がいました。あるとき聖体拝領の式をやっていて、子供たちや女性たちの口にパンの欠片を入れていた。そこに一人の悩みを抱えた女性

＊シセロ神父
四三八ページの註参照。

がやってきた。その女性の口にパンを入れたところ、女性は気絶してパンは血に変わっていたという出来事があった。この出来事のあと、ブラジル中にこの話が伝わり、シセロ神父のいるジュアゼイロは巨大な巡礼地になっていきます。病気の治癒をしてくれる土地となるのです。民衆がとても強い気持ちで現世利益を求めているからこそ、こうした奇蹟が現実に起こるのです。そしてこのような奇蹟が起こったという物語が、さまざまな場所で生まれていきました。

映画のなかではセバスチャンが「すべてが緑になり、花の上で馬が草を食み、子供たちは川からミルクを飲み、石がパンになる」と予言していました。さらに「セルタンが海になり、海はセルタンになるだろう」と。こういう奇蹟の預言は、ジュアゼイロの奇蹟も含めてセルタンの文化が生み出してきた一種のユートピア信仰に繋がっています。これは千年王国運動と呼ばれることもあります。つまり、ミレニアム信仰のことです。もともと一〇〇〇年という単位で区切るのはキリスト教の神の統治が一〇〇〇年間続いていくという信仰がもとになっています。そしてこの千年紀の変わり目は、世界が消滅して生まれ変わる画期だということになります。だから、千年王国運動のように新しい千年王国を待望する運動は、一種のユートピア信仰であると同時に終末信仰でもあるのです。新しい千年紀を誰が導いてくれるのか、われわれを導いてくれる新たなメシアにすがっていかなければならない、と人びとは考えたのです。

このようななかで生まれたブラジル史上最大のベアートが、アントニオ・コンセリェイロ Antonio Conselheiro という人物です。この映画のセバスチャンの背後にモデルとしてあるのはこのコンセリェイロです。彼はセアラ州の町役場の書記をしていましたが、自分の妻が不倫をして家出してしまったことを契機に、自分も家を出て、青色の伝道着を着て革草履を履き、頭陀袋を背負って説教行脚に出る。もともとは聖職者ではないのですが、彼の預言は非常に力を持っていた。村々では暗示の力で病気を治してしまう。そうして転々とさまざまな土地を渡り歩きながら、最後にはバイーア州のカヌードスという村に落ち着きます。わずか五〇戸くらいの小さな村でした。ところが、コンセリェイロの噂を聞きつけた人びとがここに集まり、数年間で村の人口は数千人にまで膨れ上がった。それほどまでに彼のカリスマ性が強かったのです。そしてカヌードスという村は、指導者コンセリェイロとその配下のベアートたちによる一種の原始共産主義的な共同体になっていきました。すでに触れた、逃亡奴隷による黒人王国パルマーレスとは性格が違うのですが、ブラジルの北東部がさまざまなかたちで抵抗者たちのユートピア共同体をいくつも生み出し

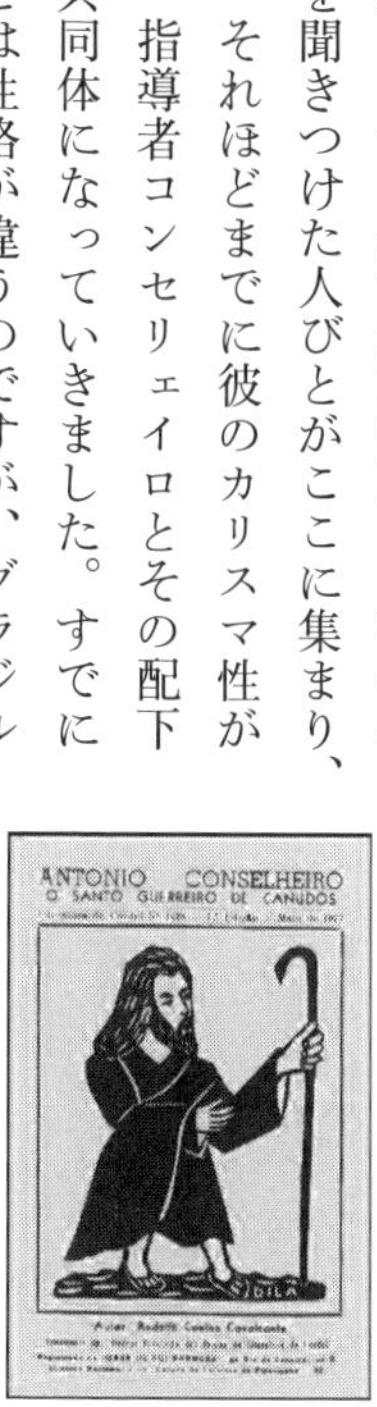

アントニオ・コンセリェイロを題材にした「紐の文学」の小冊子

ていることは重要です。

一八九六年にカヌードス村で暴動が起きたという噂が広まり、バイーアの州政府が一〇〇名ほどの兵士を送り込みました。ところが簡単に撃退されてしまい、政府は数回に渡って大量の討伐軍を派遣する。けれども、アントニオ・コンセリェイロのもとに集まった人びとの超人的なパワーに押されて、政府軍がことごとく撃退されてしまう。わずか数千人しかいない村を一年間かけて包囲し、兵糧攻めにして、最後にはコレラが起こって住民は病気によって倒れていく。そしてコンセリェイロ自身がコレラで倒れて、「私は死の三日後に復活して政府軍を倒すであろう」と預言して死んでしまう。彼の死によって士気が落ちて、村の男性はすべて戦死してしまう。女性は子供たちと一緒に降伏して、ようやく一年かけて「カヌードスの乱」と呼ばれるものが終息する。これはブラジルの歴史のなかで、もっとも有名な内乱の物語です。こういう出来事のもっと小規模なものが、同じ時期にブラジルの奥地で数多く起こっていたのです。世紀末の不安のなかでの社会変動を映し出す、象徴的な歴史です。

映画では、セバスチャンと狂信者にたいして、土地の教会や農場主たちが抱く警戒心が描かれています。殺し屋であるアントニオ・ダス・モルテスにセバスチャンの暗殺を指令する場面がありましたが、その背景には、わずかな狂信者たちであろうがこれを放っておけないという文化的な直感があるのです。その反乱の芽をきちんと潰しておかなくては、教会、農場主、政府の役人の利益が守れないという脅威の意識です。こういう原初的な反乱というものは、それがいかに兵力的には無力に見えても、社会の権力の側から見れば大変危険なものでもあるのです。映画では、そういう文脈のなかでメシアニズムのイメージが鮮烈に描かれています。セバスチャンはこうした伝統的な文化背景を持った上で、グラウベル・ローシャによって見事に造形されて映画の登場人物として強い印象をのこす人物となっています。

それでは、ここから映画に則して詳しく『黒い神と白い悪魔』の物語を見ていくことにしましょう。

並列される神と悪魔

グラウベル・ローシャによる一九六四年の作品『黒い神と白い悪魔』と、それにつづく続編『アントニオ・ダス・モルテス』は、ブラジル映画の歴史においてひとつの大きな転換を画す作品でした。シネマ・ノーヴォという、政治的にもきわめて自覚的な映画運動の本質がどのようなものであるかを、これらの作品は凝縮して示しているると考えられるからです。

この二作の文化的背景となっている状況を読みとくために、すでに四つのキーワードを挙げました。ひとつは「セルタン」というブラジル北東部の荒野、乾燥地帯という風土のなかに、深い歴史的・文化的な意味があったということ。セルタンはブラジルの典型的な「奥地」の象徴であり、忘れ去られてきたもの、打ち捨てられたものの復権が準備される場所でした。また、「紐の文学」は、正統の歴史や文学に対抗する、民衆の歴史=物語を伝えていく口承的な媒体で、映画というものの位置づけを革新するエネルギー源ともみなされていました。「カンガセイロ」の存在は、単なる荒ぶる盗賊ではない「英雄としての義賊」として民衆の世俗的な想像力を昂揚させるものでした。そして「メシアニズム」。この救世主信仰は、通常の教会による制度的な信仰を離れて、ある種のカルト的なものにのめり込んでいく、ブラジルの歴史に特徴的なものでした。これらのキーワードを前提にして、詳しく作品を分析していきましょう。

グラウベル・ローシャ監督の『黒い神と白い悪魔』（一九六四）のポルトガル語の原題は『太陽の土地の神と悪魔』*Deus e o Diabo na Terra do Sol*。"Black God, White

Devil”という英語の題名があり、邦題はそちらからつけられたと思われます。しかしもう一度ポルトガル語の原題に戻ってみましょう。「太陽の土地の神と悪魔」。太陽の土地としての「セルタン」。そしてそこに跋扈する神と悪魔。英語の題では、黒とか白といった人種を臭わせるニュアンスが付随していますが、元のタイトルにはそれがないということにまず気をつけたいのです。英語の題ではあらかじめテーマが人種化され、その黒と白の対立が図式化されている。けれども原題では、「神」と「悪魔」は必ずしも対立的ではなく、〃e〃という接続詞（英語の“and”にあたる）によって並列的に置かれています。「神」対「悪魔」というように対立的に提示されてはいないのです。

すこし先走っていえば、続編と考えられる『アントニオ・ダス・モルテス』（一九六九）になると、ポルトガル語原題は“O Dragao da Maldade contra o Santo Guerreirol”となって、“O Dragão da Maldadel”（「邪悪な竜」）と“o Santo Guerreiro”（「聖なる戦士」）が“contra”という前置詞（英語の“against”にあたる）で結ばれていますから、その意味は「〈邪悪な竜〉対〈聖なる戦士〉」となります。こちらは明らかに対立する構図となっている。一作目では要素が並列的に提示されていたのが、二作目にははっきりと対立的な構図となっている。それがタイトルにも表れています。ここには注意しておきたいと思います。この二作は同じローシャ監督によって、同じセルタンを舞台に、同じような類型を持った登場人物たちの物語として語られていますが、そのあいだには一九六四年から一九六九年という五年間の時間の経過がある。この五年のあいだに何が起こったのか。ローシャはセルタンを舞台に、再びメシアとカンガセイロの物語を撮るわけですが、そこにはいろいろな連続性と断絶があるのです。これについては、この章の最後で触れます。

物語の三つの段階

以上を踏まえて『黒い神と白い悪魔』を考察していきましょう。まずこのタイトルは、神と悪魔との戦いではなく、やはり神と悪魔の両方にたいする人間の戦い、と読むべきでしょう。殺し屋アントニオ・ダス・モルテスが、セバスチャンという神を、そしてコリスコという悪魔を倒すという勧善懲悪の単純な物語ではないのです。神も悪魔も両方とも滅びる。そのときに人間性のようなものが復活する。映画の最後に、牛飼いのマヌエルが、妻のローザともう一度生活を共にしていこうと決意し、全速力でセルタンの荒野を走っていくシーンがあります。アントニオ・ダス・

モルテスは神と悪魔を退治します。彼はお金のために殺しを引き受けるだけでなく、ひたすら自分の宿命のようなものに従って動いているに過ぎない。二作目の『アントニオ・ダス・モルテス』になると、そのモティーフはよりはっきりしてきて、まったく金銭的なものへの関心がなくなります。

『黒い神と白い悪魔』のストーリーには三つのパートがあります。第一のパートでは、厳しいセルタンの土地で暮らしていたマヌエルとローザの生活が破れます。貧しい生活をさらに搾取しようとする農場主の仕打ちに怒って、マヌエルは彼を殺します。そのためマヌエルは農場主の部下に復讐され、母親を殺されてしまい、生活を壊されたところで決意します。セバスチャンの奇蹟にすがろうとして妻と共に家を捨てるわけです。

第二のパートで、マヌエルとローザはセバスチャンと行動を共にするようになります。彼はいわゆる聖人ではなく略奪もする集団の指導者です。マヌエルは彼への忠誠心を示すために、いろいろな苦しみのなかで浄化の儀式を体験する。ローザはそれに懐疑的です。センバスチャンたちはカルト集団として地主や教会に敵視されています。アントニオ・ダス・モルテスが呼ばれ、セバスチャン殺しの依頼を受けます。信徒たちは虐殺されます。けれどセバスチャンはその前にローザによって殺

『黒い神と白い悪魔』より、集団の先頭に立つセバスチャン

されてしまう。マヌエルが彼に盲目的に従っている姿を苦々しく思い、反逆するわけです。セバスチャンによって小さい赤ん坊が生贄に捧げられるのを見て、ローザは自分もそのような目に遭うのではないかと脅威を覚えます。セバスチャンという黒い神に盲目になっていた夫マヌエルを解放してやるわけです。

最後のパート。虐殺を生き残ったのは、マヌエルとローザだけです。アントニオ・ダス・モルテスは二人を殺さないのです。彼が、自分の意志や考えではなく、それらを超える何かによって行動していることの証拠です。こうして二人は盲目の吟遊詩人ジュリオに導かれ、コリスコのもとへ行く。彼は最後のカンガセイロとしてそこにいます。セバスチャンの仇討ちを考えるうちに、マヌエルのなかにコリスコへの忠誠心が芽生えていきます。ところが、アントニオ・ダス・モルテスがコリスコを追い詰めていき、一騎打ちの末にコリスコを殺します。この映画の非常に美しいハイライトです。コリスコの演技も素晴らしい。このことによってセルタンに縛り付けられていたマヌエルとローザが、初めて新しい道を見いだすさまがそこに暗示されます。

このように物語には三つのパートがあるわけですが、ここにある闘争の軸は単純なものではありません。農民と地主、抑圧者と被抑圧者、善と悪、弱い者と強い者、

『黒い神と白い悪魔』より、アントニオ・ダス・モルテス

といった単純な二元論では説明できない何かです。一見したところ、表面的には社会におけるる対立軸がどこにあるかは見えてくるのですが、それらは必ずしも物語全体を通して描かれているのではなく、どちらが善でどちらが悪かは分からなくなっています。あえてこの映画の物語に対立軸を見いだそうとすれば、歴史のなかに置かれた人間と、人間の力を超えた何かのあいだに起こる紛争を描いている、とでもいえばいいでしょうか。歴史的な力と神話的な力が対抗し合っている、と言い換えてもいいでしょう。

群衆の盲目性

そういう大きな枠組みを仮定した上で、もう少し詳しく見ていきましょう。まず狂信的なベアート、セバスチャン（＝黒い神）とは何者なのか。映画は、コルデル風の歌から始まります。「マヌエルとローザはセルタンに住んでいた。両手で大地と格闘していた。ところがある日、聖セバスチャンが彼らの人生に宿命のように現われた。彼の眼差しのなかに神が宿っていた……」。この歌が独特のギター伴奏に乗せて流れてきます。歌の意味からいえば、セバスチャンは「黒い神」であるはずなのですが、セバスチャンはコルデルが語る表面的な意味を裏切るように、映画のなかでは悪魔的で暴力的な側面を見せていきます。セバスチャンとその信徒たちは銃を撃ちながら町へ入り、娼婦や教会を襲い、食料を略奪します。そしてなかばヒステリックかつ恍惚となりながら、モンテ・サントと呼ばれる山に登っていく。セバスチャンは神よりも悪魔に近い存在なのですが、それはグラウベル・ローシャが神のなかにある悪魔性を提示しようとしているからでしょう。民衆が抱いている「神」というイメージのなかに、それとは正反対の悪魔的なものを感じ取っている。民俗信仰のなかのメシアニズムでは、救世主なり導師なりがえてして悪魔性を発揮してしまう。そのような文化的宿命がここに描かれているのです。

セバスチャンは自分のことを聖ジョージになぞらえています。『アントニオ・ダス・モルテス』の原タイトルには「邪悪な竜」という語が入っていますが、すでに『黒い神と白い悪魔』で聖ジョージ、すなわち聖ゲオルギオス*の竜退治のモチーフ（古代から中世における神話）が現れているのです。セバスチャンは自分を聖ジョージになぞらえ、自分は悪魔としての竜を退治するのだといいます。このとき竜とは教会、地主、政府を意味するわけです。もともと聖書では竜（＝ドラゴン）は「死」や「罪」の象徴となっており、竜退治の伝説は古代からありました。中世の騎士道物語でも

＊聖ゲオルギオス
聖ゲオルギオス Georgios または聖ジョージは、キリスト教の聖人の一人。伝承によれば、三世紀にパレスチナでローマ軍人の家庭に生まれた。ローマ軍によるキリスト教徒の迫害のなかで逮捕された

最大の物語要素になっています。ローマのゲオルギオスやドイツのジークフリート、あるいはアーサー王伝説といった中世の騎士道物語として、ヨーロッパで広く語られています。中世ヨーロッパのトルバドゥール（吟遊詩人）は、こういった物語を語りながら旅していたのです。

一方では、中世期に竜の紋章が使われ、敵を威嚇するために旗印としても使われていました。『アントニオ・ダス・モルテス』の冒頭には絵の描かれた屏風のようなものが出てきます。あれは聖ジョージが竜退治をしている図像です。竜というのは敵であり悪であり退治すべきものなのですが、それは旗に掲げて敵を威嚇する役目も果たします。ヨーロッパにおいて竜というものの存在が両義的であったことが分かります。そうなると、聖ジョージも単なる正義というわけにはいかなくなります。ある意味では、聖ジョージと竜は交換可能な存在としてあるのです。これらは、二つのどうにも調停しがたい力を表しているに過ぎず、善悪は文脈によっていくらでも変わりうるものの象徴としてあるのです。

また、セバスチャンの集団にはユートピア主義が見てとれます。終末が近づき、救世主キリストが直接地上を統治する至福の「千年王国」が近づいたという、終末論にいろどられたユートピア思想です。『黒い神と白い悪魔』のセバスチャンは、

が、棄教せずに殉教したといわれる。有名なゲオルギオスによる竜退治の伝説は、一一世紀から一二世紀頃のグルジア（ジョージア）で成立したとされ、聖人伝説を集成した『黄金伝説』にゲオルギオスの伝承も収録された。その伝承によれば、カッパドキア（現トルコ中央部アナトリア地方）に悪い竜がいた。人びとは羊を生け贄に捧げていたが、じきにそれもできなくなり、人間を生け贄として差しだすようになった。くじで王の娘が生け贄に選ばれたとき、聖ゲオルギオスが通りかかった。竜を退治するかわりに、ゲオルギオスは異教の村の人たちがキリスト教徒になることを約束させたという。

楽園では花が咲き乱れ、川からミルクを飲み、岩がパンになる、というような予言をします。その上で最後に非常に謎めいた予言をします。「セルタンは海になり、海はセルタンになるだろう」と。この予言はこの作品全体を貫く重要なモティーフとなっています。なぜなら、のちにコリスコも同じ台詞をいうからです。じつはこれは、すでに触れた奥地のカヌードスに立てこもって政府軍と戦ったベアートのリーダー、アントニオ・コンセリェイロが実際に語った言葉です。現実の千年王国的な共同体から生まれた暗示的な言葉の引用によって、事実にもとづいたユートピア運動の歴史をセバスチャンという役柄のなかに込めようとしているのです。セバスチャンは、ブラジルの過去のさまざまなタイプのメシアたちや、ヨーロッパの神話など、歴史と神話と伝説と想像力をまたぐ、いろいろなものの合成体としてあるのです。

ですから、セバスチャンを単に「黒い神」と考えることには無理があり、映画でも彼を神とするような描き方はまったくなされていません。どうしてあのような不可解で暴虐の限りをつくす指導者につき従うのか、という印象の方が強いくらいです。映画自体が彼のカリスマ性を描こうとはしていません。アップで映されるセバスチャンの顔や姿には、慈愛の表情も、聖なる威厳のようなものも、まったくないのです。むしろ映画が提示しようとしているのは、彼に従った群衆の恍惚とする表情であり、忘我の姿です。セバスチャンを描くというよりは、彼につき従う信徒たちの集団的な陶酔の方を映画はより強調しようとしているのです。

ランピオンとコリスコの二重性

次に話題とすべきは「白い悪魔」とされるコリスコです。コリスコはセバスチャンのあとに、マヌエルとローザが従うある種のカリスマになります。マヌエルが初めてコリスコに会ったときの言葉は、「あなたはセバスチャン神父の仇を討つ聖ジョージですね」という台詞です。今度はコリスコが聖ジョージとなり、民衆を食い物にしている政府を討つという構図が映画のなかで示される。コリスコは悪魔というよりは、セバスチャンの生まれ変わりのような役割になっています。マヌエルにとっても新しいセバスチャンとなっています。マヌエルはセバスチャンを捨てたのではなく、セバスチャンにたいする忠誠心をそのまま残した上で、コリスコに乗り換えたのです。マヌエルにとって二者は同列の存在なのです。聖ジョージという言葉がそれを暗示しています。

『黒い神と白い悪魔』より

この映画はあとから台詞をダビングで吹き込んでいるのですが、セバスチャンとコリスコの声は同じ人物によって語られています。コリスコ役を演じた名優オトン・バストスですが、彼はコリスコとして素晴らしい演技をしています。しかも彼はセバスチャンの声も担当しているので、観る者は二人の声のなかに同質のものを感じ取らざるをえなくなるようにつくられています。バストスは『アントニオ・ダス・モルテス』のなかでも重要な役を演じます。アントニオ・ダス・モルテスと共に悪徳地主たちを倒すプロフェソールと呼ばれる人物(じつはセバスチャンという名前)を演じているのがバストスです。

ともかくセバスチャンとコリスコにはいろいろと共通性があり、善なのか悪なのか分からないものを体現しています。神であり悪魔であり、同じ予言の言葉を吐く。二人とも自分たちの正義のために暴力を働く。けれども二人には違いもあります。セバスチャンは正面から描かれずに、高いところから垂直的に彼と彼の信者が撮影されています。最初に彼が登場するシーンは、空から撮影したセルタンの荒野を歩いているセバスチャンの周囲を人びとがつき従うシーンです。モンテ・サントという山を登ったり降りたりする。これも立体的な動きです。反対にコリスコはセルタンの大地にはりついた人間として描かれていて、カメラも地上に立って正面から撮っていきます。描写の仕方がまったく異なるのです。また、セバスチャンの視線はいつも彼方を眼差しています。それにたいして、コリスコはセルタンの荒野をあてどなく徘徊している。

コリスコはセバスチャン的なものの復活でもあるわけですが、同時にランピオンという伝説的カンガセイロの生き返りという側面も持っています。映画の設定では、ランピオンは数日前に殺されたことになっています。コリスコはランピオンの手下で、仲間割れして出てきたのですが、同時にそれはランピオンを受け継ぐということでもあります。コリスコは台詞のなかでも、ランピオンが自分のなかに生きていることを盛んに強調します。自分がランピオンとコリスコという二重性を抱えていることを自覚しています。バストスの演技が非常に素晴らしいのは、彼がコリスコのなかにあるこのランピオン的部分を演じ分けているからです。ランピオンはカンガセイロの英雄ですが、俗っぽいコリスコがときにランピオン的な神々しさを見せる部分を、バストスは巧みに演じ分けています。ここが見事なところです。

『黒い神と白い悪魔』より

「土地は人びとに属する」

いうまでもなく物語の背後には「死と再生」というテーマがあります。「再生」を暗示するいろいろな場面があります。マヌエルはコリスコに会ってサタナス（悪魔）という一種の洗礼名をもらいます。この物語では、神と悪魔という記号が行ったり来たりしています。誰が神なのか悪魔なのか判別できない状況になり、単純な二項対立が混沌とした状況に突き落とされていきます。悪魔という名前をもらったマヌエルは、コリスコと共に、若い農場主の家に侵入して略奪をします。片手に十字架、片手に短剣を持ったシーンが何度も出てきます。これはモンタージュのような技法で、同じようなシーンが何度も違う角度から繰り返されます。片手に宗教、片手に暴力を象徴するものを持って、いわば宗教と暴力の隠れた共通性を暗示するわけです。日本語字幕版ではカットされていますが、農場主の家で結婚式をあげるシーンがあります。そこにまさに悪魔となったマヌエルが、花嫁の目の前で花婿の体を傷つけるマネをする場面もありました。

ところが、このシーンのあと、コリスコは再びマヌエルをサタナスではなく、マヌエルと呼ぶようになります。マヌエルがマヌエルに戻るのです。コリスコが殺し屋アントニオ・ダス・モルテスに追われていることを知り、逃げ道が全部塞がれたことを知って、自分の死というものを覚悟したあたりから、サタナスであったマヌエルがマヌエルに戻る。サタナスであったマヌエルが死んで、もう一回マヌエルが再生することになります。同じときに妻のローザのなかにも、大きな出来事が起こっています。農場主の結婚式に一味が侵入する場面で、ローザは黒いスカーフをつけていましたが、農場主の花嫁の白いヴェールを奪ってかぶります。これは映画のなかでも非常に儀礼的な場面で、もう一度、ローザが花嫁としてよみがえることを意味します。そのあと、ローザは死を覚悟したコリスコと、セルタンの荒野のなかで抱き合います。そして「あなたの子供が産みたい」とコリスコにいいます。するとコリスコは「自分はヨゼフである」と予言めいた台詞をいいます。つまり、ここにはヨゼフとマリアの物語が登場するわけです。マリアの処女懐胎の話です。

それからしばらくして、最後のシーンでマヌエルはローザともう一回やりなおそうと決意して、ローザにたいして子供をつくるのだといいます。「ええ、子供ね」とローザは答えるのですが、彼女の目線はマヌエルの方を見ていない。遠くを見つめている。そのとき、ローザがつくるといっている子供は、マヌエルの子供ではなくコリスコの子供であることが暗示されています。コリスコの子という以上に、彼

『黒い神と白い悪魔』より

は自身をヨゼフになぞらえているわけですから、コリスコを媒介にして、ローザはマリアとして救世主イエス・キリストを生むということです。それがコリスコの子であるとすれば、再び邪悪な竜を退治する聖ジョージを生む、というふうに考えることもできます。彼女が生む子供はカンガセイロになるのか、ベアート（メシア）になるのか、それとも、新たなアントニオ・ダス・モルテスなのか……。

アントニオ・ダス・モルテスはコリスコを討つことで、自分のミッションを果たします。アントニオの行為は、それ以降、無目的化していきます。ほとんど宿命によって突き動かされているアントニオがいる。彼の最後の台詞は「土地は人びとに属する。神のものでも悪魔のものでもない」というものです。その言葉を待っていたかのようにして、マヌエルはセルタンの荒野の上を走りはじめます。マヌエルの非常に印象的な疾走のシーンで、再びカメラは上から空中撮影のようにして追いかけていきます。神、悪魔の両方の神秘の力から解放されたマヌエルがどこかに向かって決然と走り出してゆくのです。

セルタンが海になる

最後に謎のシーンがあります。マヌエルが走っていく先に何があるのか。マヌエルはそれを見届けるわけではありません。が、突然画面が変わって、海が現れる。これはマヌエルが海にたどり着いたことを意味しません。セルタンは何千キロも内陸に入った土地です。ですからあれはリアリズムのシーンではない。むしろ、あえていえば、カメラが海にたどり着いたというべきでしょう。あるいは、映画が砂漠から海にたどり着いた、と。マヌエルが新しい人生の意味を発見し、新しく生まれ変わったという教訓をこの物語から受け取ることは、おそらくできません。最後のシーンはマヌエルの解放そのものではない。映画だけが海を描写したのです。それはセバスチャンやコリスコの予言でもあったわけですが、「セルタンが海にになる」という予言を暗示するシーンです。マヌエルは確かに最後にマヌエルとして再生し、神秘の呪縛から解放され、そのエクスタシーの爆発によって走っていく。セバスチャンにつき従っていたときよりも、遥かに自由なところに向かって動き出している。そうした緊張感が、最後の場面を支えているのですが、そこに大きな結論や解決はありません。しかし、「死」「変身」そして「再生」の力が映像に漲っている。こういう終わり方をした『黒い神と白い悪魔』が、新しいテーマを宿しながら続編というべき『アントニオ・ダス・モルテス』に引き継がれていくのです。

『黒い神と白い悪魔』より

「トロピカリズモ」に変容してゆく「シネマ・ノーヴォ」

最後に、『黒い神と白い悪魔』から『アントニオ・ダス・モルテス』に至るあいだ、すなわち一九六四年から一九六九年のあいだにブラジル社会で何が起こっていたかを、次章への準備として簡単に概観しておきましょう。なぜなら、それがこの作品を考える上での鍵となるからです。ひとつには映画的技法が進化している。『黒い神と白い悪魔』から『アントニオ・ダス・モルテス』になって白黒からカラーになり、まったく印象が違うものになった。セルタンの荒涼とした風土というものは、もちろん白黒の抽象化された映像でも伝わるものがありました。しかし、カラーだと荒野の生々しい風景というものが圧倒的な迫力でせまってきます。『黒い神と白い悪魔』の頃には、ローシャ自身がカメラを持って盛んに動き回っているように感じましたが、『アントニオ・ダス・モルテス』になると少し動きはおとなしくなっている。独特のモンタージュ手法や、同じ場面をくり返し撮るような特徴には変わりはありませんが、カメラワークにはある種の成熟が見られます。

これと関係するのですが、この五年のあいだに、シネマ・ノーヴォという映画運動自体がある程度の民衆の支持を獲得します。つまり、きわめて実験的な手法を用いて、観客が入るかどうかはほとんど無視してつくられたドス・サントスやローシャの初期の作品に比べると、シネマ・ノーヴォがある意味では成熟し市場化していきます。そうなると大衆性が要請されて、ここから出てきたスタンダードに自らを合わせていく必要性が、この五年間で暗黙の内に生まれてきている。もちろんローシャはそのようなものに迎合していくタイプの監督ではありませんが、製作部などの力が強まっていますから、前作よりは物語を物語る過激さみたいなものは弱まっている。『黒い神と白い悪魔』には誰も分からなくてもいいという、監督の突き放した潔さのようなものを感じますが、『アントニオ・ダス・モルテス』は違います。

要するに、初期の理念が挫折していったのです。「手にはカメラ、頭にはアイディアを」といってローシャはセルタンへ出て行った。彼は「飢えの美学」ということをいい、民衆が持つ絶望的な社会的リアリティというものからしか、映画的な美学やアクチュアリティはつくれないと提唱した。すでに、ローシャが『黒いオルフェ』を匿名で批判したことには触れました。彼はあの頃、まだ若い批評家でしたが、『黒いオルフェ』はリオのファヴェーラの現実を美化しロマン化している、と批判した。そういう初期の理念が、少しずつ変わらざるをえなくなったのです。この時期、ブラジル自体は一九六四年のカステロ・ブランコによる軍事独裁政権成立によって大衆への抑圧的な政策が強まりました。ですが、一方で社会自体は経済成長の軌道に乗ったため、民衆にたいして「飢えの美学」を迫る手法が現実に対応しきれなくなっていました。もっと複雑な手続きが必要になってきていたのです。そういった状況がブラジル社会に生まれてきていた。『アントニオ・ダス・モルテス』には、ローシャの挫折感が漂い、それが映像全体を貫くひとつのトーンをかたちづくっています。『黒い神と白い悪魔』にあった戦闘性や確信は薄れ、ローシャのなかでさまざまな迷いや葛藤、そしてそれに由来する複雑な表現手法が芽生えだすのです。

つまり、このような歴史を経過することで、シネマ・ノーヴォは「トロピカリズモ」と呼ばれることになるブラジルの新しい芸術運動に変容していくのです。それはまず音楽を主たる舞台として起こった運動でした。音楽ではボサノヴァが五〇年代後半に生まれ、六〇年代半ばにはロックの影響も受けてより政治化されたトロピカリズモの文化運動に変わっていく。映画においても、『アントニオ・ダス・モルテス』はトロピカリズモ系の作品に移行しています。これから議論してゆく『マクナイーマ』や『私の食べたフランス人』は明らかにトロピカリズモ系の作品です。その特徴をひとことで言えば、非常に演劇的、寓話的です。真実を語るのではなく、寓話や演劇的な仕掛けに託して現実を暗示していく。そういったものに変わります。パロディ、諧謔といったものが浮上してくる。荒々しいリアリズムと現実描写を用いた初期のドス・サントスやローシャ的ではない、荒唐無稽な喜劇や幻想的・諧謔的な作風になっていきます。その始まりが『アントニオ・ダス・モルテス』という作品なのです。これはローシャが撮った最初の「ドラマ」としての映画です。ブラジルにおけるもっともオペラ的な映画だともいわれています。

一九六四年の軍事クーデタ以後、八五年に民政に移管して総選挙が行われるまで、ブラジルは軍政がしかれています。『黒い神と白い悪魔』がつくられた六三〜六四年には、まだ軍事独裁政権によるプレッシャーがそれほどなかったのですが、六〇年代後半になると強まっていきました。軍政は、都市の労働組合と地方の農民組合という二つの民衆の政治拠点を崩壊させました。これらの政治組織を弱体化させ、非政治的な生活相互扶助組織に格下げしていきました。これが功を奏し、軍事政権は反乱の火種を消していき、外資をどんどん導入して経済成長を成し遂げました。表面的にはブラジルが経済成長していきます。こうなると、シネマ・ノーヴォ初期の左翼的な理念というものは崩壊していき、六〇年代後半には、革命にたいする新たな理念をつくらざるをえなくなってきます。民衆は何にたいして抵抗しなくてはならないのか、対立の構図は変わってゆくのです。

『アントニオ・ダス・モルテス』では、アントニオはただの殺し屋ではありません。以前は神や悪魔と対立していた。ところがもはや彼は殺し屋という自分の宿命から脱出して、ドナ・サンタという巫女の信徒として彼女につき従うようになる。アントニオはジャグンソという殺し屋の身分を捨てて、カンガセイロあるいはベアートたちの方に自分の軸足を移そうとする。これが『アントニオ・ダス・モルテス』の基本的な構図です。そこで先ほど話したローザの子供の話が出てきます。ローザは、いったい何を再び生み出そうとするのか。カンガセイロなのか、ベアートなのか、あるいはアントニオ・ダス・モルテスなのか。『黒い神と白い悪魔』の謎の問いは、『アントニオ・ダス・モルテス』においてひとつの答えを示唆してくれるのです。

『黒い神と白い悪魔』が描いたのは、セルタンにおける神話的で伝説的な風景と、コルデルの民謡によって結ばれていく一種の「無時間」です。歴史的な時間を超越したような伝説的な風景のなかで、人間の運命が翻弄されていってしまう、そういう世界です。ところが、『アントニオ・ダス・モルテス』という映画は、明らかに現代という歴史上の時間へと一歩踏み出そうとしています。次章で詳しく触れますが、都会に通じるバスが走っている道路にアントニオは惹かれていく。また荒野に戻りますが、道路の周囲をうろうろしている。この街道の風景こそが、村が都会と繋がり、文明と繋がり、いわば資本主義的な時間というものと繋がっているポイントです。アントニオ・ダス・モルテスもプロフェソールも、そこに近づいては離れ、近づいては離れを繰り返します。ここでは、神話的な時間、無時間のなかにあったものが、歴史的な時間のなかに置き直されている。先ほど触れた「トロピカリズモ」のような新しい文化運動も、この「現代」という複雑な時空間に入っていくための戦略を、音楽や映画がどのように構築していくべきか、という模索のなかで生まれてきた運動だったのです。

『黒い神と白い悪魔』は、民衆の生きる場から社会変革をめざしたシネマ・ノーヴォの頂点をなす作品であるとともに、このラディカルな運動が変質してゆく、まさに崖っぷちに屹立する傑作でした。

VIII

アントニオ・ダス・モルテス

映画は奥地セルタンの神話世界に別れを告げた

演劇性と象徴性

グラウベル・ローシャの『アントニオ・ダス・モルテス』は、『黒い神と白い悪魔』の五年後に撮られた作品です。ポルトガル語の原題は「邪悪な竜に対する聖なる戦士」。前作もそうでしたが、この映画も「聖ジョージと竜」というテーマを引き継いでいることがタイトルからも明らかです。確かに『黒い神と白い悪魔』と『アントニオ・ダス・モルテス』は、セルタンというその舞台においても、またその主題においても一種の連作といえますが、この間にローシャは監督として、ブラジルの政治社会への寓意に満ちた傑作『狂乱の大地』という、まったくテーマや設定を異にする映画も撮っています。ですから、ローシャにとってこの二作は、通常いわれるような意図的な「連作」では必ずしもなく、また「姉妹編」の関係にあるものでもありません。ただ、ローシャはここで再び、彼の精神的な核を形成する北東部の民俗世界に立ち返って、ブラジルの現実を神話的な視点から考察してみようとしたので

『アントニオ・ダス・モルテス』*O Dragão da Maldade contra o Santo Guerreiro* 監督・脚本・美術：グラウベル・ローシャ／出演：マウリシオ・ド・バーレ、オデッチ・ララ、オトン・バストスほか／ブラジル／一九六九年

『黒い神と白い悪魔』に続いて「紐の文学」の伝説的な人物であるアントニオ・ダス・モルテスが登場し、聖ジョージの伝説が作品を貫くモティーフになっている。ブラ

しょう。ですが、ローシャの映画的手法もこの五年のあいだに大きく変わりました。明らかにより演劇的な演出になっています。『アントニオ・ダス・モルテス』はしばしば批評家によって「オペラティック」な作品と形容されます。カンヌのような国際映画祭でも賞をとりました。海外におけるこの作品の人気の高さの理由には、この作品が持つオペラ的な演劇性があるといえるでしょう。

もうひとつ『アントニオ・ダス・モルテス』において特徴的なのは、いろいろなシンボルをうまく使っていることです。カラー作品になったので、色による象徴的な表現ができるようになりました。冒頭にパレードのシーンがあり、アントニオ・ダス・モルテスが銃を抱えて登場します。ブラジルの国旗に使われる緑と黄色で彩られたパレードの民衆がいて、そこに赤と白のパレードが侵入してきます。これは工業社会の暗示になっており、民俗的な世界のなかに新しく産業化されたブラジルが入り込んでくることを象徴しています。色彩やカメラワーク、個々の人物の描写などを象徴的に使いながら、ブラジルという国家や歴史や民衆の文化表現に映画がアプローチしようとしているのです。そういうシンボル操作という特徴を『アントニオ・ダス・モルテス』という映画は持っています。

ジル北東部に広がるセルタンの荒野にある、小さな町が舞台。大地主でこの町の権力者である大佐は、ドナ・サンタという女性が率いる農民たちの狂信者（ベアート）や、義賊的に跋扈するカンガセイロの集団を制圧するために、殺し屋のアントニオを雇い入れる。アントニオはカンガセイロに強い執着を抱いていて、子分たちを率いるコイラナという男が本当の義賊なのか見極めようとしていた。アントニオは決闘でコイラナを倒すが、権力に執着する大佐とその情婦、警官、教授、牧師といった町の権力者たちの腐敗した姿を見るうちに、自分が倒す敵を間違えたのではないかと疑念を抱く。そのうちに、大佐と警官たちは狂信者となった農民たちを虐殺してしまう。

聖ジョージと竜

物語は、前作に引き続き「聖ジョージと竜」をテーマに語られます。まず冒頭のタイトルバックの部分で、聖ジョージと竜の祭壇画が描かれているところから始まります。物語のなかでもくり返し語られていますが、最後のハイライト、馬に乗ったドナ・サンタとアンタンと呼ばれる黒人のベアートの一人が、オラシオという憎き大地主の老人を槍で突き刺すシーンも、聖ジョージの竜退治の再現になっています。その後、エンドタイトルでも聖ジョージの祭壇画が出てきます。聖ジョージと竜のモティーフが映画の全体を貫いていることは、そうした単純な構造からもはっきり分かります。

前作の『黒い神と白い悪魔』と比べたとき、『アントニオ・ダス・モルテス』のほうが、聖ジョージと竜のテーマを二元論的に語ろうとしていることが分かるでしょう。『黒い神と白い悪魔』では善と悪、強い者と弱い者、神と悪魔といった単純な二元論を捨てて、それらが混ざり合っている状況が描き出されました。『アントニオ・ダス・モルテス』では原タイトルからも分かるように二元論が復活していますが、ここでいう二元論とはそれほど単純なものではなく、水準が違うものとして現れています。原題は「邪悪な竜に対する聖なる戦士」。しかし、『アントニオ・ダス・モルテス』では「聖なる戦士」になぞらえられるのは人民であり、カンガセイロであり、神秘主義的な民衆のカルトであるベアートたちであり、アントニオ・ダス・モルテスです。『黒い神と白い悪魔』において、黒人司祭のセバスチャンやカンガセイロのコリスコといった人たちは「邪悪な竜」として、「戦士」であるアントニオ・ダス・モルテスに殺される側でした。そういった人物類型が、この作品ではむしろ「聖なる戦士」の側に立っています。『アントニオ・ダス・モルテス』では、邪悪な竜とは資本主義であったり、土地を牛耳っているオラシオのような権力者であったりします。二元論といっても以前とは水準が違い、社会の現実的な成り立ちという視線が入り、そのなかで善悪の二元論が使われています。前作では社会のなかの資本主義的な状況に関する言及はありませんでした。社会がどのようなかたちで権力者に権力を与え、弱者を抑圧しているか、という社会学的な視線は表面には現れなかったのです。

前作からの「復活」

前作と比べて『アントニオ・ダス・モルテス』の大きな特徴に「復活」ということがあげられます。二元論が復活したといいましたが、それは違う水準においてのことでした。『黒い神と白い悪魔』に登場した個々の人物がこの映画においてそれぞれのかたちで復活します。いったん死んだあと、この映画でもう一度生まれ変わっているのです。『黒い神と白い悪魔』から『アントニオ・ダス・モルテス』における復活を具体的に見てみると、アントニオ・ダス・モルテスは同じ人物として復活しています。前作でコリスコを倒し、殺し屋《ジャグンソ》としての仕事を成し遂げました。しかし、そこには問題があります。彼が殺し屋としての仕事をやり終えて、最後のカンガセイロといわれるランピオンとその手下であるコリスコを片づけたので、カンガセイロはいなくなってしまいました。ところが、今回の映画でもカンガセイロらしき人物が現れるところがポイントです。コイラナと呼ばれる人物が本物のカンガセイロなのか否かが、この物語において問題になっていきます。

前作における黒人司祭のセバスチャンは、白い衣服を身につけた無垢に見えるドナ・サンタ（聖女という意味）として復活します。彼女が狂信者の集団を率いているのです。彼女はほとんど通常の会話というものをしません。常に神がかり状態で、神の託宣のようなものを比喩的な言葉で語るだけです。この白いドナ・サンタとアンタンと呼ばれる黒人司祭のコンビが、セバスチャンの復活としてこの映画に登場します。もうひとつ気になるのは、セバスチャンという名前のプロフェソールですね。後半になるとドナ・サンタやアンタンと一緒になって、大佐と呼ばれる老人と戦うことになります。このプロフェソールのなかにも、セバスチャンの復活の図式はあるのだと思います。

前作で死んだカンガセイロのコリスコは、『アントニオ・ダス・モルテス』では、アントニオと決闘して死んでいく義賊らしき男、コイラナとして復活しています。コイラナはランピオンの復讐を企てています。自分が義賊の系譜のなかにおり、義賊として復讐を完結させようとしています。その意味で、彼はランピオンの復活した姿といっていいのかもしれません。前作においてランピオンは登場していませんが、ある意味ではコリスコがランピオンの分身でした。コリスコを演じたオトン・バストスという俳優が『黒い神と白い悪魔』ではセバスチャンの声も担当していたのですが、バストスは今回、プロフェソールと呼ばれる町の先生の役で登場します。つまり、コリスコ役だった人物が新たに先生役で出てくるのです。コリスコはコイラナとして復活しているだけでなく、プロフェソールのなかにも復活していることになります。復活の図式が少し複雑ですけれど、いろいろな人物のこだまが、今回のさまざまな登場人物のなかに投げかけられていくという構造があるのです。

それから、前作の冒頭でマヌエルによって殺される農場主であったモライス大佐は、民衆の敵であったわけですが、これとほぼ同じような社会的構図のなかで描かれているのがオラシオという人物です。非常に権威的で強欲な老人です。やはりコロネル（大佐）と呼ばれています。中南米の多くの国々のように軍事政権を長く経験し、軍の重要な地位をえた人間がいまも幅をきかせているところでは、コロネルという称号は軍における階級の名前である以上に、社会的権威と力を象徴する敬称として流通しているのです。単なる敬称というだけでなく、非常に強い権威と独裁的な力を象徴する言葉です。コロネルと呼ばれる人間が軍のなかでみな大佐の地位にあったかというと、そうではない場合も多々あります。つまり、ある人物が旧弊な権威的社会制度を引きずりながら、地方でボスとして君臨する場合に自らをコロネルと呼ばせたりするのです。そうやって自分の権威を高めていく。これは中南米で共通して見られる現象です。コロンビアの作家ガルシア＝マルケス*の小説世界にも、コロネルと呼ばれる人物がしばしば出てきます。ほとんどが引退し、権力なり

＊ガブリエル・ガルシア＝マルケス Gabriel José de la Concordia García Márquez（一九二八－二〇一四）

地位なりを称号によって守ろうとしている地方ボスのような人物です。

ここでは、オラシオの補佐役のマトスという人物が、かなり重要な役として出てきます。さらにオラシオの情婦であるラウラという中年女性がいて、マトスとの間に複雑な関係があります。マトスはオラシオの補佐をしていますが、考え方はまったく違います。オラシオは古い制度のなかでやっていこうとしていますが、マトスはセルタンに工場を誘致し、外資を導入して近代的な産業を興そうとしています。それはオラシオには理解できないことで、補佐役だとはいってもマトスはオラシオと潜在的に激しく対立しています。その間にいるのがラウラという女性で、表面的にはオラシオの情婦として振る舞っています。地方で自由に振る舞うためには地方ボスの情婦になる、これが唯一の生き残り策でしょう。一方で、ラウラはマトスと一緒に違うところでまったく新しい生活をしてみたいとも考えていて、マトスにオラシオを殺すように唆したりもするわけですが、マトスはそれだけの勇気はない腰抜けで、そのことにラウラは失望します。その後物語は、マトスがラウラを殺してしまうというかたちで展開していきます。このように欲望と感情と自尊心がドロドロに絡まった関係がこの三人にはあるのです。

ざっと見ただけでも、これだけの人物が『アントニオ・ダス・モルテス』において

コロンビアの小説家。コロンビア北部のカリブ海に面した地方で貧しい家庭に生まれた。若い頃はベネズエラ、ローマ、パリ、キューバ、ニューヨークなどを転々としながらジャーナリストとして働く一方で、映画評論を書き、映画の製作に携わっていた。一九五五年に短篇集『落葉』、一九六一年に長篇小説『大佐に手紙は来ない』を発表。一九六七年には、幼年期に預けられた祖父母が語ってくれた土地にまつわる噂話や民話や伝承を元にして書いた『百年の孤独』を発表して一躍世界的に評価を高める。その特異な世界観と語り口によって「マジック・リアリズム」ムーヴメントの代表的作家と目され、フリオ・コルタサル、バルガス・リョサらと共に、六〇年代後半から七〇年代にかけての世界的なラテンアメリカ文学ブームを牽引した。一九八二年にノーベル文学賞を受賞。

復活を遂げています。単純に前作『黒い神と白い悪魔』の役柄をそのまま引き継いで復活しているというわけではありません。何がどれだけ違っているのでしょうか。すぐに気がつくのは、前作においてセバスチャンとコリスコはネガティヴな力の象徴として、アントニオ・ダス・モルテスの手で殺されました。この二人が、本作ではドナ・サンタ、アンタン、プロフェソール、コイラナとして、いってみればポジティヴな力としてよみがえっています。社会を新しく切り開いていくための肯定的な力として描かれるのです。そこが前作のセバスチャンとコリスコとは違うところです。同じことが狂信者《ベアート》たちについてもいえます。『アントニオ・ダス・モルテス』では、最初から最後までベアートたちが、いろいろなところへ移動する行動が描かれます。ドナ・サンタはカトリック的な神秘主義の宗教感覚を示し、アンタンはアフリカ的な宗教を示します。その混合体のようなものがポジティヴな力を持ったものとなっているのです。アントニオ・ダス・モルテスもその人びとにつき従います。最後にオラシオとその部下に信者たちは虐殺されてしまい、ドナ・サンタとアンタンだけが生き残りますが、信者たちもポジティヴなものとして描かれています。そういう大きな違いを、こういった構図のなかから直感的に感じることができると思います。

「フレーミング」と「イデオロギー」

それでは映画の流れを追いながら、順に見ていきたいと思います。まず冒頭のシーン。何もないセルタンの荒野が映し出されます。これは前作では空撮でしたが、本作では地面で撮った固定された画です。セルタンの荒野のフレームの外で、銃の音だけが聞こえてきます。そして、アントニオ・ダス・モルテスがフレームを横切り、続いてカンガセイロらしき人物が彼に撃たれたのか、断末魔の叫びをあげて画面に登場します。映像のどこを切り取るかが、映画における「フレーミング」の技術です。しかし、フレームの外でも何かが起こっているのです。従来の映画はある物を切り取り、そのことによってある種のイデオロギーを表現した。つまりフレーミングというのはイデオロギーであるという考え方です。映画は観客に何かを注目させ、その像に視線を集中させる。それがフレーミングの機能です。たとえリアリズムの映画であっても、現実のどの部分を切り取ってみせるかで、ある種のイデオロギーを持つことになります。そのことを冒頭のシーンで、ローシャはいおうとしています。つまり、映画は必ずしも起こっていることを見せているわけではない。あるいは逆

『アントニオ・ダス・モルテス』より、冒頭に登場するアントニオ

にいうと、フレームのなかで起こっていることが本当に起こっていることと考えるのは、映画の持つイデオロギーそのものに観ている側が引きずられている、ということになります。映画的な視線というものの政治性をローシャはここで明確に語っています。これは物語とは直接関係ないことですが、ローシャがあいかわらずカメラの技法に自覚的であるということのひとつの例です。

浮上する「歴史性」

ここで前作に引き続き、アントニオ・ダス・モルテスが登場し、同じコルデルの歌がバックに流れます。「殺し屋　アントニオ・ダス・モルテス　カンガセイロの殺し屋　アントニオ・ダス・モルテス」という特徴的なコルデルの歌です。物語の神話的なレベルで、カンガセイロの伝説が再び浮上してくるように見えます。ところが、この作品の大きな特徴は、神話や伝説のレベルで物語が完結しないことです。前作の『黒い神と白い悪魔』では、カンガセイロとその殺し屋のあいだの宿命的な一騎打ちの伝説（神話的世界）のなかで物語は完結していて、外の世界への視線というものはほとんどありませんでした。最後に海のシーンが出てきて、大きな断絶を感じますが、セルタンの奥地におけるコルデルの口承的な文学が伝えてきた伝説の世界で物語はほぼ完結しました。ところが今回は「歴史の侵入」があります。ここでいう歴史とは何か？　たとえば前出のマトスはセルタンを工業化し、資本主義世界を荒野に導入しようとしています。これは神話的世界から、はっきりと現代的なブラジル社会への移行の視点が入ってきています。オラシオという人物も古い地方的な制度にしがみついている人物ですが、しきりと「原爆がすべてを台なしにしたんだ」といいます。これは核という現代のテクノロジーにたいする非難の言葉です。オラシオはそのことによって、この物語のなかでわれわれに歴史というものを意識させます。このような要素は前の作品にはなく、歴史性は『アントニオ・ダス・モルテス』において初めて浮上してきたものだといえます。

さらに特徴的なのが、プロフェソールが子供たちを集めて授業をしているシーンです。「ブラジルの発見は何年？」と聞いて「一五〇〇年」と子供たちに答えさせ、それを復唱させます。「ブラジルの独立は何年？」「一八二二年」、「奴隷解放は何年？」「一八八八年」、「ブラジル共和国の誕生は何年？」「一八八九年」、そして「ランピオンの死は何年？」「一九三八年」という具合に続くシーンがある。これはとても象徴的なシーンです。つまり、一五〇〇年のブラジルの発見から一八八九年のブラジル共和国の誕生まで、近代のブラジルの歴史の延長上に一九三八年の「ランピオンの死」という伝説の物語が、きっちりと歴史化されているのです。確かにランピオンの存在は史実ですが、カンガセイロの歴史はコルデルなどの口承的な媒体を通じて、人びとの間に伝説として広まっていくことで知識となっていったものです。つまり、ランピオンたちの出来事を、歴史として取り扱うレベルと伝説として取り扱うレベルは少し違うのです。ここでは、プロフェソールはランピオンの死の年代を、ブラジルの近代史の延長上に明確に位置づけています。これは、前作『黒い神と白い悪魔』において神話や伝説のなかで完結していた物語を歴史の時間に向けて開いていく、と映画が宣言していることを意味します。

このように、この映画にはいろいろなかたちで歴史性が侵入してきています。マトスはアントニオ・ダス・モルテスを呼び寄せて、コイラナという新たなカンガセイロが現れたから暗殺してほしい、と依頼します。これはどういうことか？　マトスはアントニオにたいし、再び殺し屋《ジャグンソ》としてカンガセイロの神話、伝承の世界にもう一回入ってくれ、と要求しているわけです。歴史を離れて神話に戻るように要請している。ところが、アントニオ・ダス・モルテスはこれを拒否します。まずは、コイラナが本当にカンガセイロなのか、自分の目で確かめたいということがあります。それ以上に、アントニオは最初に都市のパレードのシーンで登場した上に、何度もこの作品のなかでバスの走っている街道まで出て、外の世界との繋がりのなかで自分を位置づけ直そうと振る舞います。ラストシーンもそうです。アントニオは自分が殺し屋として神話的世界へ戻ることを、この映画のなかで拒否しようとしているのです。だから、マトスの依頼も拒否し、金のために殺し屋をすることもありません。歴史と神話の絡み合った自身の新しい運命を切り開こうとするのです。彼は以前とはまったく違う意識を持った存在になっています。前作でこんなことをアントニオはいっています。ランピオンを討ち取ったとき、その前にカンガセイロにならないかとランピオンからいわれていた、と。アントニオはそれを拒否して、殺し屋として自分の宿命を生きる選択をしたわけです。本作ではさらに殺し屋としての宿命も拒否しようとします。そのことによって、カンガセイロの神話の世界から外へ出て、歴史の世界に自ら入っていこうとするのです。このあたりが、この作品が持っている社会性や歴史性の側面として、とりわけ重要な部分だといえるでしょう。

演劇的な戦い

そう考えると、ますますいろいろなことが分かってきます。はじめに『アントニオ・ダス・モルテス』は演劇的な映画だといいましたが、それはアントニオとコイラナの決闘のシーンによく表れています。アントニオは殺し屋としての宿命に再度踏み込むことを拒否する一方で、コイラナに関しては「彼が本当にカンガセイロなのか？」と興味を持っています。そしてコイラナと町の広場で対面し、決闘します。しかし、この対決のシーンは前作のアントニオとコリスコの対決のシーンとは、まったく異なるものです。非常に演劇的であり、いってみれば決闘ではなくて、演出されて振り付けされた、剣を持った踊りのようなものです。お互いを殺そうというリアルな欲望によって、あの決闘がなされているとは到底思えません。むしろ演劇的なダンスなのです。実際に、あのような決闘や戦いをモティーフにした演劇的なダンスは中南米全体に広く残っています。ブラジルの奥地の村にも、あのようなダンスがたくさんあります。征服者と被征服者のあいだの戦いというかたちで模擬的な民俗ダンスが行われることもあれば、キリスト教徒が異教徒と戦うという文脈で祭のなかでダンスが踊られることもあります。いずれにしてもラテンアメリカの

『アントニオ・ダス・モルテス』の決闘シーン

歴史を映し出すような二項対立の関係を設定した上で、その両者が模擬的で演劇的な戦いをするという踊りを持ったお祭りがたくさんあるのです。アントニオとコイラナの戦いは、そのひとつのレパートリーのようなものです。

アントニオとコイラナのあいだでは、リアルに決闘する理由や、神話世界のなかでつくられてきた敵対関係は、すでに解消されているのです。アントニオは現実の歴史のなかに踏みこんでいます。一方で、コイラナは民俗世界のなかでしか生き残れない宿命のなかにいますが、カンガセイロとしてのカリスマ性に欠けています。伝統的なカンガセイロはパワーとカリスマを全身に漲らせているような存在です。だからこそ、ランピオンのように民衆のヒーローになるわけです。コイラナは屈強にはほど遠く、威厳もなく、民衆の一人にすぎません。あまりにもコイラナは民衆を背負いすぎています。カンガセイロは民衆世界から神話世界へと出ていった存在である、と以前述べました。そのような出自がカリスマ性を獲得し、義賊として民衆の英雄になっていくのです。しかし、もはやコイラナはそういう特別なものを発揮するには、あまりにも民衆そのものでありすぎます。つまり、コイラナは伝説のなかで生きる存在ではなく、むしろブラジル奥地の貧しい日常のなかで必死に生きている名もなき民衆そのものなのです。

そう考えると、アントニオとコイラナは敵対関係どころか、意外に近いところにいるともいえます。どちらも伝説のなかでカリスマを発揮することができず、いわば歴史のなかの民衆的な場所に降り立とうとしています。アントニオとコイラナは相互に分身だといってもいいくらいに近い存在です。あの演劇的な踊りは戦いというより、お互いがお互いの分身であることを示す象徴的な儀式であるともいえます。結果として、アントニオはコイラナを倒しますが、前者が勝利し、後者が敗北したという感触はありません。このときから、アントニオがはっきりと考え方を変えて回心し、民衆の方へ、信者たちの方へ近づいていきます。民衆に共感し、アントニオは聖ジョージの側に入っていくのです。アントニオの回心が起こると同時に、彼を殺そうとする新たな殺し屋が出現します。マタ・ヴァカ Mata Vaca と呼ばれるオラシオ大佐が新たに雇う殺し屋です。“Mata Vaca”とは、“Matar”が「殺す」こと、“Vaca”が「牛」のことですから、「牛殺し」という名前を持った殺し屋のことです。この殺し屋を使ってベアートたちを倒し、アントニオを殺そうとします。アントニオが殺し屋を完全にやめたとき、また新たな殺し屋がマタ・ヴァカとして復活しているのです。マタ・ヴァカがベアートたちを虐殺するわけですが、最後にアントニオがマタ・ヴァカを殺します。ある意味では、アントニオは殺し屋としての過去の自分を始末するのです。マタ・ヴァカ（牛殺し）という名前もよくできていて、もはやアントニオ・ダス・モルテスの形骸のような殺し屋は、「牛殺し」程度のものになり果てているという意味が込められています。かつてのアントニオのようにカンガセイロ殺しとしての栄光を求めるすべもなく、伝説の世界から完全に日常の世界へ移ったところでは、カンガセイロ殺しは存在しえず、それは牛殺し程度のものにすぎないというのです。マタ・ヴァカという名前は、この映画の持っているいろいろなアレゴリー（寓意）のひとつのあらわれです。

神話・歴史・アレゴリー

映画の最後のシーンでアントニオ、プロフェソール、ドナ・サンタ、アンタンの四者が一体となって、マタ・ヴァカとその部下、そしてオラシオを倒します。どちらが戦士でどちらが竜なのか、戦士と竜のモティーフがはっきり見えてくる部分です。ここでまたコルデルの音楽が鳴り、一見「聖ジョージと竜」という神話的な世界に物語の結末が戻りかけたとき、すぐにこのコルデルの音が消えて、別のもっと現代的な音楽が鳴ります。そうして、アントニオ・ダス・モルテスがハイウェイに

『アントニオ・ダス・モルテス』のラスト、「竜」と戦う四者

出て、バスが行き来するところをうろうろします。バスターミナルにはドライブインがあったり、ネオンでシェルという文字が書かれたガソリンスタンドが見えたりします。シェルは国際的な石油企業ですが、ここでは世界資本主義のひとつの記号です。コルデルの音によって神話的世界がふっと現れたかと思いきや、それが歴史によってもう一度かき消される瞬間です。そして、アントニオの真の敵は、もはやセルタンにはおらず、ブラジルの政治や経済を都会で動かしている権力であることが暗示されます。バスが都会と繋がっているのと同じように、それは歴史や社会的な権力構造と繋がっているのです。その構造は、シェルのサインが暗示するように、国家を超えた世界資本主義のメカニズムにもまっすぐ繋がっている。こうして、伝説・神話の世界が霧散し、現代の政治的・経済的状況がせり出してきます。そういう全体の流れのなかで、この映画の方向性がはっきり示されるのです。アントニオ・ダス・モルテスは神話から歴史へという身振りを持っており、映画のメッセージも、コルデルの世界から現代社会のさまざまな政治的構造へと視線が移されているのです。

これで大きなメッセージは見えてきましたが、マタ・ヴァカの例が示すように、この映画はさまざまなディテールを使って社会的な批判をにおわせています。『アントニオ・ダス・モルテス』と前作『黒い神と白い悪魔』を見比べてみれば分かるように、カメラを持って一人でセルタンへ飛び出していった無防備ともいえるグラウベル・ローシャの若々しいエネルギーは後退し、セット的な撮影や屋内のシーンが増えています。そのなかでとりわけ重要なのは、アルヴォラーダ Alvorada と名づけられたバーです。ラウラが取り仕切っているバーですが、これがある町の名前はジャルジン・ダ・ピラーニャ Jardim da Piranha、すなわち「ピラニアの庭」と呼ばれています。狂暴な雑食性の魚の名前が暗示するように、この町の権力者やそれに擦り寄っている連中がたむろしており、悪だくみをいつも相談しているいかがわしい場所です。アントニオに斬られたコイラナが、アルヴォラーダへ運びこまれてくるシーンがあります。コイラナを運ぶのはラウラとマトスで、この三人が同一の室内にいるという組み合わせは奇妙なものです。このあと、ラウラとマトスが密通していることが露見し、オラシオから二人が吊るし上げを食らいます。このときにも、バーのなかで緊迫した心理的なやり取りがあります。そのあとでラウラがマトスを殺すことになります。

　このアルヴォラーダというバーが空間として、映画のなかで重要なものとなっています。アルヴォラーダに入った人間たちはやましい力との共犯的な関係に入っていくことになる、そういう空間になっているのです。アルヴォラーダはポルトガル語で「夜明け」という意味で、一見きれいな響きを持っています。しかし、ブラジル人がこの言葉を聞けば、ブラジリアという一九六〇年に人工的に建設された近代的な首都にある、大統領のアルヴォラーダ宮殿*をすぐに思い起こします。ですから、町のもっともいかがわしい場所であるこのバーは、大統領宮殿と同じ名前を持っているのです。これは強い風刺であり、重い寓意を醸し出しています。犯罪的でいかがわしい邪悪な欲望が生まれるバーをアルヴォラーダと名づけること。ブラジルの政治権力の中枢が、じつはそうした邪悪な力と共犯関係にあるということが暗示されています。直接的にそれを語るのではなくアレゴリーという曖昧なかたちで、批判的寓意を分泌していく仕掛けが施されているのです。それ以上のことは語られません。そのアレゴリーをどのように読みとくかは、観客にゆだねられています。それしてもうひとつのアレゴリーが、ジャルジン・ダ・ピラーニャという村の名前に投影されています。ピラーニャというのはあの歯の鋭い魚ピラニアのことです。表面的には「ピラニアの庭」という意味になりますが、日常的なスラングではピラニアは「娼婦」のことも指します。つまり、これは「娼婦の庭」という村でもあり、そこにあるアルヴォラーダ・バーということなのです。

＊アルヴォラーダ宮殿 Palácio da Alvorada
ブラジルの大統領官邸。一九六〇年に開発された計画都市でブラジルの首都であるブラジリアに建設された。デザインはブラジルの建築家であるオスカー・ニーマイヤーが担当した。ブラジリアの都市デザインは建築家のルシオ・コスタが担当し、上空から見ると街全体が飛行機の翼のかたちをしている。近代建築の粋を尽くした都市で、世界遺産に登録されている。湖畔に建設されたアルヴォラーダ宮殿は「黎明の宮殿」の意味であり、ブラジリアという飛行機の機首部分に位置する。

このように名前を一つひとつ見ていっても、この映画が分泌するアレゴリーがいろいろなところへ手を伸ばしていることが分かります。また、死が分泌するエロス的な暗示もあります。たとえば、マトスはラウラに殺され、司祭やプロフェソールが遺体をセルタンの荒野のなかへ引っ張っていきます。ところが突然、プロフェソールとラウラがマトスの死体の上で抱き合うシーンがあります。唐突に出てくるので「何だ、これは」と思うだけで終わってしまいそうなシーンです。しかし、あのシーンは死が生命のための新たなエネルギーを分泌することを示している、象徴的な場面だといっていいでしょう。「エロスと死」は「死と再生」のテーマと関係しながら、この映画で重要な要素となっているのです。この映画全体に死の兆候があふれ返っており、それが現実に死を呼ぶことになります。しかし、その死は単なる終わりではなく、何らかの新しい誕生、新しい復活を常に暗示しています。その意味では、エロスと死が生命の根源にあるものとして位置づけ直されているともいえます。

　もうひとつ、コイラナの死体が十字架のように、木に置かれているシーンがあります。アントニオとプロフェソールがそこへ行きます。そこでプロフェソールが何をするかというと、コイラナの体から剣と銃を抜き取るのです。コイラナから、さらに遡ればランピオンから、プロフェソールはそれらを受け継ぐのです。カンガセイロの持っていた反乱者としての力、抑圧や権力を転覆しようとする危険な力を、プロフェソールすなわち民衆が受け継ぐというシーンです。そのあとで、アントニオと一緒にバスが走っている街道へ出ていきます。このことによって、ブラジルの民衆が自分たちの抵抗をどこへ向けて組織し直そうとしているかが暗示されるのです。

こうして、あたかもアントニオとプロフェソールがバスに乗ってリオ・デ・ジャネイロかサンパウロに向かったかのように、シネマ・ノーヴォの映画は『アントニオ・ダス・モルテス』を境にしてセルタンから離れていきます。セルタンという風土にまつわりついていた伝説に生きることから離れていきます。それ以降のブラジル映画では、セルタンの描写が出てくることはあっても、必ず歴史や現代社会のなかに置き直されたものとして登場します。つまり、伝説でも神話でもなく、現代の都市や文明社会、産業社会という視点が入り込んだかたちによってしか、もはやセルタンは登場できなくなるのです。この作品を境に、セルタンの伝説から、ブラジル映画は離れていくことになりました。

これから観ていく映画、たとえばカルロス・ディエギスの『バイバイ・ブラジル』

（一九八〇）にもセルタンは登場します。そこでのセルタンの取り扱われ方は興味深いので、ローシャのセルタンとはぜひ比較してみなければなりません。ブラジル映画史のなかで舞台の中心は都市へ移りますが、一方で、セルタンをさらに飛び越えたアマゾンのジャングルへも向かいます。次に取り上げる作品『マクナイーマ』（一九六九）以後、ジャングルとセルタンと都市の結びつきが、映画全体の共通のトーンになっていきます。これはブラジルの歴史が都市、セルタン、ジャングルを結びながらつくられていったことに起因します。ブラジルの近代史を直視するなかで、この三者の関係のなかでブラジルを語ることが、「ブラジルとは何か」という問題にアプローチするもっとも有効な方法になる。そのことが自覚されてくるのです。ジャングルだけで完結するのではなく、常にジャングルの描写と都市の描写が、相互に入れ替わり可能なかたちで登場してきます。『マクナイーマ』も、白人であり黒人でもありインディオでもある奇妙な人物マクナイーマのジャングルから都市への遍歴を扱った物語です。次章からしばらくはセルタンを離れ、アマゾンのジャングルと都会の関係のなかで、ブラジル映画が何をどう探求していったかについて考えてみましょう。

IX

マクナイーマ

アンチ・ヒーローはジャングルと都市を往還しながら堕落していった

二つのマクナイーマ

映画『マクナイーマ』について考察する前に、まず二つの事実を確認しておきたいと思います。ひとつは、作家マリオ・ジ・アンドラージ[*]が書いた小説『マクナイーマ』が、一九二八年に出版されたということです。そして、ジョアキン・ペドロ・ジ・アンドラージ[*]が監督した映画『マクナイーマ』が完成したのは一九六九年のことです。その間に、四〇年という時間が経過しているということは重要です。もちろん、マリオ・ジ・アンドラージの小説が原作であり、映画はそれを翻案してつくられています。だからといって、これは原作小説を映画化しようとしたものでは必ずしもありません。ここでは映画『マクナイーマ』について考察していきますが、原作小説の要素がさまざまなかたちで映画のなかに響いているので、結局は両者について考えていくことになるでしょう。それに加えて『マクナイーマ』という映画は、ひとつの物語を語るとか、ひとつのメッセージを暗示的に伝えるというような作品で

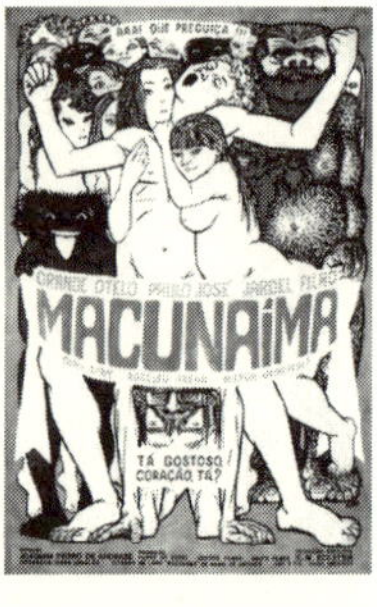

『マクナイーマ』*Macnaima* 監督・脚本：ジョアキン・ペドロ・ジ・アンドラージ／原作：マリオ・ジ・アンドラージ／出演：グランジ・オテーロ、パウロ・ジョゼ他／ブラジル／一九六九年
ブラジル近代文学を代表する作家マリオ・ジ・アンドラージの小説『マクナイーマ』を元に映画化。原作小説には映像化が不可能な描写が多くあるが、監督のジョアキン・ペドロはそれを巧みな映像文

はありません。荒唐無稽なエピソードを次々に連ねながら、スピーディに語っていくので、まったく飽きるということがないのです。ですから、映画の細部はとても面白いのですが、一貫した筋というものは見えにくい。図式的な解釈もできないことはないのですが、それだけでは何かを取りこぼしてしまうと思わせる、そんな作品になっています。

　小説『マクナイーマ』は、近年翻訳が出るまでは日本ではほとんど知られていない作品でしたが、ブラジルのモデルニズモ（モダニズム）期における最初の文学的収穫として高く評価されています。私自身、『クレオール主義』（初版、一九九一）という著書のなかで、マリオ・ジ・アンドラージのこの小説について触れました。《黒人女》や《食人》などの作品で知られるモデルニズモの画家タルシーラ・ド・アマラルの絵画を援用しながら、一九二〇年代以降のブラジルに生じた文化的混血性と祝祭的でパロディックな文化表現への傾斜について論じました。ロシアの批評家ミハイル・バフチンによる分析概念である「ポリフォニー」や「カーニヴァル」といった概念を手がかりに、ブラジルのモデルニズモの昂揚が持つ普遍的な意味について考えてみたのです。二〇世紀の初頭、ブラジルがヨーロッパの植民地的な影響から脱していくときに、国家的なアイデンティティをどこに求めるかという問題が出てきま

法に翻案した。映画はアマゾンの密林で暮らす貧しい家族に、不吉を意味する「マクナイーマ」が生まれるところから始まる。彼は黒人の中年男の姿で生まれてくるが、あるとき魔法の泉の力で白人の青年に変身する。兄弟たちと一緒に都会に出てきたマクナイーマは、そこで女性のゲリラと恋に落ち、愛欲の日々に溺れる。変身をくり返す不精な主人公の冒険譚の形式を借りながら、さまざまにブラジル社会を風刺する寓意を仕掛け、グロテスクなユーモアで笑い飛ばしていく。五〇年代から六〇年代にかけてブラジル映画に起きたシネマ・ノーヴォの潮流を継承し、サイケデリックな色彩性や演劇性を組みこんだ「トロピカリズモ」を代表する映画作品。

＊マリオ・ジ・アンドラージ
Mário de Andrade（一八九三―一九四五）
ブラジルの詩人、小説家、民族音

した。近代国家としての制度的な模範はヨーロッパに求めざるをえない。けれども、ヨーロッパの植民地的支配から脱したブラジルが、独立後の社会・文化理念を再びヨーロッパの規範に仰ぐのでは、混血人種たるブラジル人の真の自立は達成できません。ブラジルにおけるモデルニズモの作家やアーティストたちの模索は、このような状況において生まれてきたのです。

　ブラジルにおけるモデルニズモ期というのは、民衆が文化的に自立していこうとしていた、本格的なナショナリズムの時期だったといえます。ブラジルは政治的には独立していましたが、経済的にはヨーロッパやアメリカの影響下にあった。文化的にも大勢はヨーロッパの模倣をしている段階でした。ブラジルの国旗を見ると、緑色の地の上に黄色いダイヤモンドの図形があり、そのなかに天球が入っていて、黄道を示す白い帯に「秩序と進歩」ORDEM E PROGRESSOと書いてあります。これはオーギュスト・コントの言葉で、ブラジルがフランスの進歩主義的な社会発展論を独立国家として標榜していたことが示されています。そのようなヨーロッパへの追随や模倣にたいして、モデルニスタたちが民衆による文化的な自立を唱えて何を考え、何を行ったのか。それがここで主題となる「人食い」というモティーフです。

　ブラジルのモデルニズモ運動を牽引した詩人オズヴァルジ・ジ・アンドラージ*が

楽学者、美術史家、批評家。詩集『狂乱のサンパウロ』*Paulicéia Desvairada*（一九二二）によって実質的にブラジルの近代詩を確立し、学者兼批評家として文学界を牽引した。ヨーロッパのモダニズムの影響を受けて一九二〇年代にサンパウロで前衛芸術運動を起こし、オズヴァルジ・ジ・アンドラージやタルシーラ・ド・アマラルらと共に中心的役割を担う。また、フィールドワークでサンパウロ近郊やブラジル北東部のフォークロア音楽を記録して研究し、ブラジルの民族音楽学を切り開いたパイオニアとしても名高い。一九二八年に発表した小説『マクナイーマ』はブラジルの二〇世紀文学を代表する傑作として知られる。

＊ジョアキン・ペドロ・ジ・アンドラージ Joaquim Pedro de Andrade（一九三二―一九八八）ブラジルの映画監督。リオ・デ・ジャネイロに生まれ、学生時代か

中心となり、作家マリオ・ジ・アンドラージらが参加して一九二八年に創刊した雑誌が『食人雑誌』*Revista de Antropofagia* という名でした。オズヴァルジはそこに「食人宣言」というマニフェストを発表します。ヨーロッパの安っぽい模倣をすることで、ブラジル文化は欧米的なものに依存し、見せかけの独立をえているにすぎない。それにたいしてモデルニスタたちは、ブラジルの先住民であるインディオが三〇〇年、四〇〇年前にヨーロッパにたいして何をしたかを問い直しました。ヨーロッパ人植民者や宣教師はブラジルの内陸に入っていき、人食い族のインディオに捕まって食べられたという伝説が数多く残っています。一六世紀のドイツ人探検家ハンス・シュターデンのように、実際にインディオに捕らえられ、奇跡的に生還した人物による手記もいくつか残っています。そこにはインディオの食人習慣についても触れられていました。そうはいっても、インディオの人食いは日常的なものではなく、外からやってきた外敵にたいする儀礼的な行為でした。なぜなら、外来者は、単に敵を意味するものではなかったからです。武器や独自の知恵を持って外から入ってくる異物を「食べ」「咀嚼する」ことによって、インディオはそれを自分たちの力に変えようとしたにちがいない、とモデルニスタたちは考えました。ですから、二〇世紀初頭のブラジルにおいて、ヨーロッパからの外来の要素をがつがつ

らシネクラブを立ち上げて映画の上映、批評、自主制作活動を行った。一九六一年にオムニバス映画『五度のファヴェーラ』のなかの短篇『猫の皮』を監督。六三年には、ブラジルをサッカーのワールドカップ二連覇に導いた英雄を撮ったドキュメンタリー映画『ガリンシャ、民衆の歓喜』を製作。長篇劇映画『牧師と少女』(一九六五)を発表後、長篇第二作目で『マクナイーマ』(一九六九)を取り上げて、名実ともにシネマ・ノーヴォを継承する代表的な作家となる。『夫婦間戦争』(一九七五)は三組の男女を描きながら、ブジラル社会を風刺する喜劇。八八年に、五六歳の若さで癌のため死去した。

＊オズヴァルジ・ジ・アンドラージ
José Oswald de Souza Andrade(一八九〇―一九五四)
ブラジルの詩人で理論家。ブラジルにおけるモダニズムを牽引した

貪り喰ってしまい、それらを消化して、そこから混合的な知恵とエネルギーを持った新しいものを生み出すことこそ、ブラジルにふさわしい方法だと考えたのです。ヨーロッパやアメリカから来るものをただ拒絶するのではなく、それらを徹底的に食べ尽くして消化し、自分たちの一部にしてしまおうという姿勢です。そのようにして、彼らはブラジルの民衆的な表現形式をつくろうとしました。「食人」とはそうした思想的なマニフェストだったのであり、これがモデルニズモ運動の思想的なベースとなっていきました。

マリオ・ジ・アンドラージの小説『マクナイーマ』はそのような文化的潮流のなかで、本人の回想によればたった六日間で書き上げられました。マリオ・ジ・アンドラージは小説家ですが、むしろ出発点は民族学者・民族音楽学者でした。とりわけブラジルの民俗的祭祀や音楽やダンスを研究していた人でした。ですから、インディオ文化に関しては深く厚みのある実証的な知識を持っており、インディオの存在を単に象徴的なモデルとして考えていたわけではなかったのです。一方で、詩人オズヴァルジ・ジ・アンドラージはより空想的でした。彼は「食人宣言」のなかで、"Tupi or not Tupi, that is a question" というフレーズをこの部分だけ英語で書きました。"Tupi" というのはトゥピナンバ族というインディオの部族名で、ブラジルに

人物であり、マリオ・ジ・アンドラージや妻で画家のタルシーラ・ド・アマラルらと共に前衛芸術家が集まった「五人のグループ」に参加。一九二八年に発表した「食人宣言」というマニフェストでは、ブラジルの歴史を、他の文化を食べて強靭さを手に入れる「カンニバリズム」になぞらえた。他に『パウ・ブラジル宣言』*Manifesto da Poesia Pau-Brasil*（一九二四）、詩集『パウ・ブラジル』*Pau-Brasil*（一九二五）などの著書がある。

マリオ・ジ・アンドラージ著『マクナイーマ』の表紙（原書初版）

おける食人族の代名詞にもなっています。これは、もちろんシェイクスピアの“To be or not to be, that is a question”つまり「生きるべきか死ぬべきか、それが問題だ」という有名なハムレットのフレーズの言い換えです。「トゥピであるのか、トゥピでないのか、それが問題だ」といったのです。この宣言には、自分たちがトゥピ族の「食人」行為を思想的・象徴的に継承し、それを民衆の自立の理念として意味づけるのだという強い意志が表明されています。さらにシェイクスピアというヨーロッパ文学の最大の「正典」をパロディ化することで、西欧的権威への反逆の意図も見え隠れしています。

ところで、一九一六年にテオドール・コッホ＝グリュンベルクというドイツの探検家・民族学者が、『ロライーマからオリノコ川へ』という五巻本からなる書物を出版しています。これはベネズエラからブラジルへかけて、主にオリノコ川流域におけるインディオの民族誌をまとめたものです。インディオのいろいろな生活習慣や民話、歌や踊りを集成した本で、これがドイツのシュトゥットガルトで出版されました。マリオ・ジ・アンドラージは多言語をあやつる人だったので、このコッホ＝グリュンベルクのドイツ語の本を読み、インディオのさまざまな部族の民話や神話を吸収しました。マリオ・ジ・アンドラージは民族学という学問に携わりつつも、自らの思想や理論を民族学の学問研究の内部の問題としてだけ位置づけることをしませんでした。彼は大いなる文学的な想像力をも兼ね備えており、小説『マクナイーマ』において、彼の収集したさまざまなインディオの神話や伝説をコラージュするように並べ、さまざまな地域の部族の言葉や物語をシャッフルし、ブラジル奥地に発する「ブラジル人の起源」の物語を、ひとつの荒唐無稽な「寓話」として創造したわけです。そして、そのハイブリッドな「現代版」創世神話の主人公をマクナイーマというひとつの人格のなかに統合したのです。マクナイーマの名も、コッホ＝グリュンベルクの著書に出てきたガイアナ奥地のインディオ、アレクナ族の英雄から採られています。

二〇世紀における不世出の人類学者クロード・レヴィ＝ストロースは一九三五年からブラジルに滞在してインディオを調査し、のちに南北アメリカ大陸の先住民の民話や神話を集めて分析し、『神話論理』という四巻本の大著を六〇年代から七〇年代にかけて著すことになります。『マクナイーマ』という小説は、同じ源泉を共有しながらも、ちょうどその対極にあるような作品だといってもいいでしょう。レヴィ＝ストロースとマリオはブラジルで親しく交流していましたが、一九二八年に『マクナイーマ』を書いた作家を先駆者としてみなす、一種の敬意がレヴィ＝ストロースの側にあったように思われます。ブラジルの民話と神話を集成し、そこから思想的な何かを導きだす方法として、おそらく二つの異なった方向性があったのです。ひとつは、レヴィ＝ストロースのように、神話の無数のヴァージョンの相互関係を緻密に構造分析していき、その変容の論理から人間の「野生の思考」における本質的な原理を導きだすというやり方です。一方、マリオ・ジ・アンドラージの方法とは、そうした作業を実証的に行うのではなく、自ら創造したマクィナーマという主人公の人格と冒険物語のなかに、インディオの神話をコラージュするように統合してしまったのです。それは新たに紡がれた文化批評的な「疑似神話」でもあり、荒唐無稽な物語というかたちをとっていますが、個々のエピソードを見ていけば、それらはすべて現実の神話にもとづく物語がベースにあります。飛躍的なやり方ではありますが、ここにも、インディオの野生の知恵を、現代社会にどのように媒介できるかをめぐる、ひとつの斬新な視点があったことになります。

マリオ・ジ・アンドラージは、彼が学んだインディオの言葉、音楽、ダンス、儀礼、祭、民話や伝説、神話といった要素を『マクナイーマ』という小説のなかにすべて投げ込んでいきました。マリオ自身が、それらを巡礼するために、マクナイーマという主人公を創造したといってもいいかもしれません。一週間ほどでこの小説を書き上げてしまったというのが本当だとすれば、マリオ・ジ・アンドラージのなかにあった、ありとあらゆるインディオ的な観念や知識が、あるとき一瞬のうちに怒濤のように溢れだし、この物語が生み出されたのでしょう。作家の一生のなかには、物語が自分のなかから溢れだしてくるような稀有な瞬間があるのです。彼にとっては作家としてのひとつの絶頂をなす、そういう一週間だったのだろうと思います。単に一人の作家が創作して書いたということを超える集合的な何かが、『マクナイーマ』という作品にはあります。インディオのあらゆる歴史と時間と知恵と言葉を凝縮したような何かがあり、それがマリオ・ジ・アンドラージの頭脳に憑依して、これを書かせたということも可能かもしれません。しかもその物語の矛先は、同時代のブラジル社会への根底的な問い直しのヴィジョンに向けられていたのです。

映画『マクナイーマ』における変身と再生

ジョアキン・ペドロ・ジ・アンドラージは、一九六八年頃から映画『マクナイーマ』の撮影を開始し、翌六九年に完成しています。六八年、六九年という年は二〇世紀のなかでも象徴的な年号のひとつです。ブラジルでは、一九六四年にカステロ・ブランコ将軍*による軍事クーデタが起こり、軍事独裁政権が樹立され、そこから約二〇年ものあいだ、強圧的な独裁政権下に置かれるという困難な時代が訪れます。ブラジルだけでなくアルゼンチンやペルー、少し遅れてチリなど南米の国々の多くは、六〇年代から八〇年代の初頭にかけて軍政が続きました。そして、一九六八年はブラジルで軍の政令五号が発令された年です。これは大統領による戒厳令に似た、憲法を超える超法規的な政令で、これによってあらゆる検閲や人権侵害を含む人民統制が可能となったのです。芸術家の表現の自由は致命的な打撃を受けました。

　そのような時代背景のなかで、一九六九年に映画『マクナイーマ』が製作されたことを、まず押さえておかなければなりません。マリオ・ジ・アンドラージが小説『マクナイーマ』を書いたときの、欧米にたいする依存を脱却するためにナショナリズムが高揚していた一九二〇年代の状況と違って、ジョアキン・ペドロにとっては映画をつくることそのものにたいしてブラジルの軍事独裁政権による暗黙の抑圧があった、ということです。同時に、親米寄りの独裁政権だったこともあり、アメリカ的な物質主義や消費主義が社会のなかで横暴な振る舞いを見せるようになっていました。それは一種の肉食的な資本主義といってもいいでしょう。ここにカンニバリズム、つまりは「食人」のテーマが新しい批評性と共によみがえってくる

＊カステロ・ブランコ Humberto de Alencar Castelo Branco（一八九七－一九六七）
ブラジルの軍人、政治家。ポルトガル系移民の家庭に生まれる。第二次世界大戦中はブラジルからの派遣軍の大佐としてイタリアで従軍。民衆からジャンゴの通称で親しまれた左派的なジョアン・グラールが一九六一年にブラジル大統領に就任すると、ブランコは保守派と手を結び、アメリカの後ろ盾も得て六四年三月にグラール政権にたいしてクーデタを決行、自らが大統領の座についた。六五年の地方選挙で左派勢力が圧勝すると強硬路線に転じ、戒厳令を敷いて左派を追放し、軍事独裁制を確立した。外交面では親米路線をとり、南米における反共産主義の要となった。外国資本を積極的に導入し、国民の窮乏はより強まった。六七年に大統領を退陣、同年に飛行機事故で死亡した。

わけです。今度の「食人」は、国家機構や資本主義システムが人民を喰らい、貪り尽くしていくというものでした。いわばジョアキン・ペドロは、マリオ・ジ・アンドラージの時代の「食人宣言」と響き合うように書かれた『マクナイーマ』を、新しいヴァージョンとして六〇年代末のブラジルに突きつける可能性を見いだしたのです。

ただし、リアリズムの言語を使って政府を批判すれば、彼自身が思想犯としてすぐに逮捕され、場合によっては死刑にすらなってしまう。そうした背景のなかで、トロピカリズモとも呼ばれる風刺的でパロディックな技法による語りが生み出されていきました。それまでのシネマ・ノーヴォの運動は、リアリズムであり、民衆の飢えや貧困というものを直に告発的なかたちで映像化していました。しかし、そのようなやり方は当局にたいし、あまりにも刺激が強すぎる。当時、警察に逮捕された映画人やミュージシャンがたくさんいました。音楽におけるトロピカリズモの主導者は、カエターノ・ヴェローゾやジルベルト・ジル*でした。いまでこそカエターノは国民的な音楽家であり、ジルは文化大臣にもなりましたが、当時は反体制的な音楽家として逮捕され、しばらくの間投獄されていました。二人とも六九年から二年ほどロンドンへ亡命したほどでした。映画監督のなかでは、グラウベル・ローシャが一九七一年に国外追放となり、死ぬまでポルトガルなどで亡命生活を送らざ

＊ジルベルト・ジル
四二七ページの註参照。

るをえなかったことが知られています。こうした芸術家たちにとって、ブラジルで自由な表現をすることは命に関わる状況だったのです。

映画『マクナイーマ』には、二つのモティーフがあります。ひとつはカーニヴァル、もうひとつはカンニバリズム（食人）です。ブラジルのカーニヴァルといえば祭として有名ですが、ここでいうカーニヴァルは、文芸批評家のミハイル・バフチンが著書『ドストエフスキーの詩学』（初版一九二九、改訂版一九六三）のなかで論じた批評的戦略概念としてのカーニヴァルのことです。そこで、カーニヴァルは祭を意味するだけでなく、あるテーマや表現様式によって世界が描き出されるときの方法を意味します。祝祭としてのカーニヴァルは、ローマ時代の農民たちが農耕の神を讃える祭だったサトゥルナリア祭の精神、つまり冬になって植物が枯れ、また春が来て緑が芽吹きはじめるという農民暦のなかの「死と再生」という循環的な時間のあり方をテーマとして隠し持っています。カーニヴァルはもともと冬の寒い時期に春の再生を祝うという農民暦のなかで行われていた祭が、カトリックの暦と習合して、現在におけるカーニヴァルになったものなのです。だからバフチンのいうカーニヴァルの表現様式とは、この「死と再生」をテーマとして孕んでいることになります。またカーニヴァルには「価値の転倒」という特徴があります。それは祭としてのカーニヴァルにも見られる特色ですが、日常的な価値における善悪、貧富、白黒、男女といったカテゴリーをひっくり返し、日常的に虐げられた者たちが復権するのです。あべこべの世界、逆さまの世界です。これが、日常的な権威や価値観にたいする冒涜や逸脱といったかたちで、カーニヴァル的な表現の原動力となるわけです。さらには、グロテスクな肉体や身体が前面に登場する。エネルギッシュな、生身の、猥雑ですらある「肉体」の復権です。論理的な頭脳ではなく、暴力的な肉体、すなわち下半身の原理の逆襲とこれを呼んでも誤りではないでしょう。「死と再生」「価値の転倒」「肉体の復権」。大きくこれらの三つが、ミハイル・バフチンが分析したカーニヴァル的な表現の根幹にあるものだといえます。

このカーニヴァル的な特徴は、映画『マクナイーマ』において顕著に見ることができます。登場人物を少し振り返ってみましょう。冒頭、主人公のマクナイーマは、奥地のジャングルのなかでインディオのタパニューマ族の母の股間から、まず黒人として生み落とされます。この主人公役を、すでに何度も触れたシャンシャーダ映画出身の名優グランジ・オテーロが演じています。途中から、マクイナーマを演じる俳優はパウロ・ジョゼという白人の若い俳優に変わります。マクナイーマの母親は原作小説では“medo de noite”（夜の怖れ）という名前がついており、ここにはイ

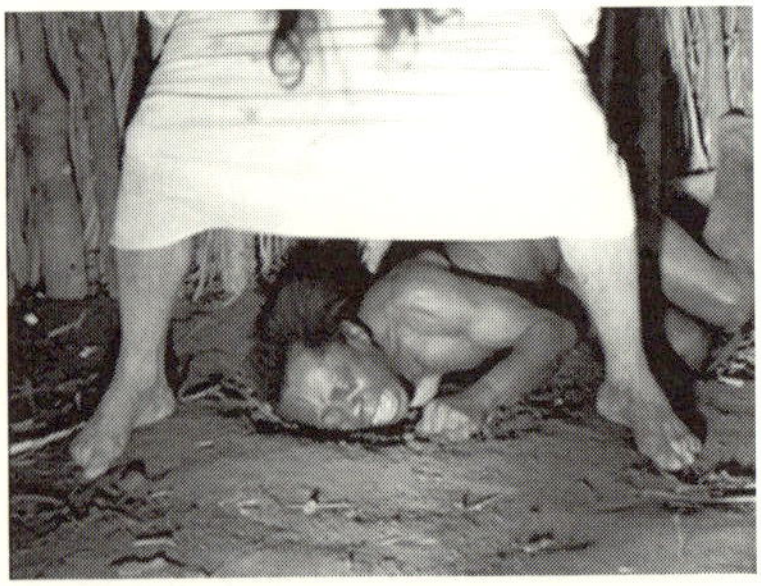

黒人中年男として生み落とされるマクナイーマ

ンディオの神話が反映しているといえます。映画にはカーニヴァル的な仕掛けが張り巡らされており、そのひとつはこのインディオであるはずの母親を演じるのが初老の白人男性だということです。母親が男性であるというのは価値（秩序）の転倒ですし、老人が出産するというのも現実にはありえない老若の逆転です。それに加えて、白人が黒人を出産することも道理に合わず、そこで生まれてくる赤ん坊が中年男であるというのも荒唐無稽な出来事です。

「マクナイーマは生まれてから六年間ひとこともしゃべらなかった」と、映画のナレーションはここでは原作に忠実に説明しています。そしてある日、しびれを切らした身内から「どうして話せないんだ？」と聞かれると、マクナイーマはおしゃぶりを外して「アーイ・ケ・プレギッサ」Ai! que preguiça! とだけ答えたのです。「プレギッサ」は辞書を引けば、怠惰とか無精という意味です。直訳すれば「ああ、なんていう気だるさだ」、意訳して「ああ、かったるい！」というような感じでしょうか。これはブラジルでは日常的によく使われるフレーズです。これが映画におけるキーワードとなり頻出します。これがマクナイーマが話した最初の言葉でもあるのです。「アーイ・ケ」はポルトガル語で「ああ、なんて〜だ！」という意味になる表現ですが、インディオの言葉では「気だるい」という意味だともいわれています。

幼少期のマクナイーマ

このような言葉遊び的な仕掛けは原作小説のなかにも無数に入っています。詩人で評論家のアロルド・ジ・カンポスが『マクナイーマの形態学』（一九七三）という本を書いて、それらの仕掛けや象徴を記号論的な視点から読み解こうとしましたが、マリオ・ジ・アンドラージがこの作品に仕掛けた記号的な遊戯や暗示の豊かさは、多くの研究者のマニアックともいえる関心をかりたてました。作家・文芸批評家のカヴァルカンティ・プロエンサが書いた『マクナイーマ案内図』（一九五〇）はその嚆矢といえるでしょう。

さて、マクナイーマには二人の兄がいます。一人はジゲーという若い黒人で、ミルトン・ゴンサルヴェスというブラジルの名優が演じています。それから、マアナペという少し年をとった白人の兄がいる。この二人はジャングルのなかから海岸の大都会まで共に冒険し、またジャングルの家へと戻ってくるマクナイーマの旅の道連れとなります。最初にソファラーというジゲーの恋人の女性が登場し、ちょっとした呪術を行います。ソファラーが煙草を吸って、それをマクイナーマに吸わせると彼が白人の王子になってしまうのです。原作では、マクナイーマ自身が呪術を使って、動物、物、星といったものに次から次へと変身します。ところが映画ではマクナイーマには一切そのような自己変身能力はありません。これが原作小説と映画のもっとも大きな違いのひとつです。原作小説に忠実に映画化しようとしたら、ディズニーのようなアニメーションにするしかありません。実写で映画化するためには、いろいろな制約が必要だったのでしょう。いずれにしても、映画ではマクナイーマに呪術能力を与えていません。

そのあと、ソファラーはほかの白人男性に首ったけになり、それに呆れたジゲーはソファラーに捨てられてしまいます。そして、どこから見つけてきたのか、ジゲーは次々に若い女性を連れてくる。次に登場するのはイリキという女性で、彼女はジャングルから街へ、マクナイーマたちと一緒に行きます。ところが、イリキは街で娼婦になってしまい、映画の物語から忽然と消えてしまう。イリキは始めて見る大都会にとても喜ぶのですが、街の表向きの絢爛さに引き寄せられた女性の成れの果てが娼婦ということなのでしょう。ここには、近代化を急いだブラジルの六〇年代後半の社会状況にたいする批判も込められています。それから、シーという都市ゲリラの女性が出てきます。六〇年代末、軍政にたいして抵抗をしていた地下組織のゲリラがあった。そのゲリラの勇敢な女性闘士がシーであるという設定です。原作小説のシーはジャングルにいる時期に「森の母神」として登場しますが、監督のジョアキン・ペドロはこのシーという女性を都市ゲリラに置き換えました。

『マクナイーマ』前半の一シーン、幼少のマクナイーマとその母、兄の恋人イリキ

このシーとマクナイーマのあいだにできた子供がマクナイーマ二世です。これをまたグランジ・オテーロがベビー服を着て乳母車に乗って演じています。彼は小柄なので、赤ちゃんの演技はまさにはまり役だったのでしょう。いったん白人になったマクナイーマが、ここでまた黒人として再生する。ですから、原作小説にある主人公の変身譚という筋書きは、映画においては別のかたちで引き継がれているともいえます。母親が死んでしまうまでのマクナイーマは黒人であり、兄弟二人と共にイリキを連れて街へと向かいます。そのとき、噴水の水を最初に浴びたマクナイーマは白人へと変身します。これを王子の役を演じたパウロ・ジョゼという同じ役者が演じています。このジョゼという役者はマクナイーマを産んだ老婆役を最初に演じて、今度は自分が産んだマクナイーマが白人になったときにその役を演じているのです。つまり、ここでマクナイーマの母親がよみがえっているともいえるでしょう。このように、ジョアキン・ペドロ監督は登場人物と役者を上手に使いわけながら、映画『マクナイーマ』において変身と再生の物語を編み直しているのです。

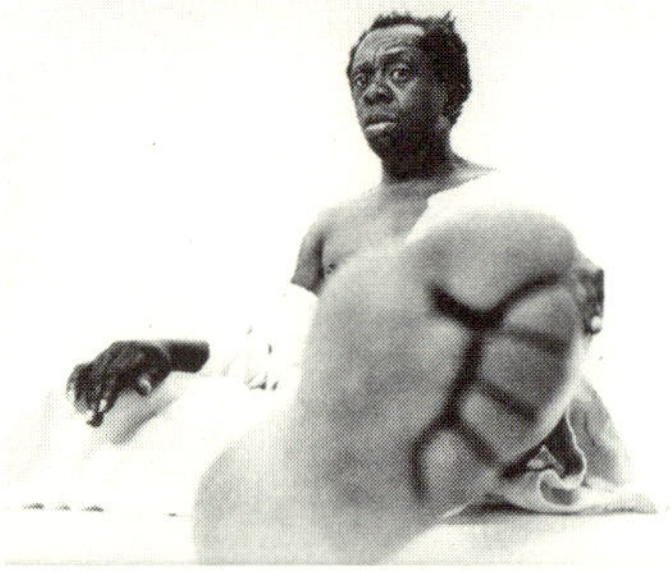

『マクナイーマ』に主演した俳優グランジ・オテーロ

『マクナイーマ』の批評性とブラジル社会

一九二八年、ロシアの民俗学者ウラジーミル・プロップが『民話の形態学』という本を上梓しています。これは大変影響力をもった書物でした。後年にレヴィ＝ストロースやロラン・バルトが記号学的な神話研究に入っていく際に大きな示唆を受けた研究であり、神話にたいして構造分析を行った先駆的な書といえるでしょう。プロップはこの本において、神話を類型化し、主人公の果たす機能的な役割を分類して、神話や昔話がいくつかの典型的な形態的物語に還元しうるという結論を導きだしました。神話は一見とても複雑で荒唐無稽に見えますが、すべてがいくつかの典型的な形式のなかで解釈することができるというのです。たとえば、神話の人物類型は七つあるとプロップはいいます。まず主人公とその敵対者である悪漢がいます。映画『マクナイーマ』での悪漢といえば、イタリア系ブラジル人の富豪でピエトロ・ピエトラと呼ばれる人物です。それから贈与者、助力者、王女（血筋のいい女性）、送り出す者、偽主人公、の七つの類型です。プロップは神話を形態分析しながら、プロットや主人公、登場人物たちの類型がすべてこれらのわずかなパターンに還元できることを示しました。マリオ・ジ・アンドラージが『マクナイーマ』を出版したのとまったく同年に、プロップはこのような画期的な著作を刊行していたのです。互いの書物を読んでいたわけはないのですが、ブラジルとロシアという遠く離れた場所で、神話や物語にたいするきわめて近接した想像力が生まれていたことは、興味深い出来事です。すでに触れたロシアの批評家ミハイル・バフチンの理論における「カーニヴァル」もまた、ブラジルについて書かれたものではないにもかかわらず、ブラジルの祝祭的でパロディックな文化との驚くべき親和性をかかえていました。

さて、映画『マクナイーマ』には悪漢として、大きな屋敷に住んでいるピエトロ・ピエトラという実業家が出てきます。彼は、当時アメリカの物質主義的な虚栄に寄生して富と名声を手に入れたブラジル人の典型的なモデルとなっています。たとえば、ピエトロ・ピエトラがマクナイーマたちに彼の工場を見せる場面があります。そのシーンにおいて、宝物の石（ムイラキタン）がナマズのなかに入っていて、それを見つけたピエトロ・ピエトラは、彼を取り囲んだ新聞記者たちから拍手を送られます。彼は「この工場は素晴らしいだろう。でもアメリカの中古品なんだけどね」といいます。彼の工場は立派なのですが、じつはアメリカのお古を有り難く使わせてもらっているというブラジルの従属的な状況が皮肉られてもいるのです。彼は「巨人《ジャイアント》」と呼ばれていますが、それは「巨漢」という意味と「大企業」という意味の両方があります。映画ではピエトロ・ピエトラは悪者であり、同時に大企業という組織や国家資本の虚栄を示す象徴となっています。

最後、故郷の森のなかにマクナイーマがひとり置いてきぼりにされる場面で、川沿いに住むクルピーラと呼ばれる気持ちの悪い老人が出てきます。マクナイーマが「お腹が空いている」というと、彼は自分の足の肉を切って与えてくれます。原作ではクルピーラは森を守る精霊でした。映画では人食い鬼となって、まったく新しいプロットを生み出します。クルピーラは、自分の肉を与え、それを釣り餌にしてマクナイーマを食べようとしているのです。自分の肉という分身をマクナイーマの体内に入れることで、彼がどこへ行っても捕まえることができるのです。人食い鬼が「俺の足の肉！　俺の足の肉！」と叫ぶと、マクナイーマが飲み込んだ肉が「おーい、ここにいるよ」と答える。ですから、マクイナーマはそれに気づいて、小屋の前で水溜まりにオエッと肉を吐き出しました。ところが、吐き出した足の肉はまだ水のなかで何かしゃべっている。そのときの映像に注意してみてください。映画の四角いフレームを国旗のかたちのように見立てると、真ん中にある水たまりがダイヤモンド型になっています。そしてその中心で地球儀のようなかたちをした肉がボコボコと叫んでいます。この構図から、映像全体がブラジル国旗になっているのではないかという解釈も可能です。断末魔のような呻きを上げるブラジル国旗。こうした寓意的な細部に満ち満ちたこの映画において、何がどのようにブラジルの状況を象徴しているのか、単純な解釈はひとつとしてありません。トロピカリズモと呼ばれる、シネマ・ノーヴォ以後の時期のブラジル映画のパロディックで祝祭的な語り口は、抑圧的な政治状況にたいするさまざまな暗黙の抵抗と、権力の解毒剤としての批評性を孕んでいるのです。

このように、映画『マクナイーマ』のいたるところに、ブラジル国家や社会体制に向けての批判的寓意が仕掛けられています。映画の冒頭のシーンで、緑と黄色によるアマゾンの森が出てきますが、すでにそこで国旗のカラーが暗示されています。そのあと、ヴィラ＝ロボスによる「ブラジル英雄の行進」という有名な行進曲がかかります。これは軍政期のブラジルの象徴だといえます。また、マクナイーマ自身もしばしば緑と黄色の服を着て登場する。マクナイーマという存在に、ブラジルという国家が投影されていることは間違いありません。最後に、マクナイーマが泥の川に身投げをして、川のなかのウイヤラという人食い人魚に食われるシーンがあります。ウイヤラは泉や川に住んでいて人間の肉を食べる人魚です。ブラジルの民俗的な伝説に出てくる架空の生き物です。もともとはインディオの民話だったのでしょう。そのあとヨーロッパの植民者が入ってきて、アフリカの奴隷が連れてこられ、いろいろなかたちに人魚の民話が変形しながら、あちこちに人食い人魚の話が伝播していったものと考えられます。現代においても一般のブラジル人に広く知られている伝説のひとつです。マクナイーマは映画のラストシーンにおいて、川のなかにいるこのウイヤラに食べられてしまいます。緑色の服が水面に浮いてきて、そこから彼の血がどくどくと湧いてきます。このシーンにおいても、ブラジル国旗が暗示されているのだと思われます。

これまで見てきたように、マリオ・ジ・アンドラージたちは「食人」という行為をヨーロッパ的なものを消化して新しいものを生み出すための象徴としました。それとは違って、ジョアキン・ペドロが映画をつくるときの背景には、六〇年代後半のブラジルにおける抑圧的な社会状況があった。すなわち、政治においては軍事独裁政権の暴力が人びとを監視、拘束し、経済においては資本主義の暴力が人民を食い尽くす強大な力としてあった。そのため、映画『マクイナイーマ』ではカンニバリズムによって反対にブラジル人たちが食われている様が描かれています。ブラジルが資本主義に食われつつ、ブラジルが自らを食い尽くしているというメッセージが張り巡らされています。象徴的な「食人」のモティーフは、映画の後半で、富豪のピエトロ・ピエトラが主宰する食人パーティの場面で出てきます。これはピエトロ・

人肉フェイジョアーダとしてのプール

ピエトラの娘の結婚パーティという設定ですが、屋敷のプール全体がブラジルの臓物の煮込み料理である「フェイジョアーダ」*になっているのです。これは煮込むのに二、三日かかる料理なので、ブラジルの食堂では毎週水曜日と土曜日にのみ食べることができる国民的な料理です。黒い豆と臓物を一緒に煮込む料理で、そのためか巨大なフェイジョアーダであるプールの水も黒っぽくなっています。そして、そのプールに人間が次々と突き落とされ、ピラニアか何かの餌食となり、プカプカと人体の一部分や内臓が浮いています。マクナイーマも危うく突き落とされそうになるのですが、反対にピエトロ・ピエトラをプールに突き落として復讐が完成します。

原作小説の『マクナイーマ』には、聖杯探求という神話的な物語要素があります。森の母神であるシーが死んでしまったとき、彼女はマクナイーマに形見としてムイラキタンという宝石を与えますが、マクナイーマはその宝石を失ってしまう。ジャングルにいた鳥が、サンパウロのピエトロ・ピエトラという人物がその宝石を持っているという事実をマクナイーマに教え、彼はそれを取り返しにいきます。つまり、原作ではマクナイーマが森を出て都市へと行く理由がはっきりと語られている。ところが、映画ではマクナイーマたち兄弟三人が、なぜ都市へと出ていくのかが明示されていません。マクナイーマたちは船に乗って川を渡り、それからバスに乗って

＊**フェイジョアーダ** feijoada
ブラジルを代表する国民食のひとつ。黒いインゲン豆、豚肉の脂身、干し肉、生ソーセージ（リングィッサ）などを、塩とニンニクで味つけをした煮込み料理。アフリカから奴隷として連れてこられた黒人たちが生み出した料理といわれる。プランテーションの主人たちに豚肉の上等な部分を提供したあと、残りの部分である内臓、耳、鼻、足などを豆と一緒に煮込んだのが起源とされる。レストランでは水曜日と土曜日にのみ出され、家庭では週末に食されることが多い。ブラジルだけではなく、旧宗主国のポルトガルやポルトガルの旧植民地であったアフリカ各国でも食べられている。

街外れで下ろされます。これは、ブラジルにおいて地方に住む貧しい人びとが都会へ出てくるときの典型的な姿です。ですから、そのような社会的な状況が映画『マクナイーマ』においては常に背後で参照されています。地方に住む貧しいブラジル人が裸一貫で都会へ出ていくという出稼ぎや移住のテーマはシネマ・ノーヴォ期の映画における主題でもありましたが、『マクナイーマ』ではそうしたリアリスティックな主題が、パロディックな物語の背景に退き、より象徴的で寓意的な意味をもったものとして再提示されているのです。

さらに、映画『マクナイーマ』には性的なカンニバリズム（食人）のテーマも込められています。シーは都市ゲリラとして警察と勇敢に戦いガレージに逃げ込むのですが、その争いにマクナイーマたちが巻き込まれます。マクナイーマはシーに性的な魅力を感じて、彼女のにおいを嗅いで追いかけます。マクナイーマがシーに撃退されそうになったとき、二人の兄弟がシーの頭を叩いて気絶させ、ようやくマクナイーマはシーを自分のものにします。そのときに、初めて宝石のムイラキタンを発見するのです。マクナイーマが宝石に触れると、シーが目覚めて「これは絶対にあげない」といい、今度は彼女の方からキスをして抱きしめます。マクナイーマはシーの家に連れていかれ、ベッド代わりのハンモックでひたすら性的に攻められ、彼女に貪り食われてしまう。ここでは「食う／食われる」という関係が逆転していきます。マクナイーマは男娼かヒモのようになってしまい、シーに性的に支配され、怠惰な生活を送っていきます。そのあと、シーは彼女が産んだマクナイーマ二世を乳母車に乗せ、カモフラージュとして使い、教会を時限爆弾のテロで狙いますが、時計が速く動いてしまって二人とも爆死してしまいます。シーと息子を失ったことは、マクナイーマにとって大きな喪失でした。やがてマクナイーマは、ピエトロ・ピエトラがムイラキタンの宝石を持っている写真を見つけ、復讐すべき自分の仇が誰であるかを知るわけです。

シーの家のなかの場面をよく見ると、マクナイーマが住んでいる部屋は壁がピンクで塗られ、シーが住んでいる部屋は緑と黄色です。シーの部屋は、ブラジル国旗や国家を連想させるよう描かれています。ジョアキン・ペドロは右翼政権にたいして批判的でしたが、同時にシーのように左翼が暴力によって自滅していく姿も描いています。自分で自分を食べてしまうのはセルフ・カンニバリズムとも呼ばれたりしますが、左右の政治的イデオロギーのいずれの側にも、こうした食人の状況があるということをジョアキン・ペドロは批判的に描いているのでしょう。シーの爆死にはそのような意味が込められています。そうなると、ムイラキタンという宝石こそ、もう一人の隠れた主人公といえるのではないでしょうか。石の持ち主だったシーが死に、マクナイーマがそれを相続し、石をめぐってピエトロ・ピエトラと争いになる。ピエトロ・ピエトラは国家と資本主義の怪物ですが、それを倒すためにいろいろなものが利用されます。

たとえば、リオ・デ・ジャネイロの黒人の憑霊宗教であるマクンバ*です。映画『マクナイーマ』では、トランス状態に入った女性がピエトロ・ピエトラになり、マクナイーマがその女性を殴ったり蹴ったりすると、自分の家にいるピエトロ・ピエトラが痛がるという場面があります。遠隔的に黒人の呪術を使っているわけです。そのあとマクナイーマはピエトロ・ピエトラに復讐するために、彼の家に忍び込みます。ところが、彼の奥さんに捕まってスープにされてしまう。これもカンニバリズム的な要素です。ブラジルの歴史を省みれば、先住民のインディオはヨーロッパ人の宣教師をスープにして食べたといわれている。それが、人間がプールのなかで煮込まれるフェイジョアーダの場面と繋がっているのです。

最後にマクナイーマは、ピエトロ・ピエトラをプールに突き落とし、宝石ムイラキタンを奪還します。しかし、これによってマクナイーマは本当に勝利したといえるのでしょうか。一見そのようにも見えます。そのあと、彼は街に別れを告げて、

*マクンバ macumba
一九世紀以降のブラジルにおけるアフリカ系の精霊信仰一般を指す総称。キューバのサンテリーア、ハイチのヴードゥーと同じアフリカの黒人宗教を起源にもつ憑依宗教の仲間である。一六世紀以降、主にサトウキビのプランテーションにおける労働力として、西アフリカから連れてこられた黒人奴隷たちがブラジルに持ちこんだ。ヨルバ族系の影響が強いものに、バイーア州を中心とするカンドンブレ、都市部で独自の発展したウンバンダがある。バントゥー系の影響が強いものを特にマクンバと呼ぶ場合もある。マクンバの儀礼はブラジルで広く行われ、ヨーロッ

テレビ、扇風機、冷蔵庫、ミキサー、エレキギターなど、ありとあらゆる文明の利器を船に載せ、ジャングルへと戻ります。そのようなテクノロジーの権化ともいえるものを背負って帰るのですが、それらは電気のないジャングルの奥地においてはまったく役に立たないものばかりです。ここに示されているのは、抑圧されていた民衆が勝利したのではなく、産業資本主義が生んだテクノロジーに汚染され、役に立たないものをひたすら神のように崇めて、それらを担いで故郷へ還っていくマクナイーマの姿です。つまり、ブラジルでは民衆も資本家も同類になってしまった。そんな、魂を譲り渡した民衆の姿がここに描かれているのだともいえます。

このときのマクナイーマの服装に注意してみましょう。彼は緑と黄色の服を着ています。つまりはブラジルそのものを象徴しているのであり、それと同時に、アメリカの帝国主義を暗示するカウボーイ・ハットをかぶっています。ここに、アメリカとブジラルの共犯関係が示されています。マクナイーマ自身が消費主義の権化になってしまったのですから、どちらも同じ穴の狢《むじな》ということでしょう。アメリカ的な物質主義に隷属しているのですが、それらの機器をジャングルに持っていってもまったく無用の長物です。そして、マクナイーマはほかの兄弟たちが働いているのをよそに、まったくの怠惰な状態に回帰していく。再び、「ああ、かったるい！」

パの心霊術と混淆してオカルト色を強め、都市部における貧困層の黒人の入信者も多い。マクンバの信仰者の一部では、第三者を傷つけたり、病気にしたり、経済的に損失させたり、死に至らしめる呪術を実践する。その場合、写真の裏に名前を書いたものを使う。

の世界です。まわりから見捨てられたマクナイーマは、映画の最後のシーンで、自分が生まれたウラリコエーラ川のほとりへ行き、ウイヤラという人食い人魚に食べられて消えます。

マリオ・ジ・アンドラージの原作小説の最後では、地上に住むことが面倒臭くなったマクナイーマは空にのぼり、大熊座という星座になります。マクナイーマとその家族たちのいなくなってしまった地上での数々の物語と出来事の顛末は、一匹のオウムによってある男に語り伝えられます。その男が語り手として『マクナイーマ』のすべての物語をしゃがれ声の「不純な言葉」によっていま歌っている、というのが原作のオチです。ブラジル人を象徴する、あらゆる「特性を欠いた英雄」（原作の副題。すなわちすべての特性を備えた、とも解釈できる）の物語。マリオ・ジ・アンドラージは、インディオの神話を換骨奪胎しながら、モデルニズモ期における新たな民衆意識の創造のために、ブラジルの混血性、ハイブリディティを示唆する叙事的な「英雄」としてのブラジル人の原型を描き出そうとしたのでした。

ところが、ジョアキン・ペドロの映画『マクナイーマ』になると、無謀な行動による自業自得がどうかは分かりませんが、マクナイーマは食い尽くされ、カンニバリズムの犠牲になるという結末で終わります。そしてそこに、ヴィラ＝ロボスの音楽によるブラジルの英雄たちの行進曲が流れます。映画では、マクナイーマはアンチ・ヒーロー、あるいは堕落したヒーローとなっているのです。彼の運命はいつのまにか、自分の敵対者である資本家ピエトロ・ピエトラと同じことになってしまい、二人の敵対していたはずの関係にも共犯的な匂いが漂ってきます。結局、それが六〇年代後半におけるブラジル国家の状況だということです。ブラジルという国家がブラジル人を飲み込み、同時にブラジル人自身が自分たちを食い尽くしてしまっている。明確な敵も味方もおらず、誰もが誰かを食いものにしようとしている。そういった「自己カンニバル化」の状況が描かれているといえばいいでしょうか。

すでに述べたように、原作には、マクナイーマが都市へ出ていくことの理由が説話的な聖杯探求のテーマとしてきちんと描かれていました。ところが映画においては、都市へ出ていくことの明確な理由はありません。それはむしろ、当時のブラジルの内陸部における貧困を反映して、人びとがつぎつぎと都会へ衝動的に移動してゆき、都市が貧しい人間たちと、それを食いものにする悪人たちの巣窟になっている状況を、どこかで映し出しているようです。同じように、原作小説では、マクナイーマたちがジャングルへと帰る理由ははっきりしています。それと比べると、映画の場合、マクナイーマは宝石ムイラキタンを取り戻すのですが、それがジャングルへ帰る理由となっているかといえばそうではなく、あまり深い理由が描かれていません。

マクナイーマは王女《プリンセーザ》という女性を森へ連れて帰ります。その一方で、都市ゲリラの女性シーのことを懐かしんでいます。シーという女性は、都市を象徴しています。都市をあきらめて農村へ帰っていく人間が、まだ都市への思いを断ち切れず、懐かしんでいる。映画の場合、都市と農村の関係が、二〇世紀の社会的状況に沿ったかたちで物語の背後に暗示されているのです。

ジョアキン・ペドロ・ジ・アンドラージは、原作者マリオ・ジ・アンドラージによって創造された、モデルニズモ期の混血的でハイブリッドな「英雄」マクナイーマの冒険物語の構造を借り受けて、そこにブラジル社会のアクチュアルな政治状況への批評を取り込みながら、「食人」のテーマに新しい解釈を加え、それを見事に一九六〇年代末のブラジルのパロディックな寓話へと昇華させたのでした。

X

私が食べたフランス人

映画が〈人食い〉の隠喩を極限まで描ききった

メタ歴史映画

前章の『マクナイーマ』において、ブラジル映画における「食人」というテーマが出てきました。本章ではそれをさらに展開していきたいと思います。さらにこのテーマは、『イラセマ』や『バイバイ・ブラジル』といった映画にも谺《こだま》していくことになるでしょう。

『マクナイーマ』（一九六九）は、同時代のブラジルの社会的現実を「食人」（カンニバリズム）という比喩で捉える視点を初めて提示した映画でした。一九六九年は、六四年以降のブラジルの軍政によるさまざまな抑圧的な社会のあり方にたいして、映画作家たちが「食人」という一九二〇年代から三〇年代にかけてブラジルのモデルニズモの芸術運動で唱えられたキーワードを復活させた年でもあります。モデルニズモ期に唱えられた「食人」とは、ヨーロッパによるヨーロッパ的な価値、思想、社会システムの支配に抵抗し、それらをひとおもいに食べ尽くし、消化してしまお

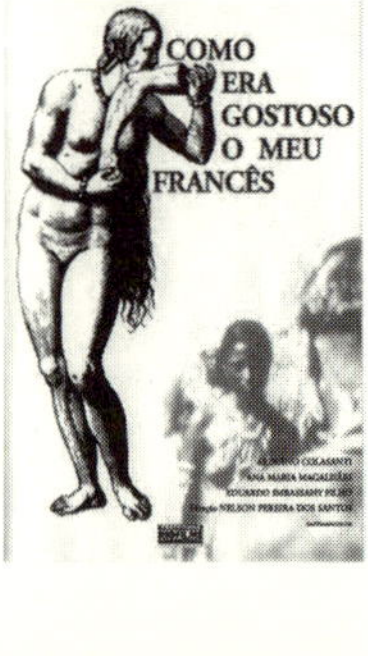

『私が食べたフランス人』 *Como era Gostoso o Meu Francês* 監督：ネルソン・ペレイラ・ドス・サントス／脚本：ネルソン・ペレイラ・ドス・サントス、ウンベルト・マウロ／出演：アルディーノ・コラサンティ、アナ＝マリア・マガリャンイス他／ブラジル／一九七一年
ドイツ人の砲術師、ハンス・シュターデンが一五五七年に刊行した『蛮界抑留記』（邦訳は西原享訳、帝国書院、一九六一）にもとづく。

うというものでした。六〇年代後半からの映画監督たちは、国家や権力そのものが暴力的・抑圧的な機構として働いているブラジル社会において、それにたいするパロディックな民衆的抵抗として、新たに「食人」というテーマを取り上げようとしたのです。

ですから、食べるべき相手がヨーロッパ人からブラジルの国家権力や制度に変わっていきます。その二つはもちろん、繋がっています。その繋がり方に、癒着や共犯的な歴史が絡み合っているところが、ブラジルをはじめとするラテンアメリカにおける植民地の問題なのです。ヨーロッパ人に植民地化されることによって、ヨーロッパ的な仕組みや思想や文化がたくさん入ってくる。そうしたブラジル近代の数百年の歴史を経るなかで、ヨーロッパ的なものがラテンアメリカに根づき、それが現地人のふりをしはじめる。ブラジルのなかに隠されて居残るヨーロッパ、そしてその鬼っ子のような分身であるアメリカ。そういう構造を『マクナイーマ』という映画は明かしたのだともいえます。こうして、一九六〇年代末のブラジルにおける「カンニバリズム」の矛先がはっきりと定位されたのです。

さて、本章で取り上げるネルソン・ペレイラ・ドス・サントス監督による『私が食べたフランス人』（一九七一）は、『マクナイーマ』から二年後につくられた映画です。

一六世紀にシュターデンの乗った船はブラジルの沿岸で難破し、彼は当時人食いの習慣を持っていたトゥピ族に捕虜にされ、九死に一生を得て帰国した。映画の時代設定は一五九四年、舞台はブラジルのグアナバラ湾。フランスと同盟を結ぶトゥピナンバ族は、ポルトガルと同盟を結ぶトゥピニキン族と対立していた。フランス人のジャンはトゥピナンバ族に捕らえられ、先住民虐殺の罪で処刑されることになる。慣例に則って食人の儀式に饗される直前、部族の末亡人の一人セボイペペに与えられることになるが……。ブラックな笑いを誘う喜劇のなかに、ヨーロッパによる植民地主義への痛烈な批判が込められている。ほとんどの台詞がトゥピ語で書かれ、映画のなかで実際に話された非常に珍しい映画。ドス・サントスのこだわりはそれに止まらず、厳密な歴史考証を経た上で、トゥピ族の半裸の姿や衣裳も決定された。

ここでもまた、カンニバリズムが大きなテーマになっています。これは明らかに『マクナイーマ』によって鮮烈に提示された「食人」という比喩にたいする、ドス・サントスなりの応答だといえます。食人というテーマが芸術的に強力なテーマとして新たに表面化してきたものを、ドス・サントスが彼自身のヴァージョンとして描き出したのです。それがこの映画で、原題をそのまま直訳すれば『私のフランス人はなんて美味しかったの』という、それだけでも人を食ったようなタイトルの作品でした。

この映画は、表面的には植民地時代のブラジルを舞台にした、歴史的なモティーフを扱った作品のように見えます。一六世紀から一七世紀の植民地時代のブラジルが舞台になっています。またドス・サントス監督自身は、この映画が歴史的な映画であると同時に、人類学的な映画でもあるといっています。つまり、歴史というものがどのように解釈されてきたかをめぐる映画なのです。ですから単純に歴史的な過去を再現して描き出した作品ではありません。植民地時代のブラジルの歴史がどのように解釈されてきたか、ということを映画を通して考察し、思考しているのです。

そういう意味では、これは「メタ歴史的」な映画です。メタという語には「超越した」という意味があります。歴史におけるメタレベルとは歴史そのものを扱うのではなく、歴史をひとつの解釈されたものとして批評的に扱うということです。歴史そのものから一段上に立ち、歴史がつくられてきたメカニズムやそのなかにあった一方的な偏見、誤解、解釈を含めて見るというスタンスです。そうしたスタンスがこの映画には明らかに見てとれます。

たとえば、冒頭の場面です。ブラジルに植民したフランス人のリーダーの一人、ビルゲニョンという人物がいます。映画は、彼の手紙の引用から始まります。これは史実にもとづく歴史的な文書です。そこでは、植民地時代の初期に植民者グループのなかに犯罪者となった男がいて、処罰から逃げた末に溺死した、という手紙の一部が紹介されます。一見、それと似たような状況が映画のなかで展開されますけれども、映画ではその犯罪者の男は、鉄球と鎖で繋がれて川に突き落とされますが、死ぬことなく生き延びて、フランス人の砦から逃れて、インディオの集落に入っていくのです。ですから、史実では、犯罪者が自ら川に飛び込んで溺死したことになっているものを、映画はそれとは違う状況を物語ることになるのです。

このことひとつとっても、史実としてナレーションや文章の引用で語られることと、映画のなかで展開される内容とが食い違っています。ナレーションや歴史的な

『私が食べたフランス人』を撮影中のネルソン・ペレイラ・ドス・サントス

文書を散りばめながら物語を語り、その物語が歴史的な文書どおりの展開になっていれば、それは歴史的な映画だといえます。しかし、ドス・サントスの『私が食べたフランス人』は、最初から歴史文書とは違う、そこから意図的に逸脱した物語を映画のなかで進行させていきます。これは、「公式的な歴史」という発想が私たちの先入観を縛ってゆく罠について、映画がメタレヴェルに立って問い直そうとしていることになるのです。

数えてみると、この映画では全部で九回、歴史文書の引用が入ります。しかし、これらがナレーションとして物語を補完しているとは到底いえず、むしろ、その一つひとつは皮肉としてそこに挿入されているというべきでしょう。いわば、歴史的資料の批判的な解説として映画が存在している。映画の歴史的な背景を権威づけるために、歴史的な文書が引用されているのではまったくないのです。歴史的な文書を引用することで、逆に映画が批判的に歴史へと切り込んでいくのです。この映画の興味深い点は、物語がそうした基本的な構造を持っていることです。ですから、この映画は「歴史映画」であるより、はるかに「メタ歴史映画」であるといえるのです。

内部的な搾取構造を持つブラジルの誕生

『私が食べたフランス人』が引用している主な資料は、ドイツ人のハンス・シュターデン Hans Staden という人物が書き、一五五七年に出版された探検手記です。この映画のベースになった冒険物語です。ハンス・シュターデンは、インディオのトゥピナンバ族に捕らえられた経験を持っていて、それを「ブラジルへの旅」という手記で報告し、よく知られるようになった人物です。ヨーロッパ人がインディオに捕らえられた体験というのは、そうたくさん伝えられているわけではありません。彼がこの物語を書くことができたのは、いうまでもなくそこから生還するのに成功したからです。それとは反対に、『私が食べたフランス人』の主人公であるジャンは、インディオに捕らえられて最後に食べられてしまう。そのため彼は自身の経験を物語として書くことはできないことになります。

トゥピ語族が出てきたところで、植民地時代初期のブラジルにおいて、どのような紛争があったかを見ていきましょう。なぜなら、この映画はさまざまな勢力の敵対関係や対抗関係をめぐる構図のなかで成立しているからです。まず、基本的なところとして、植民してきたヨーロッパ人とインディオの対立の構図があります。征服者と被征服者です。それから、主導権争いをしていたポルトガル人とフランス人の対立があります。ポルトガルによる「発見」から半世紀ほどあと、一六世紀の半ばにリオ・デ・ジャネイロのグアナバラ湾に植民地「熱帯フランス」を設営し、スペインとポルトガルによる植民地での対抗的状況に介入したのがフランスでした。こうしてヨーロッパ人同士が対立の構図を持っていたのです。まもなくポルトガル人は、トゥピニキン族*という部族と同盟関係を結びました。一方、フランス人はトゥピナンバ族と同盟関係を結びました。このトゥピニキンとトゥピナンバは以前から部族間で抗争をくり返していました。そのためヨーロッパ人たちの対立も、それぞれが対立する部族と同盟関係を結んで、互いを牽制し合うことになっていきました。植民者と被植民者の対立、インディオ同士の抗争、そしてヨーロッパ人同士のつば競り合いがあり、植民地時代のブラジルは複雑な様相を呈していたのです。この映画を観ていると、主人公のジャンが誰についているのか、誰から殺されかけているのか、よく分からないときがあります。その理由は、このような複雑な状況が背後にあるからです。

金髪で青い目をした主人公のジャンは、いかにもヨーロッパ的な外見の人物です。ジャンは処刑され、川に突き落とされ、殺されたはずなのですが、何とか生き

＊トゥピニキン族 Tupiniquim
トゥピニキン族を含むトゥピ系のインディオたちは、ブラジルのアマゾン河口やサルヴァドールからサンパウロ州にわたって、沿岸部と内陸部に広く居住していた。同じトゥピ＝グアラニ語系の言葉を話したが、トゥピニキン族、トゥピナンバ族といった多くの部族集団ごとに分かれ、部族や村落は互いに争いをくり返していた。戦争で捕まえた敵方の捕虜は、その力を自らのなかに取り込むためにカンニバリズム（人食い）の儀礼で処刑された。普段の生活ではキャッサバ、トウモロコシ、さつま芋などを育て、狩猟や漁労も行った。トゥピニキン族は、ポルトガル人

延び、川を歩いていたところをポルトガル人とトゥピニキン族に捕まってしまいます。ジャンはポルトガル人が使用する大砲の扱い方を知っていたので、敵から見てもあっさり殺してしまうには惜しい人物でした。彼を捕虜として利用する価値があったわけです。これが、映画の物語においてジャンが生き延びることができた大きな理由でした。

この同盟グループのいるところに、トゥピナンバ族が攻撃を仕掛けてきます。トゥピニキン族は殺され、ジャンはトゥピナンバ族に捕らえられます。このときにある言語テストが、敵味方を区別するために行われます。あらゆる場所で、民族や人種を選り分けようとする権力の力が働くときに使われる方法です。じつは、これは古代から使われているものでもあります。その方法とは、テストされる人間にある言葉をしゃべらせ、そのイントネーションや発音を聞き分けることで、その人間が何者であり、嘘をいっているかどうかまで見分けるというものです。

ジャンは、捕虜にされたほかのポルトガル人やフランス人たちと共に言語テストをさせられます。ジャンはフランス語で答えました。トゥピナンバ族は彼が敵であるポルトガル人かどうかを見分けようとしています。上手にフランス語を話せるジャンは助かりましたが、ポルトガル人であることを隠すためにしどろもどろ喋っ

がブラジルに来たときに最初に接触した人たちである。その後はヨーロッパ人の侵略から逃れて、内陸部に移住した部族も多い。ブラジルにおいて「トゥピニキン」という語は「ブラジル人」という意味で使われることもある。

『私が食べたフランス人』の主人公のジャン（左）

ている者たちは見破られて殺されます。このときにジャンは不思議な呪文のような言葉を吐くのです。「野蛮人は裸で、われわれは未知である」というフランス語です。「裸」はフランス語で「ニュ」nu といいます。「未知である」は「アンコニュ」inconnu ですから、韻を踏んでいるわけです。そのときの物語の文脈とはまったく関係のないフレーズですが、ともかくこれはフランス語です。言語テストでは、フランス語をよどみなく喋って、トゥピナンバ族と同盟関係にあるフランス人だと示すことが重要なわけです。とっさに出た、無意識のフランス語のようにも思われます。

しかし、このときにジャンが話した呪文のようなフレーズには、深い意味が隠れています。まず、ヨーロッパ人が衣服をまとった文明世界の人間であるのにたいし、原住民は裸であり、野蛮な存在であるという意味合いがはっきり見てとれます。しかし、ヨーロッパ人は服を着ているので、その裏側にある野蛮性はまだ知られていない、という意味にもとれます。この言葉を映画の文脈にそって解釈していけば、文明世界も野蛮であり、未開社会よりもはるかに野蛮であるかもしれないが、それはまだ隠されている、というメッセージになるのです。ジャンがそのように考えて言ったのではなく、この言葉を映画のなかでジャンに語らせたネルソン・ペレイラ・ドス・サントス監督の意図のなかに、そうした寓意的なメッセージが隠されているということです。

ともかく、言語テストに合格したおかげで、ジャンはトゥピナンバ族の一員として暮らすことを許されます。彼は重宝されます。火薬や大砲を扱えるからです。トゥピニキン族との抗争において、どうしても火薬を導入する必要があったのです。インディオたちの世界に同化すればするほど、ジャンはどんどん変わっていきます。まず、顔を覆っていた髭がなくなります。髭を生やしているというのは、西洋人とインディオを外形的に区別するときのしるしでもあります。インディオははじめはジャンのことを動物みたいだといってからかっていましたが、そのジャンの髭がなくなるのです。髭をすっかり剃ってしまい、それからトゥピ語を話し始める。これ以降、映画はトゥピ語の映画になってしまうのですが、これ自体が映画としては非常に例外的でラディカルなことです。一般的な観衆を相手にした商業的な映画として成立させようと考えれば、ほとんどありえないことです。ジャンは髭を剃り、髪を切り、トゥピ語を話し始め、最後には素っ裸になってしまいます。そして、弓矢の扱い方を覚えて、ヨーロッパ性をどんどん失っていきトゥピナンバ化していく。映画もまたトゥピナンバ語映画になってゆく。一気に訪れる、映画世界の変容です。

トゥピナンバ族の村にはフランスの商人が出入りしています。一六世紀のヨーロッパ風の服を着ているので、村では異人性が際立ちます。この商人の役は、ジャン役のアルディーノ・コラサンティの実の父親が演じています。このフランス商人が求めているのは何かというと、パウ・ブラジル*という優れた木です。植民地時代初期のブラジルにおける主な狙いはこれだったのです。ブラジル・ウッドとも呼ばれる優れた木材で、赤色の染料となることで珍重されていました。

　ジャンを介してインディオと取引するのですが、だんだんとジャンがヨーロッパ性を失い、フランス語を話さなくなるので、商人はジャンを見放します。インディオたちがフランス人に「この男は本当にフランス人なのか」と訊ねるぐらい分からなくなってくる。商人も「彼はもうフランス人じゃない」と答え、フランス人というアイデンティティから追放されてしまうのです。だからといって、彼はトゥピナンバ族でもありません。彼は中間的なカテゴリーの存在となり、そのアイデンティティは宙吊り状態になっていきます。

　インディオはフランス商人にパウ・ブラジルを提供する代わりに、櫛とか鏡とかビーズとか、ヨーロッパ人にとってはさほど価値もないものと交換し、貴重な木材をどんどん放出してしまいます。莫大な財産になるはずのパウ・ブラジルの価値を知らされることもなく、日用品との交換で誤魔化されているのです。やがて、火薬

＊パウ・ブラジル Pau-brasil
マメ科の常緑高木。別名ブラジルボク。パウ・ブラジルは「赤い木」という意味で、赤色の染料として珍重された。その木材は一六世紀半ばにポルトガル人によって発見されて以来、長いあいだブラジルの主力産品のひとつだった。ブラジルの国名はパウ・ブラジルに由来するとされる。化学染料の時代に入ると用途が変わり、柔軟で強靭な材質であることから、バイオリンの弓をつくるための木材として世界中で使われるようになった。用材にできるまでの樹木に成長するのに一〇〇年以上かかるといわれ、長年の乱伐採の末に絶滅の危機に瀕しているとされる。

が交換のアイテムに入ってきます。内部的抗争を有利に進めようという思惑のなかで、さまざまな搾取や利用の狡知がせめぎ合ってくるのです。ブラジルが資本主義的な経済関係に巻き込まれていく出発点がこのあたりにあることを暗示するシーンでもあります。

ある日、ジャンはインディオの女性でセボイペペという妻を与えられます。そして妻との間に、感情の交流が徐々に芽生えていきます。ところがあるとき、ジャンはセボイペペの臍の飾りに金が使われているのを見つけて驚きます。金の存在を知ったからです。ジャンのなかに打ち消しがたい欲望が芽生えます。この金を利用することで、自分は大金持ちになれるという一攫千金の夢です。外見的にはトゥピナンバ化していたジャンが、金の発見によって、急速に再び近代フランス人へと変化するのです。インディオの黄金を利用しながら、自分が豊かになろうとする個人主義的欲望が強く芽生え始めるわけです。

ところが、妻のセボイペペが、トゥピナンバ族の神話にでてくる白い偉大な神についてジャンに語って聞かせると、ジャンの考えに変化が訪れます。ジャンはそのトゥピナンバの神を自分と同一化させるのです。フランスとさまざまな交渉をし、部族の金を上手に利用しながら、トゥピナンバ族の首長となって英雄として生きて

『私が食べたフランス人』の女主人公セボイペペ（左）

いく未来を夢想するのです。この頃からジャンは暴力的になってゆき、部族の抗争のなかでポルトガル人を殺したりします。トゥピナンバ族に、まったき忠誠を誓う者として振る舞うのです。そして、フランス商人がやってくると、金を火薬と交換する。ここで金という切り札を使うのです。

ここまで来ると一体誰が経済的な搾取者なのか、という問題が出てきます。通常の歴史的な文脈でいえば、ヨーロッパの商人たちがたいして価値もないものを持ってきて、インディオの金やパウ・ブラジルを奪い取っていったことになっています。ところが、映画におけるジャンの行動を考えれば、経済的な搾取者はヨーロッパ商人というよりは、むしろ内部にいながら交換のメカニズムを巧みに操っているジャン自身なのです。ジャン本人がインディオの民を西欧に売り渡しているのです。

つまり、ヨーロッパ人であるジャンがあたかもヨーロッパ人ではないかのようなふりをして、ブラジルの資源を横取りし、搾取している。彼はヨーロッパの利益というものと自分とを結びつけています。ここまで来ると、ジャンは単なる外部の人間ではないわけです。外部性を持ちつつ内部化した人間によってブラジルが搾取されているという構図が出てきます。ドス・サントス監督はジャンをこのような存在として描き出すことで、「ブラジル人」なるものの歴史的誕生を寓意的に描き出しているのです。内部の利益を装いながら外部の利益と癒着し、内部を搾取するという屈折した構造です。つまり、ブラジル人とは、ジャンのような内部化された「外部との共犯者」というかたちで生まれてくる、ということです。インディオに自らの存在をカムフラージュすることで、ジャンのヨーロッパ性というものは隠蔽される。自らのヨーロッパ性が見えなくなったところで、新たな搾取の構造が始まる。「野蛮人は裸で、われわれは未知である」という謎のような言葉の隠された意味が、ここで氷解します。ヨーロッパ性が「隠蔽されている」inconnu ということを、この言葉は暗に語っていたのです。これが「ブラジル」そのものの誕生として描かれていることのなかに、ドス・サントスのブラジル社会への痛烈な批判が込められていたわけです。

カンニバリズムの儀礼

そのことを映画の物語の顚末も語っているようです。金をめぐってジャンとフランス商人が争うことになりますが、商人のほうが殺されてジャンが生き残ります。フランスという外的な要素そのものによる支配ではなく、新しい経済的な構造を牛耳る新しい主人が誕生するわけです。それがジャンです。このあと、さらに深い寓意が映画の物語のなかで語られることになります。

ジャンはこの部族のなかに八ヶ月くらいいましたが、ずっとそこにいるつもりはもともとなかったので、あるとき脱出しようとします。ところが、彼の妻であるセボイペペから足に矢を射かけられて、立ち去ることがかなわない。セボイペペはジャンにつき従っているかのように見えていましたが、最終的には部族にたいしての忠誠を示します。ジャンはこうして村に拘束されます。それはなぜかというと、最後の儀礼が残っているからです。ジャンは確かにいろいろなかたちで部族のために働き、部族もジャンのおかげでさまざまな利益を蒙った。しかしその関係は、ジャンにたいする最後の儀礼を行わなければ完結しないものなのです。それがジャンにたいする食人、カンニバリズム*の儀礼です。

顔を赤く塗られたジャンが出てきますが、これはインディオ化の最終段階といっていいでしょう。トゥピナンバ化する最終段階で、完全にインディオへと統合されます。つまり、ジャンは象徴的にインディオの部族に食べられたということです。残っているのは、儀礼的に食べるという行為を実践するカンニバリズムの最後の儀式だけです。セボイペペがジャンの首を食べるシーンが出てきますが、そのとき

＊カンニバリズム cannibalism　人間が人間の肉を食べること。人肉食。ポルトガル語では antropo-fagia。元はスペイン語でカリブ海の人たちを差す「カニバル canival」に由来する。一六世紀頃のスペイン人の航海士たちは、カリブ海の先住民たちが人肉食をする野蛮人だと信じていた。文化人類学においては「族内食人」と「族外食人」に大別される。前者は死者への愛着からその身体の一部を食べる、

ジャンはフランス語でこう叫びます。「私の部族が復讐に来るぞ、見てろ」と。この「私の部族」とはたんに「フランス人」のことではないでしょう。この表現が意味しうる、矛盾し、多義的で、癒着した関係性を私たちは深く考えねばなりません。この部族とは、あるいは「ブラジル人」であるのかもしれないからです。

インディオにとってのカンニバリズムとは、外敵にたいする復讐行為を意味しませんでした。近隣部族相互間にも食人行為があったのではないかと、さまざまな研究者によって議論されています。ブラジルに限らず、世界全体に食人の慣習はありましたが、多くの部族社会において食人の儀礼というのは、栄養のためでも、敵への復讐のためでもなく、むしろ食べられる者が持っている力を、食べる側が自分の肉体のなかに取り込むという意味において行われていました。相手の力を自分の身体に同化、吸収することで、より自らを強くするという意味を食人行為は持っていたのです。

そうだとすれば、ジャンは常にトゥピナンバ族の集落において、食べられ続けていたわけです。彼の火薬の知識であるとか、火薬をヨーロッパ商人から入手するエージェントとしての能力とか、そうしたものによってトゥピナンバ族は彼の力をつぎつぎと吸収していたのです。ジャンはインディオの富を搾取している側面があ

または儀礼的に食べるか齧るような行為をする習慣で、日本列島を含めて世界中で広く見られた。南北のアメリカ大陸においてヨーロッパ人たちが報告している食人行為には、復讐のために敵対する相手の肉を食べる場合と、トゥピ族に見られるように、ヨーロッパ人や敵対する部族の力を自分のなかに取り込もうとする、慣習や社会制度として認知された儀礼的な食人行為があった。

『私が食べたフランス人』のセボイペペ

りましたが、インディオの視点からすれば、ジャンも利用され、飲み込まれ、食べられていたわけです。ですから、最後の食人儀礼というのは、実質的には完全に統合され、吸収され、すでに食べられてしまっていたジャンを、最後に本当に食べた、というだけのことなのです。

カンニバリズムとカーニヴァルの異化の方法

この映画におけるカンニバリズムというテーマは、どこから来たのでしょう。すでに前章で触れたように、詩人オズヴァルジ・ジ・アンドラージによって、一九二八年に「食人宣言」*Manifesto Antropófago* という宣言文が出されました。そして『レヴィスタ・ジ・アントロポファジーア』*Revista de Antropofagia* すなわち『食人雑誌』という雑誌を拠点に、マリオ・ジ・アンドラージも加わったモデルニズモの文学運動が展開していくことになります。モデルニスタたちによる「食人」のマニフェストには、反植民地主義への新しいアプローチがあります。ブラジルは独立したあとも、文化的な植民地として西洋のさまざまな支配下に置かれていました。しかし、それへの抵抗の手段は、西洋的な要素を単純に否定するというかたちでだけ考えられていた

『食人雑誌』*Revista de Antropofagia* の表紙

わけではありません。

むしろ、ブラジルは外的な輸入文化によって支配され、他者の価値観のなかに巻き込まれ、借り物の陳腐な思想の上にあぐらをかいており、植民地的なメンタリティによって無意識のうちに自分自身の心理を操作されている。だとすれば、かつてトゥピナンバ族が、侵入してきた敵を食べることにより、自分を高めていったのと同じように、ヨーロッパから持ち込まれた文化的生産物を、生肉のようにして食べてしまうこと。その栄養分を効果的に消化し、自ら違うものへと変身していくこと。文化を転倒し、飲み込んで消化し変容させていく。そういう新たな文化的な戦略として、この「食人」という言葉が選びとられたのです。それはトゥピナンバ族の伝説のなかにある食人行為を、モデルニスタたちが、新たに自分たちの現実を推進していくための用語として新しい文脈のなかに組み込んだということになります。

こうした画期的な「食人宣言」による二〇世紀ブラジル文化の新たな覚醒の歴史をすでに経験したあと、一九六〇年代、七〇年代の映像作家たちは、モデルニスタたちが使った「食人」という概念を、さらに新しいブラジルの現実を切り取るための概念として、もう一度持ち出しました。独裁政権時代のブラジル政府は、すでに前章の『マクナイーマ』において検討したように、民衆を貪り尽くす食人機械のようなシステムでもありました。そのような状況下において、「食人」という概念そのものが、度重なる引用と再利用のなかで、新たな意味を与えられよみがえってくるのです。『私が食べたフランス人』におけるカンニバリズムの含意は、すでに先住民とヨーロッパとの文化的接触は果たされており、相互のさまざまな共犯関係のなかでブラジルが成立していることが前提となっています。ちょうどジャンがインディオに自らを近づけていくことでフランス性から抜け出し、インディオになり切れない中間的な段階で、矛盾する両義的なエージェントの役回りを演じ始めたのと同じように、ブラジルもまた、先住民と白人と黒人奴隷による複雑な対抗関係から生じた、単一の意味や理念を拒む、壮絶な矛盾の混合体でしかありえないのです。

このように、文化的に純粋な場としての起源へ回帰することが不可能であるという地点から、「食人」という問題意識は出発しています。外的な影響から、自らが純粋性を保つことが不可能であるという状況のなかで、他者によって支配された文化をどのように乗り越えていくのか。そうなると、外的な要素を飲み込んでいき、咀嚼し、別なものへ変えていくという発想が出てくるわけです。二〇世紀のブラジルは、そうした行為が続けられた絶えざる運動体でもありました。

その意味でいうと、カンニバリズムはカーニヴァルの戦略とさまざま点で似ています。カーニヴァルというモティーフが、単に現実の祝祭のなかにだけ現れるわけではないことは、すでに『黒いオルフェ』から『マクナイーマ』に至る映画的系譜のなかで考えてきました。『マクナイーマ』は、カーニヴァルを直接描いた映画ではありませんでしたが、社会的な現実を描き出す手段として徹底的にカーニヴァル性を使っている。見慣れたもの、馴染みのあるものをひっくり返し、転倒させ、裏返すことで、見慣れないものに変えてしまう異化の手法です。それがカーニヴァルの特徴ですが、食人というものもある意味では異化の方法のひとつです。われわれを支配しようと迫ってくる力を飲み込み、違うものに変えてしまうことです。

ドス・サントス自身が『私が食べたフランス人』をめぐって、こんなことをいっています。「外的な文化を拒否することは、もはや誤りである。われわれは充分にヨーロッパ人なのである」と。ポルトガル語という言語、宗教、そしてヨーロッパ由来のさまざまな生活習慣があり、さらに、西欧文化やアメリカ的な技術文明は二〇世紀後半、圧倒的な影響力をもってブラジルの民衆的な社会にたいしても暴力的な侵入を図ろうとしてきました。そのリアルな状況を、ドス・サントスは五〇年代に『リオ40度』『リオ北部』といった映画で描き出してきました。そして、同じ監督が十数年経って『私が食べたフランス人』を撮ったのです。彼の姿勢は変わっていませんが、描き方はずいぶんと寓意的で複雑になっていることが分かるでしょう。

自分たちが充分にヨーロッパ人的であることを認めつつ、西欧的技術文明がブラジル民衆社会を押し潰していく様子を描くことは非常に苦痛と困難をともないます。自分自身のヨーロッパ性を極限まで引き受けながら、ヨーロッパというものから身を引き剥がしていこうとするぎりぎりの戦略として、「食人」という抵抗の手段が編み出されたのだとすれば、それにたいする新しい支持をドス・サントスはここで表明したのです。その意味でいえば、これはモデルニズモにおける文学運動としての食人宣言の、ストレートで忠実な映画的な反応であるともいえます。二〇年代や三〇年代には、映画によってモデルニズモ運動を支持するような状況にはありませんでした。映画という芸術表現はまだそこまでの批評性を獲得するほどに成熟してはいなかったのです。ようやく六〇年代、七〇年代になって、映画はモデルニズモの文学者たちが持っていた戦略を支持できるまでに成熟してきたのです。しかもその方法は、さらに屈折し、諧謔性を増し、より寓意に富んだやり方でした。

ネルソン・ペレイラ・ドス・サントスの『私が食べたフランス人』は、七〇年代初頭の抑圧的なブラジルの政治状況下で、「食人」というモティーフの同時代的な可能性を徹底的に考え抜き、インディオの言語と文化の遺産にたいして映画が意欲的なアプローチを示したことに大きな意味があります。モデルニズモの文学運動は、インディオの文化伝統、言語、神話を思想的に探究しようとした初めての運動でしたが、映画もそうした運動の精神を引き継ぎ、ついに全篇トゥピ語といってもいいほどの映画をつくったのです。これは画期的なことでした。植民地としてのブラジルの歴史は、ここで寓意的な方法によって再検討されたのです。

「私の部族」

もう一度、先ほど触れた謎について繰りかえしておきましょう。映画のラストシーンでジャンが食べられるとき、「私の部族が最後に復讐にくるぞ」という捨て台詞を残して死にます。この「私の部族」とは一体誰なのでしょうか。単純に考えれば、それはフランス人のことでしょう。フランス人のジャンが忠誠を誓い、自らが帰属しているフランス、このヨーロッパという部族がお前たちを殺しに来るぞ、と叫んだのだと考えるのが自然かもしれません。しかし、もしかしたら、これはブラジル人のことなのではないでしょうか。ヨーロッパと共犯関係を持ったブラジルが、いまインディオによって食べられてしまう。そのブラジルが、あるときどこかで覚醒し、国を興し、その力を持ってインディオの前に姿を現して、ジャンの仇をとると予言したのでしょうか。どちらの解釈も成り立つでしょう。そして、その両方の解釈が成り立つことによって、この映画は複雑なメッセージをわれわれに投げかけ続けるのです。

単にインディオとヨーロッパ人の植民地時代の抗争という文脈のなかだけで、この映画が成立していないことを、この台詞の多義的なメッセージが証明しています。植民地時代の一六世紀、一七世紀のブラジルならば、そこにおける対抗関係の基本的図式はヨーロッパ人対原住民です。しかし、この映画はその時代を描きながら、メッセージとしてその基本的対抗関係を超えていくのです。そして、主人公のジャンの矛盾のなかに、ブラジル人の誕生の秘密が透視されるのです。そうだとすれば、ひとたびインディオとの混血になったブラジル人がアマゾンの奥地へやってきて、インディオに復讐を果たすという予言は恐ろしくもあります。実際に、それはたとえば二〇世紀半ば以後の「アマゾン開発」というかたちで起こったことであるとも考えられるからです。

そうなると、ジャンの最後の捨て台詞は、ジョルジ・ボダンスキーとオルランド・セナ監督の異色作『イラセマ』(一九七六)という映画が描き出した現実と対応していることになります。次章で取り上げるこの映画は、インディオの一人のナイーヴな少女が、たった数年間の文明社会との接触によって徹底的に搾取され、捨てられ、自らのナイーヴさとは対極にある、残酷なまでの退廃へと堕ちていく姿を描いています。この映画の最初のシーンでのイラセマの表情と、最後のシーンでの表情のあまりの違い、その壮絶な落差を何と言葉にしたらよいのでしょう。イラセマは自分の生の数年間に起こったあらゆる堕落の境遇を体内に秘めて、最後のシーンの表情のなかでそれを見事に暗示しています。世間ずれして、愛想が良くなって、自分の堕落した運命に完全に服従してしまった一人の娼婦の表情です。それが、個人であるとともに、ひとつの民の表情として、痛いほど冷酷に示されています。

私たちは、「食人」という主題を軸に、『マクナイーマ』と『私が食べたフランス人』という二本の映画作品を見てきました。このテーマは、さらに食人という行為の比喩性を屈折させながら、アマゾンの開発を扱った『イラセマ』という、直接的に社会問題を扱った作品へと引き継がれていくことになります。

XI

イラセマ

ブラジル映画はいかにしてアマゾンの失楽園を描いたのか

「大地の聖女」と「痛みの息子」

この章では、ジョルジ・ボダンスキー[*]とオルランド・セナ[*]共同監督の映画『イラセマ』（一九七六）について考えてみたいと思います。斬新なセミ・ドキュメンタリーの手法で撮られ、アマゾン開発に邁進するブラジルの進歩主義的な政策の暗部を批判的に突いて、完成後数年間ブラジルにおいて公式には上映禁止となった問題作でもあります。ブラジル奥地のインディオの少女が、アマゾン河口にある大都会ベレンに出てきて、経済成長に沸くブラジルの都市の陰の世界に取り込まれ、堕落していく姿を描いています。それが、インディオの少女とトラックの運転手の男とのあいだに起こる断片的な出来事の連鎖として物語られていきます。この少女の名前がイラセマです。彼女は、他人に名前を言い間違えられ、たびたび「私の名前はイラセマよ」と正すのですが、この「イラセマ」という名前はブラジルの歴史にとって象徴的なものなのです。それは、この映画より一一〇年ほど前に書かれたブラジルの

『イラセマ』*Iracema, Uma Transa Amazônica*　監督：ジョルジ・ボダンスキー、オルランド・セナ／出演：エジナ・ジ・カシア、パウロ・セサル・ペレイオ／ブラジル／一九七六年
映画の題名は「ポカホンタス」のブラジル版といえる、新世界へやってきたポルトガル貴族の青年と、無垢なインディオの少女の出会いを描いたジョゼ・ジ・アレンカールの名著『イラセマ』に由来する。しかし映画では、その設定を現代

国民文学ともいうべきロマン主義小説『イラセマ』（一八六五）にまで遡ります。

　まず、小説『イラセマ』について簡潔に押さえておきましょう。作者は、ジョゼ・ジ・アレンカール*という一九世紀のブラジルの著名な作家です。ブラジル北東部にあるセアラ州の有力な政治家の家系に生まれたポルトガル系白人で、もともとはリオ・デ・ジャネイロのような都市におけるエリート文化を主題にして新聞小説を書いていた作家でした。フランスのユーゴーやシャトーブリアンなどのロマン主義文学の影響を受け、ブラジルが独自に創り上げてきた伝統的な価値を、一九世紀の都市のエリート文化のなかで表現しようとした書き手です。どこかでヨーロッパの反道徳的な文学にたいする批判意識も持っており、ブラジルにおける「家族の絆」のような伝統的な価値観に依りながら書いていました。

　ところが一八五七年に、アレンカールは突然まったく毛色の異なる小説を書きました。それが『グアラニ』*O Guarani* という小説です。グアラニというのは、トゥピ族と言語・文化的に類縁関係にあるグアラニ族という先住民のことです。ここで、アレンカールは初めてインディオについての小説を書いたのです。これはインディアニスタ小説、すなわち「インディオ主義」の小説と呼ばれていますが、インディオの権利回復を目指すというような政治的な含意はなく、インディオの素朴な生活

のアマゾン横断道路における出会いに変更し、白人のトラック運転手と売春を強いられるインディオ娘の姿を描く。ボダンスキーとセナはロングテイクのショットを多用し、現場で記録した音声を使用することで本作にドキュメンタリー的な迫真性を持ちこむことに成功した。現代の『イラセマ』がアマゾン横断道路を舞台にして映し出すのは、アマゾンの環境破壊や木材の密輸が跋扈するなかで、移民労働者や先住民女性といった弱者が外国企業や男たちによって運搬され、商品として扱われる社会的搾取の実態である。

***ジョルジ・ボダンスキー** Jorge Bodanzky（一九四二―）ブラジルのドキュメンタリー映画作家、写真家。オーストリア人の両親のもとサンパウロに生まれる。ブラジリア大学に在学中、軍事クーデタのため大学が閉鎖されたのでドイツに渡り、ウルム造型

を美しくロマンティックに描き出すという傾向の小説のことでした。ブラジルに限らず、一九世紀後半から二〇世紀初頭にかけてペルーやコロンビア、メキシコなど、先住民文化が厚みをもって存在する国に共通に見られた文学的傾向で、インディオ世界への共感と称揚を基本にした、ラテンアメリカの懐旧的なひとつの文学的感性を象徴している、といっていいでしょう。

小説『グアラニ』は、一七世紀初頭の植民地時代のリオ奥地の密林地帯を舞台にしています。前章で見た『私が食べたフランス人』とほぼ同じ時代背景です。小説には二人の主要な登場人物が出てきます。一人はペリというインディオの男性で、彼は優雅で勇敢な先住民男性の象徴のような人物です。もう一人のセシリアは、ポルトガル植民者の娘でブロンドの美しい女性です。『グアラニ』という小説は、この二人のロマンスとして書かれました。しかし、ただの恋愛小説ではなく、二人をめぐる複雑な物語を通してアレンカールは、ブラジルにおける国民の創世を描きます。つまりブラジル国民がどのように生まれたのか、という神話をつくったのです。ペリとセシリアは人種が違い、征服者と被征服者という対立する集団に属しており、物語のなかでは両者の戦いがあり、両者が全滅して二人だけが生き残って、インディオとヨーロッパ人が最初のブラジル人を誕生させるという物語が最後に浮上し

大学で学ぶ。フォトジャーナリストや映画の撮影監督としてキャリアを積み、初めて監督した『イラセマ』（一九七六、オルランド・セナとの共同監督）で世界的な注目を浴びる。以後、環境問題をテーマとする優れたドキュメンタリー作品を多数発表している。

＊オルランド・セナ Orlando Senna（一九四〇—）
ブラジルの映画監督、脚本家、ジャーナリスト。バイーア州出身。サルヴァドールで過ごした学生時代にグラウベル・ローシャに出会い、映画製作に携わるようになる。ジャーナリストとして活動する一方、これまでに三〇本以上のドキュメンタリーや劇映画の監督、脚本を手がけてきた。

＊ジョゼ・ジ・アレンカール José Martiniano de Alencar（一八二九—一八七七）
ブラジルの文学者。ブラジル北東

てくるのです。ブラジル国民の誕生をめぐる原型の物語です。そして、それをさらに展開させたのが一八六五年に発表された『イラセマ』という小説でした。

「イラセマ」Iracemaという言葉は「アメリカ」Americaという文字のアナグラム（綴り換え）になっています。それ自体、とても暗示的な表題です。インディオの娘イラセマが恋に落ちる相手はマルティンというポルトガルの探検家であり、小説では海の彼方からやってきた戦士として語られています。『イラセマ』という小説はこの二人のロマンスを中心に語られますが、『グアラニ』のときとはインディオとポルトガル人の男女の設定が逆になっています。性に関わる象徴や記号性のズレや違いにも注意したいところです。

さて、先住民女性イラセマとヨーロッパ植民者マルティンが出会い、恋に落ちていく。このあたりは、ちょうど北米の創世神話ともいうべき「ポカホンタス」Pocahontasの物語によく似ています。インディアンの首長の娘ポカホンタスとイギリスの探検家ジョン・スミスのロマンス物語はディズニー映画にもなり、アメリカの建国における征服者と被征服者のあいだの調和を語る創世神話となりました。『イラセマ』の場合は、他者同士である男女が恋に落ちたあと、イラセマが自分の部族を説得し、マルティンはインディオの友人として遇されるようになります。絶対的他

部のセアラ州に生まれる。サンパウロ法科大学に在学中、ヴィクトル・ユーゴーやシャトーブリアンなどロマン主義の文学に影響を受けた。卒業後はリオ・デ・ジャネイロに居を移し、弁護士、新聞記者、国会議員などを務めるかたわら、詩や小説や批評を書き続けた。ロマン主義が高揚した時代に、ブラジルの先住民、地方の風物や人たちを描き、ポルトガルの借り物ではないブラジル的な文体を確立。代表的な小説作品に、『グアラニ』（一八五七）、『イラセマ』（一八六五、邦訳『イラセマ――ブラジル・セアラーの伝承』田所清克訳、彩流社、一九九八）などがある。『イラセマ』は、ブラジル国民の理想的な原型としてインディオをロマン主義的に称揚した「インディアニズモ」の潮流にある作品とされる。

者同士の遭遇が悲劇を生むのではなく、調和や協調に向かうという物語がここにも描かれています。

イラセマは、「大地の聖女」と小説のなかで呼ばれています。これは部族の掟として彼女が大地と特別な関係をとりむすんでいることを示しています。イラセマは部族社会のなかで宗教的に特別なステータスを持つ女性だったわけですが、マルティンと出会うことでその関係性を断ち切ってしまい、マルティンの妻として子を身ごもります。つまり、イラセマは部族の掟として定められた大地の聖女としての処女性をマルティンによって破られてしまうのです。それはインディオの世界観から見れば、侵犯にほかならない。身ごもったイラセマはモアシールという子供を産みます。そして、イラセマはその出産のときの難産が原因で死んでしまう。モアシールという名前の意味は「痛みの息子」である、とアレンカールは作品で注釈しています。つまり、イラセマとマルティンは部族の掟を破って愛を交わし、モアシールを身ごもり産むのですが、ここには、インディオがポルトガルによる征服で蒙ったすべての痛みを背負う一人の息子を産み落とした、という物語が描かれているのです。

すると、ここに見られるアレゴリーや比喩的な意味は次のようになるでしょう。

イラセマというインディオ的なアメリカ（「イラセマ」は「アメリカ」のアナグラムでした）は死すべき運命にあった。そして、その滅びにまつわるすべての痛みを背負った混血の息子が、最初のブラジル人になった。その混血の息子モアシールは、マルティンというポルトガル人の庇護のもとに生まれることになる。こうした寓意が小説のなかで語られているのだといえるでしょう。つまり、『グアラニ』でペリとセシリアのロマンスをブラジル国民の創世として語ったアレンカールは、次に『イラセマ』において、最初のブラジル人がじつは「痛みの息子」として生まれたものであることを暗示したわけです。

『イラセマ』は物語の形式においては多分にロマンティックであり、古い掟やしきたりを破って二つの異なる存在が交わり合い、新しい調和ある世界をつくるという定型を踏襲しています。ただ、新たに生み出された存在にたいして「痛みの息子」という名前をつけたのは、アレンカール自身が持つブラジルにたいする批判的な、より深いアプローチを反映していました。しかし、小説の全体的な印象としては、アレンカールが一九世紀的なインディアニスタの発想によってインディオ世界を美化していることは否定できません。そのうえで、インディオ世界と西欧世界の混血としてつくられたブラジルに国家的なアイデンティティを与えようとした。こうしてこの小説は、近代の独立国家ブラジルのナショナリズムを支える小説として、長いこと読まれてきました。「イラセマ」という名前は、ブラジル人の誕生をナショナリスティックに確認し、征服されたインディオとその庇護者となったポルトガル人の対抗的関係を調停するものとしてイメージされてきたのです。

ところが、これから見てゆく映画『イラセマ』は、一九世紀に書かれたアレンカールの小説のヴィジョンを大きくずらし、それを遥かに超える新しいメッセージを語っています。インディオの娘と白人男の出会いという構図は、確かに小説『イラセマ』から引き継がれてはいます。しかし、それは単なる出発点における類似にすぎないといってもいいでしょう。この映画は、アレンカールの作品が書かれてから一世紀以上経った、一九七〇年代半ばの経済成長期のブラジルの現実に「イラセマ」を置き直し、原小説のテーマを徹底的に新しいものに変容させています。映画『イラセマ』の副題は“Uma Transa Amazônica”となっています。「トランザ・アマゾニカ」という副題は「アマゾン横断道路」*Transamazônica をただちに連想させます。内容も、もちろんアマゾン横断道路の開発に深く関係しているのですが、この副題を添えたことで、この映画がアレンカールの小説を下敷きにしたインディオ女性のロマンティックな運命の物語でないことは、明白に語られています。なぜなら、この

＊アマゾン横断道路 Transamazônica 英語名はトランス・アマゾニアン・ハイウェー。東はブラジルの大西洋岸の都市ジョアン・ペソアから、西はペルー国境までアマゾン地域

“Transa”というポルトガル語は「性交」とか「取引」などを意味し、さらにそこには「苦境」とか「危機」（＝“transe”）というニュアンスも響いており、「アマゾンにおける性の取引」あるいは「アマゾンにおける危機」というようにこの副題の意味を解釈することが可能です。こうしてイラセマの物語は、同時代のブラジルにおいて推し進められた政治・経済的一大プロジェクトであるアマゾン横断道路のもたらした、栄光と悲惨とに結ばれていくのです。

ここにおいて、恋愛物語とは違う文脈がはっきりと見えてきます。イラセマの物語は、七〇年代のブラジルにおける過酷な現実のなかに置き直されています。映画『イラセマ』の物語は残酷であり、異様なまでに痛ましく悲劇的なものです。少女イラセマが娼婦として徹底的に利用され搾取されていく姿が、冷徹ともいえるカメラワークでひたすら描写されていきます。この映像に、驚きを隠せない人も多いことでしょう。あまりの迫真性のため、完成後に公開禁止になったことも頷けます。アレンカールの小説にあったロマンティシズムは微塵も残っていません。インディオ娘と白人男の出会いはいかなる愛を生むこともなく、子供という愛の結実をもたらすこともありません。インディオ娘は初めから宿命づけられた売春婦として文明社会と接触するだけです。その前も後もない、というべきでしょう。そして売春婦

を東西に約五四〇〇キロにわたって貫通する道路。ペルーの道路網と連結して、陸路で太平洋岸に到達することができる。軍事政権における目玉政策として一九六八年頃に建設が開始され、六年後に完成された。巨大な未開地であったアマゾン地域に入植し、鉄、金、錫、銅などの鉱業資源、天然ゴムや木材の自然資源を開発し、農業や畜産をおこすための道路網の整備として位置づけられた。その一方で乱開発や森林伐採によって、アマゾン地域の環境に破壊的なダメージをもたらす原因のひとつとなった。

とは、子供を産んで母親になることをあらかじめ社会的に否認された存在なのです。アレンカールの小説が示唆した、愛の結実としての子供（＝ブラジル）の誕生は、この映画でははじめから否定されているのです。

矛盾を孕んだ「アマゾン横断道路」

映画『イラセマ』の内容に入っていく前に、もうひとつの前提として、映画が撮影された七〇年代ブラジルの時代背景を見ておくべきでしょう。七〇年代のブラジルにおける軍事政権は右翼的なナショナリズムを信奉し、メディアや言論にたいする厳しい検閲を行いました。それによって、ブラジルの内政をしっかりと統制していったのです。また、政府はそうした厳格な国家イメージを強くアピールすることで、軍事政権を内外に向けて正当化しようとしたのでした。経済的には「ブラジルの奇跡」と呼ばれる理念を人びとに植えつけようとしました。経済成長を誇大宣伝するために、軍事政権は天然資源の存在を国力の象徴として喧伝する政策をとりました。木材、鉄、錫、銅といったアマゾン地域に眠っている鉱物資源を、ブラジルの奇跡を生むシンボルとして利用しようとしたのです。

アマゾン地域に眠る天然資源の開発による「ブラジルの奇跡」のイメージを牽引し、七〇年代の経済成長の象徴となったのが「アマゾン横断道路」です。一九六八年頃から建設が着工され、六年ほどかけて一九七四年にアマゾン横断道路は全線開通しました。映画『イラセマ』の完成は一九七六年のことで、映画の製作はまさにこの横断道路の建設の時期が背景となっています。アマゾン横断道路はブラジルの大西洋側の都市ジョアン・ペソアから五四〇〇キロにわたって東西にアマゾン地帯を横断し、ペルー国境の密林の入口の町クルゼイロ・ド・スルまで繋がるもので、その先はペルーを越えて太平洋岸まで道路が通じるという、壮大な国家プロジェクトでした。これがブラジルの現代的発展の象徴として、大自然にたいする文明の勝利というかたちで喧伝されたのです。

しかし実際には、多くの矛盾を孕んでいました。全線を舗装するという当初の構想は挫折しました。密林を横切るだけの舗装されていない道が続き、雨季になれば川になって通行が不可能になってしまう状態でした。道路に面した周囲の土地の森林は無造作に伐採され、森林があることで保たれていた肥沃な表土が雨によって流出しました。それによって土地は急速にやせ細ってしまったのです。さらに、原生林のなかで生を営んでいたインディオの生活圏がこのプロジェクトによって崩壊し、それに抵抗するインディオの人びとを政府が制圧し、虐殺しました。さらには、森林の伐採による乱開発が二酸化炭素の増加を生み、生態系の混乱を生み出しました。地球上の酸素の最大の供給源でもあった森の縮小はブラジルだけの問題ではなくなり、世界からさまざまな非難が集中する結果になりました。また、アマゾン横断道路の開発によってアマゾン地域に経済ブームが沸き起こり、この地域に魑魅魍魎のような不法商人が跋扈し、密輸や密売が行われるようになったのです。そして、そうした流れ者や商人の相手をするために、横断道路に点々とつくられた中継地や交易所の町に売春婦がひしめくことになったのです。経済ブームによって集まってきた流れ者たちは、アマゾン横断道路の沿道の農場を不法占拠したりすることも多く、農業コロニアと呼ばれる沿道につくられた開拓地は荒廃していきました。ブラジルの国力の象徴だったはずのアマゾン横断道路の建設は、そのような社会的矛盾を生んでいったのです。ですが、こうした出来事はあたかも存在しないかのように政府によって隠蔽され、アマゾン横断道路によってブラジルでは経済的な奇跡が起きているかのように演出されていったのでした。

映画『イラセマ』は、そのような時代状況にたいする批判的なドキュメントとしてまず意味づけることができます。しかも、この作品は単純なルポルタージュという役割を越えたところで、アマゾン横断道路の持つ多様なリアリティを捉えてもいます。七〇年代のブラジルで叫ばれた「保守的な近代化」は、七〇年代のアジアやアフリカなどのほかの第三世界の地域でも起きたプロセスでした。多くの地域において共通するのは、強権的で抑圧的な軍事政権が誕生し、統制の力で検閲をくり返し、保守的な近代化を推し進めていった点です。アジアでは、フィリピンやインドネシアなどの地域でも同じことが起きていました。世界的にも、多くの社会的矛盾がこうして噴出した時期だったのです。しかしそれらは、権力によって隠蔽されたまま、人民が真実を知ることはありませんでした。映画『イラセマ』は、ブラジルに限らず第三世界で起きた保守的な近代化に対抗する批判的な視点を、先駆的に提示したものだと評価することもできます。

ブラジルの政治権力は、この映画を国家にたいして攻撃的で有害なものであると判断し公開を禁じました。実際ブラジルで一般公開されたのは一九八一年になってからで、完成してから五年後のことです。一九八一年はフィゲイレード大統領によって民政移管が公約された翌々年です。『イラセマ』はその年になるまで一般上映を禁じられていたのです。その理由は、この映画にあからさまな事実を提示する迫力があったからにほかなりません。ドキュメンタリー的な手法だけでなく、さまざまな暗示的な手法をも駆使しながら、アマゾニア開発の裏にある隠蔽された真実を暴いていったのです。それは必ずしも当時の軍事政権のイデオロギーをただ批判的に告発するという目的のためではありませんでした。むしろ、事実がかき消され、政治的批判が抜け落ちたところで社会が動いてゆくことへの違和感をバネに、「現実」なるもののダイナミックで厚みある姿をつかみ出そうとしたのです。そのような状況のなかでこの映画がつくられたことは、特筆しておかねばなりません。

ドキュメンタリーとしての物語、物語としてのドキュメンタリー

『イラセマ』は、ドキュメンタリー的な部分と物語的部分とが、複雑に絡み合っています。まず、そのドキュメンタリー的な側面について分析しておきましょう。最初のほうで、ベレンというアマゾン河口の大都市の祭の場面が描かれます。カメラはニュース映画の撮影のように祭のなかへ入っていき、即物的なかたちで情景の断片を拾っていきます。さらに小型の録音機材を使って人びとの声や物音を拾っていますが、これらの描写や録音は、そのとき語られる物語を構成するために必要な要素にはなっていないのです。まずこの点で、通常のドキュメンタリーとは違う空気

が、すでにこの映画には流れていることになります。

ドキュメンタリーはふつうある現実を客観的に語る手法として、現実のイメージを編集し、ある一貫した視点を提示するために語りを編み上げていきます。そこに、作り手の主観からは独立した、可能なかぎり客観的な現実を提示しようとするのです。ところが、『イラセマ』ではそのようになっていません。客観的な事実をカメラで落ち着いて描写しようという意図が欠落しているのです。カメラの動きは、徘徊的で、無目的であるようにも見えます。そこに、不意にフィクショナルな物語が重ね合わされてきます。こうした手法は、映画ではシネマ・ヴェリテと呼ばれています。六〇年代のフランス映画のある傾向を指して使われる言葉です。通常のドキュメンタリーの手法から離れて、現実と虚構を巧みに組み合わせ、即興的に物語を紡いでいく手法に与えられた名称です。もとはロシアの映画作家ジガ・ヴェルトフが、風景の細部から一気に現実に迫る方法として使った「キノ―プラウダ」（映画―真実）という言葉に由来しており、そのフランス語訳がシネマ・ヴェリテでした。

六〇年代のジャン・ルーシュやクリス・マルケルといったフランスの映画作家たちが、客観的な立場を保っていたドキュメンタリーの形式を離れて、ときには一般市民にインタヴューし、ときにはそこにさまざまな虚構を交えて、現実に潜む真実をかえって生き生きと描き出そうとした手法なのです。小型のムーヴィーカメラと軽量のテープレコーダーが登場して、こうした手法が可能になったという技術的な裏づけもあります。いずれにせよ、それまでのドキュメンタリーにあった撮影者と撮影対象のあいだに横たわる距離感を、シネマ・ヴェリテの手法は一挙に縮めることになりました。しかも、ドキュメンタリーの場合、普通は撮影スタッフがカメラの背後に隠れているものですが、シネマ・ヴェリテではスタッフも積極的にカメラのフレームのなかに入ってくる。つまり、ドキュメンタリーをつくる裏側を見せてしまうのです。そのように客観性と主観性、現実と虚構とをない交ぜにした手法の方が、むしろ真実をより生々しく伝えるという考え方が登場したのです。

『イラセマ』はシネマ・ヴェリテの手法を意識しながら、監督のジョルジ・ボダンスキーとオルランド・セナが中心となった撮影隊が、アマゾニアの現実を発見していくプロセスそのものを映し出しています。できあがったシナリオをもとにその舞台をアマゾニアに求めたのではなく、台本もないままにアマゾン横断道路の現場へ飛び込んでいき、そこで何かを発見し、その発見行為の過程そのものが映画になっていったのです。それは同時に「ブラジルの奇跡」と呼ばれた経済発展の背後に、さまざまな矛盾を発見することでもありました。人買いのような労働力の搾取があり、土地の不法占拠があり、密輸や密売、売春の驚くべき実態がそこにあった。ですから、あらかじめ用意した台本や批判的視点があったわけではなく、映画の内実は撮影隊がアマゾン奥地で何を見い出すか、ということにかかっていました。

このシネマ・ヴェリテ的な部分に交差し、映画のエピソードをつくっていくのが、イラセマという名のインディオ女性とチャン・ブラジル・グランジ Tião Brasil Grande と呼ばれる白人のトラック運転手です。この二人の登場人物が関わるエピソードが、ドキュメンタルな部分と交互に映画では登場します。イラセマは「アメリカ」のアナグラムで、先住民に由来する近代ブラジルの新たな誕生を象徴する名前です。チャン・ブラジル・グランジは「偉大なるブラジル」を意味するニックネームです。この名前は「ブラジルの奇跡」と呼ばれていた近代化そのものの現実を象徴しています。その権化のような人物がチャン・ブラジル・グランジなのです。イラセマとチャンをめぐる物語は古典的な類型に則っており、無垢の女性が堕落していくという筋書きになっています。これはアダムとイヴにまで遡ることができる、西欧あるいは人類全体に普遍する物語類型です。自然の世界を捨てて文明につくことにより、無垢な者が堕落していくというパターンです。

冒頭のシーンでは、静かなアマゾン川の支流を舟が滑っていきます。その舟にイラセマが乗っています。その行き先は、アマゾン河口の大都市ベレンです。イラセマにとってこれは、退屈で何の進歩もないインディオ的な日常からの逃亡の瞬間です。それと同時に、イラセマが平和を失う瞬間であり、文明というものに彼女が侵され、それに幽閉されていく瞬間でもあります。この冒頭シーンは、楽園からの追放、すなわちイラセマの堕落の始まりを暗示しているといえるでしょう。

舟はアマゾン河口の一〇〇万都市ベレン*へ着きます。ベレンは一九世紀から二〇世紀にかけて、ゴムの生産ブームに沸いたアマゾンの開発により、一挙に繁栄したアマゾン随一の商業都市であり交易都市です。混沌とした活力に溢れた街です。皮肉なことに、そこへ辿り着くことはイラセマが売春婦になることと同義でした。ベレンという都市においてイラセマが成しうる唯一の労働は売春しかなかったのです。そのようななかでイラセマには新しい夢が開けていきます。それは自分の現状を否定して自然へ帰ることではなく、ブラジルというより大きな世界に自分を合一させるために、さらに夢を求めてどこかへ移動しようと考えることでした。「ベレンに天国はない」というのはイラセマだけでなく、同僚の売春婦たちも始終口にしている言葉です。「自分はサンパウロへ行くんだ」と一緒に住んでいる同僚がいい、「サンパウロに何があるの」とイラセマは聞きます。そのように移動することで、より

＊ベレン Belém
ブラジル北部パラー州の州都。長大で広大なアマゾン川の河口に位置する。二〇一六年現在、人口は約一四三万人。ポルトガル語で、キリスト誕生の地「ベツレヘム」の意。一七世紀初頭まではトゥピナンバ族など先住民が暮らす地だったが、一六一五年にポルトガル国王が派遣したカステロ・ブランコ将軍が率いる船団がベレンに到達し、ヨーロッパ人による入植が始まった。一七世紀末まで収穫したサトウキビを各地に送る砂糖貿易の拠点になった。その後は畜牛、綿花、コーヒーなど主要産業が変わり、一九世紀半ばから二〇世紀初頭まではゴム産業で栄えた。

大きなブラジルを手にしようという夢が芽生えてくるのです。

ところが、イラセマのそうした夢は、自らのアイデンティティの喪失へ繋がっていきます。その喪失は何からも償われることのない、異常で救いのない、非情な喪失です。インディオとしてのアイデンティティを喪失し、近代的なブラジル人としてのアイデンティティに目覚めるかというと、イラセマの場合はそのようにはならない。ブラジルというものに合一したいという欲望は、彼女にとってアイデンティティを失い、人間として生きる尊厳をなくしてしまうということでした。そして、経済的な交換価値だけを持つ、娼婦という商品だけが自分のなかに残ります。しかし、映画の進行に応じて、その商品価値すらもだんだんと磨り減っていく。そしてある段階では、彼女の商品価値がまったくなくなってしまいます。その段階に至っては、取り戻すべき自分自身などどこにもないのです。最後のシーン。アマゾン横断道路で、裸足のまま呆然として立ち尽くすイラセマは、あらゆるものを失い、使い果たされ、形骸化した商品として蛻《もぬけ》の殻となってしまった姿です。

一方で、チャン・ブラジル・グランジは繁栄する南部の街からきたトラック運転手という設定です。映画を観ると分かるのは、彼がただのトラック運転手ではないということです。チャンは物が商品として流通するシステムに介入している。物を

『イラセマ』の主人公イラセマ役のエジナ・ジ・カシア

流通させることによって利益をあげることは資本主義のひとつの原点ですが、そのプロセスに介入し利益を貪り取る一人の搾取者です。チャンはアマゾン横断道路を行き来しながら、材木と女を同時に引っかけてくる。彼にとって材木と女が、まさに商品の流通システムを動かす二つの財なのです。

チャンは材木を密売しています。本来ならば正規のルートで取引されるべきアマゾンの材木を、伐採した人間から直接買いつける。それを自らトラックで都会へ運び、売りさばく。そのような密売システムが、この時期の現実のアマゾニアでは頻繁に行われていた。その密売業者の一人がチャンという男です。また材木と同時に娼婦を商品として引っかけ、トラックに乗せて連れまわす。これがこの男の正体です。ただの運転手ではなく、物の流通に介入して利益を貪り取るという、資本主義のもっとも生々しい欲望を体現する存在なのです。

イラセマの持つインディオ的な無垢にたいしてジョゼ・ジ・アレンカールが描いたようなロマン主義的な共感というものが、チャンにはまったくありません。イラセマにたいして軽蔑的な態度をとります。一片の憐れみも、同情も、共感もない。そして途中で用がなくなれば、ただ捨てる。娼婦として道中を共にしたイラセマを密林の真ん中の何もないところで放り出してしまう。そうなると、イラセマは別の同じようなトラック運転手の運び屋に拾われるしかないのです。いつの間にか彼女は家畜か材木のようにトラックに載せられて、流通しているだけの存在になります。アマゾン横断道路は資本主義を駆動する流通のパイプのようなものです。一度そのパイプに取り込まれてしまったイラセマは、商品のようにしてそのルートを行ったり来たりするだけになります。彼女はどんどん自身の商品価値を磨り減らし、その一方で誰かが何らかの富や利益を貪り取ることになります。その利益をあげる者は、権力を背景にして動く白人系の裕福な人びとです。

最後のシーンに戻りましょう。こうして退廃しきったイラセマが、横断道路の中央に捨てられたようにして立っている。そこでチャン・ブラジル・グランジと久しぶりに再会します。チャンの方は、イラセマのことなどすっかり忘れている。イラセマはチャンに自分のことを思い出させようとしますが、チャンにとってイラセマの存在は自分のなかを通り抜けた過去の商品でしかありません。ひとつの人格として彼女を記憶することは一切ないのです。ですから、チャンはイラセマに関わる記憶を否定します。そして、再びチャンに捨てられ横断道路に立ち尽くすイラセマの片足には壊れたブーツが履かれています。もう片方の足は裸足です。ここで商品としてのイラセマのひとつのサイクルが完結し、終焉します。もはや偉大なブラジルことチャンは、イラセマに何の利用価値をも認めないのです。それが最後のシーンの象徴的な意味です。

映画『イラセマ』の物語手法には、すでに述べたようにドキュメンタリーの要素が複雑に絡んでいます。とくに興味深いのは、チャンがいろいろな場所で、人びとにインタヴューする場面です。チャンは道中で出会う人びとに「いまどうしているのか、この木材をどうやって手に入れたのか」などと訊ねます。あるいはイラセマにたいしても「一晩いくらで客をとるのか」などと、まるでルポルタージュの取材を行うインタヴュアーのようでもあります。『イラセマ』の映画の手法は、このように複雑で多様です。無情なほどの即物的な描写があるかと思えば、グロテスクなまでに演劇的なイラセマの描き方もある。たとえば、人買いが労働者を奥地へトラックで運んでいき、イラセマともう一人の娼婦が騙されて小型飛行機に連れ込まれて、労働者の男たちに売られていくシーンがあります。この場面はグロテスクなほど演劇的なシーンです。これは一種の真実であると同時に、誇張された、とても信じがたい演劇的な描写でもあります。

『イラセマ』という映画を特徴づけているのが、この演劇性とドキュメンタリー性の二つの要素が同居している点です。簡単にいえばフィクションとドキュメンタリーの混在ですが、それ自体がこの映画の特徴というわけではありません。すでに述べたように、シネマ・ヴェリテの手法は、六〇年代に入るとキューバ、ブラジルなどラテンアメリカ諸国の映画においても採用される手法となりました。むしろ『イラセマ』の特異性は、主人公のチャンとそれを演ずる俳優パウロ・セサル・ペレイオ Paulo César Peréio の動きにあります。ひとことで言えば、この映画では俳優ペレイオが、カメラによって切り取られる現実に、役柄としてだけでなく、本人としてもシニカルに介入していくのです。

ちなみにイラセマ役はエジナ・ジ・カシア Edna de Cássia という、監督が見いだしたインディオの娘が演じています。彼女の場合もまた、イラセマという役柄を演じている女優の内部から、しばしばインディオの娘カシアが顔を出してしまう。フィクションとドキュメンタリーの混在という状況は、映画のナラティヴそのものの一貫性を破壊してしまうように働いているのです。これは、映画内の世界が首尾一貫性を持っていて、そのなかでフィクションとドキュメンタリーとが同時に進行するという従来のシネマ・ヴェリテ的手法をどこかで逸脱してしまっているのです。

『イラセマ』では、俳優ペレイオは、映画のなかである役割を持っているように動くのですが、カメラがチャンという登場人物として写そうとするシーンで、しばしばペレイオはチャン役に期待される役割を裏切り、それをひっくり返してしまう。密売に関わるチャンというトラック運転手の役柄を演じるはずが、いきなり一人のジャーナリストのように、さまざまな人間に現実のからくりを細かく問い質していく。チャンが役柄からはみ出し、レポーターに変わっていくシーンが無数にあります。

こうしてみると、『イラセマ』には、映画が作品として成立するために必要な現実世界との区分がないことがはっきりします。現実を切り取っているかのように見える映画が、いきなり映画が製作された背景にある逸話を語ったり、映画のなかである役割を与えられた俳優が映画の作り手の側にまわり、映画が要求する以外のことを作品のなかで演じてしまったりする。それによって映画が映し出す現実の姿がつぎつぎと揺らいでゆく。ペレイオは、あるときはチャンを演じ、またあるときはインタヴュアーとして振る舞う。それらの切り替えがはっきりしているならまだしも、いつチャン役をやり、いつインタヴュアーになるかの境目が分からない。それに加えて、それを撮影している監督のカメラも、ペレイオから次に何が飛び出してくるのか把握できていません。別の言い方をすれば、チャン役を演じた俳優ペレイオの存在感が映画のなかで圧倒的なのです。ペレイオがチャンという役から離れた人物として、カメラに向けてコメントをするシーンがたくさん出てきます。それは自発的で即興的なコメントのようでもあり、同時に演技や役回りであるかのようにも見えます。それをどちらかに区分することはできないでしょう。シネマ・ヴェリテの手法で撮られた映画のように、役者のペレイオがカメラに向かい本人としてコメントしているのか、それとも、そのようなふりをしながら、チャンの役柄の延長としてそれを演じているのか、明白ではありません。

映画の表象を支配する者は誰か

ペレイオが演じるチャンは悪人であり、無慈悲の心を代表するような人物です。イラセマにたいするあらゆる非道な仕打ちから見てそういえます。しかし、この悪人性は物語が作り出す紋切り型の悪役とはまったく異なります。紋切り型の悪役というものは、もう一方に心正しい主人公がいて、それを強調するために普通つくられるものです。ところが、ペレイオが描くチャンという存在は、まったくのリアルな悪人なのです。思いやりのまったく欠けた、冷酷な心そのものです。そして、こうした邪悪な心は映画を観ている人間の誰もが深いところに隠し持っている要素でもあります。この映画の挑発性は、そのようなものをあからさまに示し、われわれの感情の表面にある虚飾を引き裂き、内面にあるものを一気にえぐりだすところにあるのです。

つまり『イラセマ』という映画には四つの要素があるといえます。役柄としてのイラセマとチャン。それを演ずる俳優としてのカシアとペレイオです。それら四つの要素が、互いに交錯し合い、触れ合いながら、映画全体の寓意を導き出していきます。普通の映画の構造では、役として演じられるイラセマがおり、演じられるチャンがおり、物語はイラセマとチャンのあいだで進行することになります。ところが、あるときには俳優のペレイオが表面に出てきて、物語上の人物であるイラセマに介入し、コメントをする。普通の映画では、こういう関係はありえません。映画のなかで役者が役者本人に戻り、映画のなかの役柄である人物と関わりを持とうするのは、物語の一貫性から見て、きわめて異例なことです。

卑近な例をあげれば、テレビドラマの撮影現場において、何らかのミスが起きて役者本人の存在や本人同士の関係性がふっと現れてしまうＮＧシーンのような、そのような瞬間です。普通であれば、役柄同士として演ずる物語が、役者たち個人の関係を完全に押し殺したところで成立しています。しかし『イラセマ』では、カシアという女優がイラセマを演ずる役柄から離れ、インディオ女性であることの本性を見抜かれ、役柄上のチャンという存在に搾取されているところがあります。つまり、チャンは役柄上のイラセマという娘を搾取するだけでなく、イラセマの背後にいるカシアという女優の存在までも商品化し搾取しているのです。そしてそれをしているのは、チャンであるよりは俳優ペレイオ自身であるかのように感じられるのです。こうした複雑な構造が、イラセマとチャン、カシアとチャン、イラセマとペレイオ、カシアとペレイオの関係の背後にあるのです。

こうして考えてくると、女優カシアと俳優ペレイオの関係は対照的なものに見えてきます。ペレイオは文明化された存在であり、ここで提示されているある擬似的な現実というものを操縦していくシミュレーターです。対照的に、カシアはペレイオというシミュレーターによって操縦されるロールプレイヤーです。分かりやすくいえば、ペレイオは模擬操縦士であり、カシアはその人物によって操られるロールプレイング・ゲームのなかのロールプレイヤーであるといえます。つまり、ペレイオはこの映画が語ろうとしている表象を支配している存在であり、いわばこの映画の隠れた演出家なのです。監督やカメラマンではなく、ペレイオという俳優が神のように全体を操っているように見えます。一方、カシアは映画の演出や表象から完全に疎外された存在です。俳優ペレイオはペレイオ自身であり続けながら、チャンという役柄を引用し、自らのなかにチャンを呼び出して演ずるという役割を十全に果たしています。だから、彼は演出や表象を支配できるのです。しかし、カシアはイラセマを演じようと努力しながら、どこかで自身が貧しいインディオ娘そのものであるという現実を引きずってしまっています。ここには、ただ映画の役割として悲惨な娼婦役を演じているだけなのだ、という救いさえありません。

まとめておきましょう。『イラセマ』は虚構の物語としては、トラック運転手のチャンがインディオ娘の娼婦イラセマを搾取して捨てるという物語です。しかし映画作品としては、俳優のペレイオが女優のカシアを自分の表象空間に連れ出し、徹底的に利用し尽くすという構造があります。物語においてチャンとイラセマのあいだにある搾取の構造は、じつは映画作品の表象のレベルにおいても、ペレイオがカシアを見下し、搾取するという構造において重層化されているのです。

一九世紀にアレンカールの小説に描かれたイラセマの物語のロマンティックな要素、つまりヨーロッパとインディオの出会いからブラジルが生み出されたという国民意識の誕生をめぐる神話は、この映画『イラセマ』によって完全に書き換えられたといっていいでしょう。チャン・ブラジル・グランジという役名の「偉大なブラジ

『イラセマ』のイラセマとチャン・ブラジル・グランジ

ル」という言葉が逆説的に示すように、ここには軍国主義のなかで右翼的なナショナリズムにひた走るブラジルの姿があり、これがイラセマというインディオの娘をひたすら堕落させていく元凶なのです。アマゾン横断道路の開発に象徴される「偉大なブラジル」が、野生林の娘だったイラセマの無垢を食いものにしてゆく、その姿に「ブラジル」なる国家の道徳的な崩壊を予言するような眼差しです。

前章で、『私が食べたフランス人』という映画について語りながら、最後のシーンにおいてフランス人の男が「私の部族がお前たちに復讐しにくるぞ」とインディオの部族に言ったとき、「私の部族」とは何であるかということを問いかけてみました。一見、それはフランス人であるかのように思えますが、じつは、主人公がすでにブラジル人と呼ばれる存在になっていると考えると、この台詞は「ブラジル人が都会からやってきてアマゾンに、すなわちインディオ的な世界に復讐するぞ」といっているようにも聞こえます。『イラセマ』という映画は、この謎にたいするひとつの応答になっています。偉大なブラジルが海岸地帯からやって来て密林を伐採し、ブラジルの奇跡という夢を人びとのなかに植えつけていく。しかし、それは徹底した破壊行為であり、無垢なものを堕落へ導く道筋でもあったのです。

このように、ブラジルの七〇年代の高度成長期をめぐる物語的な寓意が、この当時につくられたブラジル映画のなかにさまざまなかたちで描かれていきました。『イラセマ』もそのひとつですが、次章で取り上げる映画『バイバイ・ブラジル』にも、また違った寓意が見られます。『バイバイ・ブラジル』は一九八〇年に完成し、公開された映画なので、軍事政権から解放されたブラジルがこの問題を新しい光のなかでどのように見ようとしたかという点からも興味深い作品となっています。見世物のキャラバン隊が同じアマゾン横断道路を走っていくその動きにも、チャン・ブラジル・グランジのとった行動とは明白に違うものがあります。それと同時に、アマゾン開発のさまざまな問題がブラジルという一国家の文脈を超えて、環境問題の視点から世界全体の共通の関心になったのが、やはり一九八〇年代のことでした。

XII

バイバイ・ブラジル

ブラジル映画は豊饒なる伝統に痛快な訣別の言葉を投げかけた

ブラジル文化史の再考

本章で取り上げるカルロス・ディエギス*監督の『バイバイ・ブラジル』（一九八〇）は、良質のエンターテインメント映画として充分に楽しめる作品です。ブラジルの地方をどさ回りのようなかたちで巡回していくサーカス団の物語。サーカス団というよりも、手品師と女性ダンサーと怪力男の三人で構成された見世物のキャラバン隊といった方がいいでしょうか。トラック一台に大道具・小道具を積みこんで、ブラジル中を走りまわる痛快なロードムービーという体裁になっています。それほど複雑な筋立てもなく、寓意的で、象徴的なシーンが頻出するわけでもない。そういう意味では、一般の観客にとっても受け入れやすい上質のコメディ作品のように映ります。

実際、一九八〇年に公開された『バイバイ・ブラジル』は、アメリカで初めて商業的な成功を収めたブラジル映画となりました。それ以前にもシネマ・ノーヴォ期

『バイバイ・ブラジル』*Bye Bye Brasil* 監督：カルロス・ディエギス／出演：ジョゼ・ウィルケル、ベティ・ファリア、ファビオ・ジュニオール他／ブラジル／一九八〇年
ブラジルの地方を巡るどさ回りのサーカス団が、北東部の小さな町から海岸部の都市、アマゾンの密林の奥地まで、アマゾン横断道路を行ったり来たりする姿を描いたユーモラスなロードムービー。手品師の座長である「ジプシー王」、

のブラジル映画は芸術的に評価され、北米の劇場でも公開されてはいました。しかし、作品として評価が高く、かつ興行的にも成功したブラジル映画といえば、この『バイバイ・ブラジル』が初めてといっていいでしょう。アメリカのロードショー映画館で公開され、ボックスオフィスのヒット作品となり、英語字幕を入れてビデオソフトとしてもいちはやく販売されました。

　すでにさまざまな事例を通じて見てきたように、歴史を振り返ると、ブラジル映画はアメリカのハリウッドによる影響や支配を長いあいだ受けてきました。その反作用として、五〇年代以降にハリウッド映画的な感性に抵抗するかたちで生み出されたのがシネマ・ノーヴォ運動でした。カルロス・ディエギスという映画作家はシネマ・ノーヴォ運動のもっとも若い参加者の一人でしたが、彼は初期の段階から非常に政治的な意識を持ち、アメリカ映画の影響圏から脱していこうとする強い意志を持った人物でした。政治的なアンガージュマンの情熱にあふれたシネマ・ノーヴォが終焉したあと、一九八〇年になってディエギス監督がつくった『バイバイ・ブラジル』が、結果としてアメリカで商業的な成功を収めることになったことは皮肉とも思えます。ただ、そこに理由がないわけではないのです。これからこの作品について考えてゆくなかで、その理由も少しずつ見えてくるでしょう。

妖艶な魅力を放つダンサーのサロメ、怪力男の三人からなる旅芸人の一座が北東部の町にやってくる。旅先で出会ったアコーディオン弾きのシコはサロメの美しさにメロメロになり、妊娠した妻と共に一座について行くことに。アマゾンの奥地に入っていく一座だが、どこへ行っても新たな娯楽であるテレビが民衆を魅了していて、彼らのことを振り向いてくれない。そんななか、サロメはアコーディオン弾きに体を許してしまう……。一九八〇年のカンヌ映画祭コンペティション部門、第五三回アカデミー賞外国語映画部門にノミネートされた。

＊カルロス・ディエギス
Carlos Diegues（一九四〇―）
ブラジルの映画監督、映画評論家。ブラジル北東部のアラゴアス州に生まれ、少年時代はリオ・デ・ジャネイロで育つ。詩人、ジャーナリスト、映画批評家、アマチュしかしそうしたアメリカでのヒットという事実とはまったく別次元において、『バイバイ・ブラジル』は目をみはるほどの傑作です。ブラジル映画の歴史のなかで培われてきた深い精神を継承しつつ、テレビという新たなコミュニケーション装置の台頭によって変容した社会的現実に向けて新たな批評精神を突きつけようとする快作です。映画の末尾に、「二一世紀のブラジル民衆に捧げる」という字幕のメッセージも現れます。ブラジルの過去と現在と未来を、映画の歴史のなかで意志的に展望しようとする意欲に満ちています。しかも、ブラジル的な快楽と笑いと諧謔を徹底的に活用しながら。この作品は、ある意味で二〇世紀のブラジル映画すべてを批評し、総括するような視点からつくられたひとつのすぐれたメタ・シネマであるとさえいえるでしょう。

さて、まず『バイバイ・ブラジル』の旅の舞台となっているブラジルのさまざまな地勢について考えてみます。この映画は、ブラジル北東部の奥地セルタンの小さな町の描写から始まります。また、ベレンのようなアマゾン河口の大都会や、マセイオなどの海岸部の都会の描写も出てきます。また、アマゾン開発のブームタウンとなったアルタミーラという町も重要な舞台になっています。まさに、サーカス団のトラックはアマゾン横断道路やその周辺の道路を南から北へ、東から西へと走り

アの映画作家としてキャリアを積み、一七歳で実験的な映画を数本手がけ、一九六一年に短篇の劇映画『日曜日』を監督。シネマ・ノーヴォの潮流のなかで製作や脚本を手がけ、六三年に初の長篇映画『ガンガ・ズンバ』を監督。他の作品に『大都会』（一九六六）、『カーニヴァルが来るとき』（一九七二）、『バイバイ・ブラジル』（一九七九）、『キロンボ』（一九八四）、『アグレスチのチエタ』（一九九六）、『オルフェ』（一九九九）、『神はブラジル人』（二〇〇三）などがある。カンヌ、ヴェネチアなど国際的な映画祭でも高く評価されている。

ながら、ブラジル各地を移動していきます。最後には、ブラジル内陸に忽然と生まれた人工首都ブラジリアも出てきます。

北東部のセルタン、海岸部の都市、アマゾニアの密林地帯、人工都市ブラジリアと、ある意味でブラジル的地勢のすべてのバリエーションがこの映画には登場します。見世物のキャラバン隊が国中を巡り歩くというモティーフによって、ブラジルのあらゆる種類の場所を繋ぐという物語的な仕掛けが可能となっているのです。サーカス団の巡業、見世物のキャラバンという移動する主体を中心に据えたのは、カルロス・ディエギスの編みだしたひとつの秀逸な方法だったといえるでしょう。それによってセルタンの砂漠やジャングルの豪雨、大都市のスラム街など、ブラジルの変化のある地勢をすべて物語の舞台として結ぶことができたからです。

しかもこれらの場所はどれも、地理的であると同時に歴史的・文化的な地勢でもあるという特徴をもっています。すでに考察してきたように、たとえばセルタンは、ブラジル北東部の単なる乾燥した不毛の荒野というだけではありません。ブラジルの歴史のなかで、強い文化的、民俗的な意味を担ってきた場です。アマゾンのジャングルについても同じことがいえます。『イラセマ』という映画を通じて、アマゾンのジャングルが単なる地理的な場所ではなく、そこに住んでいた先住民たちの末

『バイバイ・ブラジル』

路や、そこで七〇年代以降に起きている乱開発の問題が見えてきました。したがって『バイバイ・ブラジル』は、こうしたブラジルのあらゆる「文化的なトポス」を巡りながら、そこで暗示される社会問題や、伝統の変容過程や、土地の精神史的な意味の変遷をたどっていく映画といえます。「トポス」は「場」を意味しますが、実体的な場というよりは文化的・修辞的な場を指すときに使います。すなわちこの映画は、ロードムービーという形式によってブラジルのあらゆる文化的なトポスを巡りながら、映画の物語を通じて、それらについて再考をうながすという視点を孕んだ映画なのです。ブラジルの文化的な歴史を統合的に再考する映画だといってもいいでしょう。

ここに登場するセルタンにしても、海岸部の都会にしても、アマゾンのジャングルにしても、過去にブラジル映画がそれらをモティーフとして描きながら考察を加えてきた場所《トポス》です。ですから、ブラジル文化にとって重要な場所を繋ぐだけではなく、『バイバイ・ブラジル』はブラジルの映画史やシネマ・ノーヴォの歴史にとっても重要なトポスを再び取り上げ、それについての新しい視点を提示していこうというモティーフをも持っているのです。

『バイバイ・ブラジル』が製作された一九七〇年代後半から八〇年代にかけて、ブラジルは大きな社会変化の時期を迎えていました。映画『イラセマ』にも顕著に見られるように、七〇年代を通じて軍事的な独裁政権による締めつけのなかで、ブラジルに経済成長が起きました。けれども現実には、アマゾン地域に多国籍企業が海外からどんどん入ってきて、ブラジルの富である天然資源を搾取していきました。それにともなって、インディオはますます居住地を追われ、先住民の文化が衰退と滅亡の危機を迎えたのです。このようなアマゾンにおける社会問題は、『バイバイ・ブラジル』にも影を落としています。

この時期のもうひとつの重要な社会変化に、メディアの変遷がありました。多国籍企業によるテレビなどのマスメディアの独占状態がはっきりと見えてきたのがこの時期でした。ブラジルは一九八五年に民政移管し、軍事独裁による抑圧的な政治に終止符が打たれました。その前の七〇年代終わり頃から、家庭へのテレビの普及が急速に進み、アメリカ系の多国籍テレビ局によるマスメディアの寡占状態が進行したのです。テレビというメディアは、アメリカ的な商品やイデオロギーを大きな広告効果によって喧伝する力と、人びとの日常的な心理へと入りこむ強い力を持っています。そのようなマスメディアの権力と国家権力が結びついて、メディアがあるひとつの勢力によって独占されていくということが、ブラジルでは七〇年代の後半から起きました。

ローカルな土地に多様性を持って残っていたブラジルの民衆的な文化や風習が、どんどん一元化されていくという危機が、テレビの登場によって訪れたのです。それがこの時期のひとつの大きな社会変化であり、ディエギスの『バイバイ・ブラジル』はマスメディアにおけるテレビという権力の台頭にたいして、風刺的な批判を加えています。この映画は、ブラジルが個性を失っていくこと、また世界を覆い尽くそうとしている巨大な一元的なマスカルチャーにブラジルが統合されていくことにたいして批判的な姿勢を持っています。しかもそれは単純な批判ではありません。『バイバイ・ブラジル』のエンドロールに、「二一世紀のブラジル民衆に捧げる」という献辞があります。これは、期待でもあり、皮肉でもある文言です。未来のブラジル人がどのように自分たちの文化を大量消費し、一元的な価値へと染められていこうとしているかを、すでにこの映画は見通しているのだ、というメッセージが、そこには含まれているからです。カルロス・ディエギスがどのような二一世紀を想像していたのかを知るためにも、この映画について考察することは興味深い作業になるでしょう。八〇年代の初頭に製作された作品とはいえ、この映画のアクチュアルな批判力や諧謔のパワーは、いまも決して失われていないように私には思われます。

シネマ・ノーヴォへの映画的自己言及

先ほども触れたように、『バイバイ・ブラジル』という映画は、何よりもシネマ・ノーヴォの歴史を、諧謔を込めつつ本質的な批評行為として総括しようとする映画です。そのひとつのテーマが「セルタンと海」という問題系です。映画の冒頭、シコ・ブアルキによる印象的な表題歌が終わると、ブラジル北東部のセルタンの乾燥した大地に流れる、泥のような水をたたえたサンフランシスコ川のロングショットが映し出されます。続いて、川沿いの町の市場の光景が一見ドキュメンタリー風に展開します。ナレーターが台詞を話すこともなく、市場の物売りたちが声をあげながら商売をしていて、音楽家たちは広場で演奏をしています。この最初のシークエンスは、いわばシネマ・ノーヴォの出発点を表しているといえるでしょう。カメラを持って野外へ出ていき、そこで人びとの生活を映し取る。そのような初期におけるシネマ・ノーヴォのみずみずしい衝動が、この映画の冒頭で示されているかのようです。この市場には民衆叙事詩を小冊子にして、自分で朗唱しながら売っている男もいます。いわゆる「リテラトゥーラ・ジ・コルデル」（紐の文学）については、すでにグラウベル・ローシャの映画について考えたときに詳しく触れましたが、シネマ・ノーヴォは、こうした口承の叙事詩の語りの手法を借りて、民衆の伝説の世界へと入っていったりしました。

町の教会前の広場では素朴な音楽家たちが演奏をしています。のちに見世物のキャラバンに衝動的に参加することになるシコという名のアコーディオン弾きの青年が、身重の妻ダズドの隣で、素朴なセルタンの伝統音楽を演奏しています。これは「セルタネージョ」とか「フォホー」*などと呼ばれる、ブラジル北東部の内陸に伝わる土着の民衆音楽です。ここでも、土俗的なものを伝承するセルタンらしい光景が描かれます。そのような市場の祭で、田舎の純朴な音楽が演奏されている広場に、突然拡声器から流行音楽を大音声で流し、ギラギラに装飾された場違いなトラックが乗りこんできます。祭の音楽や物売りの声をかき消すようにして、ロード・シガノ Lorde Cigano（＝「ジプシー王」）と名乗るマジシャンの男と、サロメという女性ダンサー、それから力持ちの黒人大男の三人が登場します。この見世物団は「カラヴァナ・ロリデイ」と名づけられていますが、「ロリデイ」は英語の「ホリデー」のブラジル訛りです。彼らは毎年祭に参加していて地元の町長とも知り合いらしく、「今年も来たか！」といってシガノと町長が抱き合って再会を祝います。夜に広場でテ

アコーディオン弾きの青年シコ

＊セルタネージョ、フォホー
セルタネージョ Música sertaneja は、ブラジル北東部のセルタンにルーツを持つ民衆音楽。男性のデュオの形をとる場合が多いが、近年は女性歌手もメインストリームになっている。一九二〇年代にセルタンのカントリー音楽の録音が始まり、広く認知されるようになり、九〇年代にはブラジルのラジオ番組でもっともエアプレイされるジャンルにまで成長した。フォホー Forró は、北東部の民衆が楽しむ独特のリズム、音

ントを張って、見世物小屋のショーを催すことになるのです。町長はとても喜んでいますが、じつはサーカス団が来たことを喜んでいるのではありません。ロード・シガノはダンサーのサロメを、町長のようなお偉いさんに一晩貸し与えてくれることが分かっているからです。いわばキャラバンの営業活動であり、そのような行為によって彼らは各地を巡業してまわるための便益を受けているわけです。

アコーディオン弾きのシコは、見世物団の都会的な輝いた雰囲気に惹かれてしまい、セルタンを離れる決意をします。より具体的にいえば、彼は妻がいるにもかかわらず、垢抜けたサロメの性的な魅力にひと目惚れしてしまうのです。シコは荒野の真ん中にある貧しい小屋を捨てて、親にたいして「僕は二度とセルタンには戻らない、海のある場所へ行くんだ」と捨て台詞を吐き、町を出て行こうとします。妻のダズドには、「一緒に行くか、セルタンに残るかは自分で決めろ」と冷たい言葉を投げますが、結局、妻もシコについていくことになります。「セルタンには戻らない、海のある場所へ行く」という台詞によって、シネマ・ノーヴォの初期の作品に見られた、貧しいセルタンから海（都会のある方角）というユートピアへ向けて脱出するというテーマが繰りかえされています。

グラウベル・ローシャの『黒い神と白い悪魔』を思い起こしてみましょう。それは、

楽、ダンスを指す。現代ではリオやサンパウロの都市部でも人気がある。アコーディオン、ザブンバ（低音のパーカッション）、トライアングルのトリオ編成に加えて、ギターやドラムやベースなどが加わる場合も多い。一九四〇年代からルイス・ゴンザーガが、アコーディオンの弾き語りスタイルで歌うようになり、数多くのヒットを飛ばしてフォホーの音楽文化の基礎を築いた。

セルタンに閉じ込められ、貧しい生活をしていた夫婦が、救世主が率いる宗教的なカルトに入信して、その場所を出て行くという物語でした。そして、貧しい夫婦はカンガセイロと一緒にセルタンの砂漠を放浪しながら、いつかたどり着くであろう海を夢想します。ネルソン・ペレイラ・ドス・サントスが、リオ・デ・ジャネイロからセルタンに移動して撮った『乾いた生活』『バイバイ・ブラジル』の冒頭にも、そのように貧しいセルタンの地域からの離脱のモティーフが描かれているのです。

シネマ・ノーヴォの映画に登場した人びとは、セルタンの荒地から出ていき、海が象徴する近代の文明世界を夢見ますが、その欲望は必ずしも満たされるわけではありませんでした。『バイバイ・ブラジル』（一九六三）も、まさにセルタンからの脱出を正面から扱った映画でした。『バイバイ・ブラジル』でも、シコが海を見たいというので、見世物のキャラバンは海岸沿いの都市へやってきます。ところが、海はユートピア的な場所ではまったくなく、都市の工場からの排水で汚れきっています。しかも都市は人口過密で渋滞が起きており、彼らの大きなトラックは路地に入りこんで身動きがとれなくなってシガノはいらいらします。つまり、セルタンから夢として眺められていた海や海岸沿いの都市の世界への幻想は、あっさりと現実によって破られているのです。シネマ・ノーヴォの初期のモティーフが、現実によってどのように裏切られていったのか、『バイバイ・ブラジル』は映画を通じて、その顛末をじつに即物的に語ろうとしています。ですが、それがほとんどブラック・ユーモアのように見えてしまうところが、この映画のパロディの冴えだといえるでしょう。

それは、アマゾンというテーマについても同じです。アマゾンは一九六〇年代後半から、シネマ・ノーヴォの監督たちが一貫して描いてきた舞台です。ドス・サントスの『私が食べたフランス人』、あるいはジョアキン・ペドロ・ジ・アンドラージの『マクナイーマ』、そしてボダンスキーとセナによる『イラセマ』といった作品が、それぞれの視点からアマゾンの奥地の神話と歴史と現実を描いてきました。

『バイバイ・ブラジル』もまた、アマゾンというモティーフを取り上げます。アマゾン横断道路をこのキャラバンは往き来しながら、アマゾンの乱開発の状況を目の当たりにします。あるいは、インディオたちが村や家を失い、みじめな様子で放浪しているのに出会います。力持ちの大男はいつも腕相撲の賭けに勝って、人びとから金を巻きあげていたのですが、たまたま不調で負けてしまい、映画の中途でトラックから商売道具まで、すべての財産を失ってしまいます。このシークエンスで舞台となっている都会は、アマゾン川河口の大都市ベレンのようです。シガノは街を出るためにサロメに売春をさせ、もう一度旅を続けるための資金を作り直します。

『バイバイ・ブラジル』で魔術師シガノを演じるジョゼ・ウィルケル

サロメは淡々とこの仕事をやり遂げます。アマゾン流域都市における売春の問題も、さりげないかたちで『バイバイ・ブラジル』には周到に組みこまれているのです。

従来のブラジル映画は、経済発展の陰で犠牲になっているアマゾンの人びとをリアルに描きましたが、『バイバイ・ブラジル』には、そのような冷徹な視線はありません。むしろ、シリアスな描き方を徹底して避けています。さまざまな社会の矛盾や問題がありつつも、シガノもサロメもそのような状況を利用してひと儲けし、不思議な楽天主義のもと、旅を続けます。ですから、アマゾンの政治的、経済的な状況にたいして批評的な視点を加えるというよりは、そのような状況を主人公たちも積極的に利用し、さらにいえば共犯者となって、自分たちの夢を追い続けるために利用する。そうしたことが、この映画のなかで絶えず描かれていきます。

『バイバイ・ブラジル』でサロメを演じるベティ・ファリア（左）

シネマ・ノーヴォの進歩主義を超えて

シネマ・ノーヴォが持っていた姿勢に、一種の進歩主義があります。これはシネマ・ノーヴォの映画のすべてについていえるわけではありませんが、シネマ・ノーヴォの一部の監督たちがある時期に示した考え方で、アルナルド・ジャボール監督による『アイ・ラブ・ユー』*Eu Te Amo*（一九八一）といった作品に、もっともはっきりと示されています。都市文化を機能的に洗練させてゆく、社会主義的な理想主義といえばいいでしょうか。ですが、現実には資本主義の欲望が都市の近代化を推し進めていくことになったため、この進歩主義はまもなく現実との乖離を生んでいきました。けれども、一九五〇年代のブラジリアという人工首都の建設計画に象徴されるように、都市という環境での人間の新しい生き方を模索しようと、ブラジルは社会主義的な進歩主義をひとつの理想として抱いていた時期がありました。細かく機能的に設計された居住空間を人びとに提供し、民主的な機能主義が都市のはたらきを体系的にかたちづくり、それにもとづいてサービス施設や役所の建物を建てるという理想主義です。映画界においても、都市の空間を描いていく過程で、そうした社会主義的な進歩主義に惹かれる映画作家たちが現われ、シネマ・ノーヴォのなかに都市の描写に関わるひとつの潮流をつくったのです。

ブラジルの新首都として建設されたブラジリアは、当時としてはウルトラモダンともいえる街だったわけですが、フランスのモダニズム建築の大御所であるル・コルビュジエに影響されたブラジル人建築家のルシオ・コスタ*のマスターデザインをもとに、一九五〇年代から建設が始まりました。ルシオ・コスタはまずル・コルビュ

＊ルシオ・コスタ Lucio Costa（一九〇二―一九九八）建築家、都市計画家。フランスに生まれてヨーロッパで教育を受けたあと、一九一七年にブラジルに渡り、国立美術学校に在学中にル・コルビュジエの影響を受けた。三九年にオスカー・ニーマイヤーと共に手がけたニューヨーク博覧会におけるブラジルのパビリオンなど、モダニズム建築のなかにブラジルの伝統的な要素を持ちこんだ様式で知られる。一九五六年に計画都市である首都ブラジリアのコンペに入選し、空から見下ろしたときに街全体が飛行機のかたちに見える都市設計で世界的に有名になる。ブラジリアは実際にそのデザインに沿って建設され、一九六〇年からブラジルの首都となった。

ジエを招いて、基本構成を固めました。そして、五〇年代から自身のマスタープランにもとづいて、ブラジリアという人工都市がブラジル内陸の荒野の只中に首都として建設されることになったのです。そのとき、ルシオ・コスタは若い建築家たちを積極的にこのプロジェクトに参加させました。その一人がオスカー・ニーマイヤー*です。彼はブラジリアの大統領宮殿や国会議事堂、外務省、そして大聖堂などの主要建築物を設計しました。ブラジリアという街の全体は空から見ると、翼を広げた飛行機のかたちをしています。これはルシオ・コスタやオスカー・ニーマイヤーが持っていた、社会主義的な進歩主義を見事に象徴しているといえるでしょう。ひとつの都市を機能的につくり上げ、そこに象徴的なモダンデザインの感覚を注入していった。まさに二〇世紀の進歩主義テクノロジーの象徴ともいえる飛行機の姿をそこにあしらってひとつの思想を表明したのです。

ブラジリアの建設は五〇年代に始まりましたが、それはシネマ・ノーヴォが始まった時期とほぼ同じで、二つは並行現象としてあります。そして、一九五九年にオスカー・ニーマイヤー設計の大統領官邸であるアルヴォラーダ宮殿が建てられました。『アントニオ・ダス・モルテス』のなかで、セルタンの奥地にあるバーに「アルヴォラーダ」という名がついていることはすでに述べました。そこには、大統領

＊オスカー・ニーマイヤー Oscar Ribeiro de Almeida Niemeyer Soares Filho（一九〇七―二〇一二）
ブラジルの建築家。リオ・デ・ジャネイロのドイツ系の家庭に生まれる。リオの国立芸術大学建築学部を卒業後、ルシオ・コスタとカルロス・レアンの事務所に勤務。一九五二年には、ル・コルビュジエと共に、ニューヨークの国際連合本部ビルを設計。幾何学的な精密さと有機的な曲線が調和するデザインによって、ブラジルのモダニズム建築を代表する建築家となった。五〇年代からルシオ・コスタの監修のもと、新首都ブラジリアの国民会議議事堂、大聖堂、外務省ビルなどの設計を担当。その後も数々の建築物を手がけ、建築界のノーベル賞といわれるプリツカー賞を受賞した。

宮殿や国家権力にたいする比喩も込められていました。ブラジリアという都市は、五〇年代から六〇年代にかけてブラジルが持っていた、社会主義的な、テクノロジーや近代的な機能美を信奉する思想のシンボルだったわけですが、結果的に、これは実際の都市計画の現実的展開のなかで挫折していくことになります。ブラジリアという人工都市の挫折が、進歩主義の理想の挫折を意味したといえます。

ブラジリアの建設は計画通りにいかず、一部の政府や官公庁の施設だけが先にできあがりましたが、一般の人たちが住む居住区の建設が遅れるうちに、そのような場所がいちはやくスラム化していくという現象が起きました。住宅地の建物がしっかりと建つ前に、地方から首都ブラジリアに仕事を求めて、さまざまな人びとが流入し、町外れにスラムをつくったり、土地を占拠したりしたことが原因です。『バイバイ・ブラジル』のなかでも、シコとダズドの夫婦がキャラバンを抜けて、新生活を始めようとブラジリアへやってくるシーンがあります。無一文の夫妻は社会更生委員に新しい家へと連れていってもらいます。すると、立派なブラジリアの建物群を通り越してゆき、町外れにあるみすぼらしい掘っ立て小屋のような家へと案内されます。これはブラジリア建設の裏面にある、都市計画の挫折を示すシーンです。

さらにいえば、シネマ・ノーヴォがある時期に信奉していた進歩主義が崩れ去った姿が、ここに描かれているといってもいいでしょう。

映画とテレビの関係性

そして何よりも、『バイバイ・ブラジル』を考える上でもっとも重要なテーマが、テレビという新メディアの広範な普及をめぐる、映画とテレビの闘いです。ブラジルや南米を紋切り型のエキゾチシズムの対象として描き出すハリウッド映画的な価値観や、ハリウッド・ミュージカルの焼き直しにすぎないミュージカル喜劇のジャンル「シャンシャーダ」を、一九五〇年代末に始まったシネマ・ノーヴォ運動は根本から否定しました。シャンシャーダのような娯楽映画にうつつを抜かしていたブラジル民衆を、映画を通じて現実的に目覚めさせたい、そして、ブラジル人のブラジル人によるブラジル人のための社会を描き出す映画に、観客の目を向けさせたい。それがシネマ・ノーヴォの思想的野心でした。けれども、一般の観客は必ずしもシネマ・ノーヴォの方を向いてはくれませんでした。ときに『マクナイーマ』のような例外的なヒットを生み出すことはあっても、商業的には多くの観客を獲得できないままでいたのです。シネマ・ノーヴォの思想的理念が高いところにありすぎた、といってもいいでしょう。

現実に、シャンシャーダのようなミュージカル喜劇を好んで観ていた観客は、映画にシネマ・ノーヴォ的な生真面目で批評的な潮流が生まれると同時に、映画から離れていってしまいました。これがシネマ・ノーヴォの最初の挫折だったといえます。四〇年代や五〇年代にシャンシャーダのような娯楽映画を観ていた人たちが、どこへ行ったかというと、六〇年代以降はテレビへ流れていってしまった。もう映画館へは行かずに、家でテレビを観て時間を消費するというかたちで、観客がシネマ・ノーヴォだけでなく映画そのものに背を向けたのです。六〇年代は、ちょうどテレビというメディア装置が家庭内に入ってきた時期と重なっています。日本でも一九五五年に最初の公共テレビ放送が始まり、六〇年代からテレビ受像機が広く家庭へと入っていくようになりました。

ここで大きな潮流をつくったのがブラジルでは「テレノヴェーラ」*と呼ばれるジャンルです。ノヴェーラとは小説という意味で、これはテレビの連続ドラマものことです。英語でソープオペラと呼ばれるものと同質のもので、日本語でいえば、昼メロとかトレンディドラマのことです。もっとも通俗的で、もっとも大衆的な連続ドラマといえます。常に男女の愛情と憎しみと嫉妬が複雑に絡みあい、シリアス

＊テレノヴェーラ Telenovela
テレノヴェーラは「テレビ小説」の意であり、ブラジルのソープオペラやメロドラマのこと。通俗的なテレビの連続ドラマで、男女間の恋愛関係や三角関係を描き、嫉妬や執念のドラマと喜劇が同居する作風が多い。ブラジルでは、テ

なドラマ性とお色気とコメディの要素が上手に合体して、ひたすら物語の顛末を宙吊りにしたまま、観る者を毎日ハラハラドキドキさせるようなドラマです。

テレビ文化をつくり上げたアメリカ合衆国では、五〇年代から昼間の時間帯に、ソープオペラを主婦向けにつくりはじめました。この時代のアメリカでは、さまざまな電化製品が家庭で使われるようになり、洗濯機や掃除機の登場によって、家庭での仕事量が圧倒的に減ったのです。そして主婦が家のなかで時間を持て余すようになりました。そこで、テレビは時間を持て余した主婦を大きなターゲットとするようになりました。日本でも七〇年代以降、だんだんと主婦が昼の時間を持て余すようになると、この時間帯を狙ったメロドラマが盛んにつくられるようになりました。それと同じようなことがブラジルでも起きたのです。ブラジルのテレノヴェーラは、階級的にもより貧しい労働者たちも視聴者として想定していたので、昼間ではなく、夕方の六時や七時といった時間帯に放映されることが多く、老若男女、あらゆるブラジル人庶民がその番組の展開に一喜一憂して生活するという現象が七〇年代後半から八〇年代にかけて起きたのです。ブラジルはラテンアメリカ最大のメディア・コングロマリットのひとつである「グローボ・グループ」の拠点ですが、その傘下にあるテレビ局レジ・グローボ Rede Globo が、テレノヴェーラを乱発してい

レビは一九五〇年に商業放送を開始し、直後からテレノヴェーラが製作されるようになった。六三年から毎日放映されるテレノヴェーラが始まった。六〇年代にはシネマ・ノーヴォが隆盛を誇り、重要な政治変動と社会的事件が頻発したのにもかかわらず、対照的に、テレビ界と民衆はテレノヴェーラのつくり出した虚構に夢中になっていき、視聴率も上がっていった。七〇年代後半からはテレノヴェーラの人気は絶頂に達し、同時に作品の多様化も進んだ。演劇界や映画界の俳優が出演するようになり、徐々に宗教、人種問題、女性の地位、公害、貧困、都市部における暴力など、社会的な問題も描きこまれるようになっていった。

くことになりました。

映画『バイバイ・ブラジル』は、まさに、テレビによって映画が打ち砕かれていく状況を描いているといっていいでしょう。その象徴的なシーンがあります。シガノがある町へ行くと、そこにゼ・ダ・ルス Zé da Luz という人物がいます。彼は、映画のフィルムを持って、映画館のないブラジルの田舎町を巡回興行している映画師です。「ルス」Luz とはポルトガル語で「光」という意味で、彼は「光のジョゼ」という象徴的な名前を持っているのです。このゼ・ダ・ルスという人物が、ブラジルの一九四〇年代の古いフィルムと映写機を持って移動しながら、細々と映画文化を地方に伝えようとしています。ところが、ある晩、どこかの小さなホールで上映をしても観客がまったく来ないので嘆いています。シガノのサーカス団も同じくらい客が入っていないので、シガノはゼに同情します。ここでは、シガノのキャラバンと映画という二つの見世物が、あたかも同じ運命を背負っているかのように描かれています。民衆の娯楽としてのサーカスが人気を失っていくこと。これは生活の近代化のなかで起きたことで、その理由のひとつにマスメディアの台頭があったわけです。そして映画も同じでした。テレビの登場によって映画は娯楽の王座から完全に引きずり下ろされ、駆逐されて、ゼ・ダ・ルスが上映をしてもカラカラと映写機がまわる音だけが寂しく響くだけで、観客は誰もいないのです。誰も人が来ないことを怪しんだシガノが町の公民館へ行ってみると、そのなかは住民であふれていました。なんとここには、町にたった一台しかないテレビ受像機があって、人びとはそこに群がってテレノヴェーラを興奮しながら観ていたのです。

　そこで放映されているドラマをよく見ると、それが『ダンシン・デイズ』*Dancin' Days* という、ブラジルのテレビドラマ史上もっともヒットしたテレノヴェーラだということが分かります。ブラジルだけでなく、全ラテンアメリカから北米に住むヒスパニックの住民たちのあいだでも、このドラマは絶大な人気を誇りました。一九七八年から翌年にかけて全ラテンアメリカで放映されたこの番組を製作したのは、先ほど触れたレジ・グローボというブラジルに本拠を持つ多国籍メディアのテレビ局です。『ダンシン・デイズ』は、タイトルからして英語です。テレノヴェーラの女王、当時のブラジルのセックス・シンボルでもあった女優ソニア・ブラーガ*が主演しています（彼女は『フロール夫人と二人の夫』（一九七六、邦題『未亡人ドナ・フロールの理想的再婚生活』）、『ガブリエラ』（一九八三）といったブルーノ・バレット監督のヒット作映画や、エクトル・バベンコ監督『蜘蛛女のキス』（一九八五）などの主演女優でもあります）。ともかく絶大な人気を誇ったこのテレビドラマを観るために、テレビを

＊ソニア・ブラーガ Sônia Braga（一九五〇―）
ブラジルの女優。南部のパラナ州にヨーロッパ系と黒人のハーフの父、インディオとのハーフの母のあいだに生まれる。一四歳でテレビ番組に出演するようになり、二四歳でマルチェロ・マストロヤンニが出演したテレビシリーズ『ガブリエラ』に主演して、ブラジル国内でスター女優になった。「テ

持たない人びとも公民館に繰り出してテレビに噛りついている。そしてそのせいで、誰ひとり、ゼ・ダ・ルスの映画にも、シガノの見世物小屋にもやってこない、というわけです。

これはとても象徴的なシーンです。地方の娯楽文化がテレビによって一元化されていき、しかもその番組の内容は国際的なメディア企業の手によって方向づけられている。こうして地方それぞれの独自な民衆文化というものが死に絶えていく。八〇年代のブラジルの人口は約一億五〇〇〇万人でしたが、この時期のテレノヴェーラはブラジルにおいて一晩で三〇〇〇万人が観るといわれていました。『バイバイ・ブラジル』という映画は、八〇年代を通じてブラジル映画史上五番目に観客を動員したほどの大ヒット作ですが、それでもその動員数はたったの一三〇万人にすぎません。一九八〇年の資料では、一年間に映画館へ足を運んだ人の人数はのべ七〇〇〇万人ほどでした。ですから、一日で三〇〇〇万人の視聴者を集めるテレビがいかに広範なメディアとして、どれほど多くの人間にたいして影響力を持っているかが分かります。そして、テレビによって映画というものが廃れていった経緯が、数字の上からもよく分かります。さらに悪いことに、テレノヴェーラを観る視聴者たちは、番組に差しはさまれる広告や、ドラマのなかに登場するアメリカ的な

レノヴェーラの女王」「ブラジルのセックスシンボル」と呼ばれるほど人気を博し、ブルーノ・バレットが監督し、ソニア・ブラーガが主演した映画『未亡人ドナ・フロールの理想的再婚生活』（一九七六）は記録的な大ヒットとなった。エクトル・バベンコ監督の『蜘蛛女のキス』（一九八五）で、蜘蛛女を含む三役を演じてハリウッド映画に進出。その後もロバート・レッドフォード監督の『ミラグロ／奇跡の地』（一九八八）やクリント・イーストウッド監督の『ルーキー』（一九九〇）などの映画で独特の存在感を見せている。

価値観である消費主義文化を知らず知らずのうちに学び、そうした文化が日常の思考や行動のなかに刷り込まれていくことになるのです。そのような圧倒的な影響力を、テレノヴェーラは持ってしまったのです。

アメリカを飲み込み未来へ繋ぐ

『ダンシン・デイズ』シリーズで人気を博したテレビ女優のソニア・ブラーガは、まさにテレノヴェーラが育てたブラジル民衆のアイドルです。のちにブラジルの映画界でもスターとなり、アメリカ映画にも進出します。『蜘蛛女のキス』や『パラドールにかかる月』(一九八八)のようなアメリカ資本の映画にも出演しました。一九七八年にブラジルで大ヒットしたソニア・ブラーガ主演の『バスの女』*A Dama do Lotação*という映画は、誇張された男女関係をモティーフとしたテレノヴェーラ的な要素が映画に侵入していて、そこにエロティックな味つけがされた大衆映画です。アメリカでも"Lady on the Bus"のタイトルでヒットしました。この作品などは、映画から一旦離れ、テレノヴェーラに行ってしまった元シャンシャーダ好きの観客に向けて、今度はテレノヴェーラ的なものをそのまま映画のなかに再移植すること

テレノヴェーラの女王と呼ばれたソニア・ブラーガ

で、映画が生き延びようとしている姿のようにも見えます。テレノヴェーラ的な要素は、こうして映画を一般大衆の娯楽から駆逐しただけでなく、映画自体のなかに侵蝕してもいったわけです。このことはブラジルにおける映画とテレビの関係をとても象徴的に示しています。

そうはいっても、『バイバイ・ブラジル』は、単にテレビのような新しいメディア装置によって映画が滅ぼされつつあることを悲観的に描いている映画ではまったくありませんでした。それは、もっと複雑な文脈の上に成立しています。というのも、よく見ると、シガノのキャラバン自体がテレビ的なものを取り込んで成立している面があるのです。このサーカス団はアメリカナイズされた演出を存分に利用しながら、セルタンという「遅れた」地域に文明のヴィジョンを植えつけるという役割も果たしています。奇術を使い、セルタンに雪を降らせて素朴な観客たちが歓声をあげると、シガノは「雪は文明の象徴だ、いまセルタンにも文明の光が届こうとしているのだ！」と叫びます。BGMではビング・クロスビーが歌う「ホワイト・クリスマス」の曲が鳴っています。あるいは、映画のラストで、新しく調達したネオンで飾り立てられた大型トラックでシガノたちが走り去っていくシーンでは、「ブラジルの水彩画」“Aquarela do Brasil”という題で知られる名曲がかかります。これはディズニーの映画『サルードス・アミーゴス』で使われてアメリカで人気となり、「ブラジル」という単刀直入の題でフランク・シナトラなども歌い、ブラジルの歌としてもっともアメリカに濫用された定番曲です。ですが、そのもとの歌詞はかなり右翼的な愛国主義にも彩られており、ブラジルでは非常に論争的な曲として扱われてきました。そのような曲を最後のシーンで使う監督ディエギスには、さまざまな含意があるはずです。

ともかく、アメリカの色に染まったさまざまなブラジル・ポピュラー文化の要素をこのキャラバンは取り入れて、それによって田舎の「遅れた」人びとを魅惑し、金儲けをしていくわけです。実際、この映画に出演している俳優たちは、シガノを演じたジョゼ・ウィルケル José Wilker も、ダンサー・サロメ役のベティ・ファリア Betty Faria も、アコーディオン弾きのシコを演じたファビオ・ジュニオール Fábio Júnior も、テレノヴェーラで人気を博した俳優たちでした。この映画が、大衆的にヒットした理由のひとつは、こうした俳優をどんどん起用したことにもあります。テレビ的なるものを意図的に取り込んだのです。

映画のラストシーンで、サロメの売春で儲けた金で買った新しいピカピカのトラックで、シガノたちはブラジリアのミュージックホールに乗りつけ、そこで音楽家として地道に働いていたシコとダズドに「一緒に来ないか」と再びキャラバンへと誘います。シコは冒険への誘惑をすでに振り切って子供を育てながら夫婦で真面目に生きようとしており、この申し出を断ります。シガノには分かっていたのでしょう。彼のトラックはネオンで飾りつけられていて、キラキラと文明の豪奢を発散させているように見えます。アメリカのミュージカル風の振り付けで踊る若い女性たちも数多く雇われ、以前よりも大がかりなサーカス団となっています。シガノはこのトラックに「カラヴァナ・ロリデイ」という以前のブラジル化した英語をやめて、直に英語で「ホリデイ・キャラバン」という名をつけ、よりモダンに、よりアメリカンになって再び巡業の旅へと出ていきます。このラストシーンが示すのは、アメリカ的なるものを猥雑に取り込みつつ、前に進むしかないというブラジルの未来でしょう。アメリカナイズされてしまったことを嘆いたり、抵抗するというよりは、それを自分のなかに取り込み、大胆に飲み込んでいく。純粋なブラジルというものは幻想でしかなく、内外のあらゆるものを飲み込むことで、ブラジルとしての未完の夢を繋ぎとめていく。そのようなメッセージになっているように思えます。

　シガノという人物は、ブラジルの徹底的に楽天的なあり方を前面に押しだしていきます。このようなブラジルの描き方は、シネマ・ノーヴォのなかでは少なかったといえます。シコという人物は、質実な生活の思想に戻ることで、キャラバンに再び参加することを拒みました。しかしそのシコですら、セルタンの町の教会前で演奏していた昔に比べれば、ブラジリアのミュージックホールで演奏する姿には、素朴ながらもある種の洗練と文明化を達成しているようにも見えます。よく見ると、六台のテレビ受像機に自分たちの姿が映し出され、その前でシコたちのバンドは演奏をしているのです。彼らもまたテレビ的なるものを取り込んで生きているのです。ブラジルの表層的なポピュラー文化のテイストを盗みとりながら、彼らの民衆的な伝統音楽の表現を何とか未来へ繋げていこうとしているのです。だから、シガノとシコの生き方は一見真反対のようにも見えますが、どちらも純粋で伝統的なブラジルの価値に頑なにとらわれるのではなく、さまざまに異質な要素を取り込んで増殖していく、猥雑なブラジルというものに未来への夢を託そうとしているという点では、同じなのかもしれません。

『バイバイ・ブラジル』という映画は、そのような「伝統的なブラジル文化」という幻想にたいして、「バイバイ」という決別の言葉を投げかけているのだと考えられます。新しいブラジルを迎えるためには、古い価値のなかで自閉するブラジルにたいして別れを告げなくてはならない。植民地時代のインディオたちが外来の要素を飲み込んで、自分の栄養にしていくという「食人」のテーマが、ここにも谺していま す。マスメディアの暴力にたいして真っ向から抵抗するのではなく、まさに食人的な技術と知恵をもって、それを飲み込んで消化してしまうという、現代ブラジルの持つエネルギッシュで雑食的な力が『バイバイ・ブラジル』という映画には満ち溢れています。楽天的でありつつ、批判的な力も持った映画として、そこには過去三〇年ほどのブラジル映画史にたいする醒めた視点がきちんとあります。アメリカ人の大衆にたいしてこの映画が商業的な成功を収めた理由は、テレビ的な要素を巧みに取り入れたことにひとつの大きな理由があるでしょう。ですが、そのことは、より深いところから見れば、ブラジルがアメリカに向けて放つ批判の刃でもあるのです。「バイバイ・ブラジル」という声の反対側に、私たちは「バイバイ・アメリカ」という陰の声も聴き取らねばならないのかもしれません。

XIII キロンボ

ブラジル映画はひとつのラディカルなユートピアを創造した

ファノンの「対抗暴力」

ついに、カルロス・ディエギスの映画『キロンボ』（一九八四）について考えるところまできました。ですがそこに入る前に、ディエギス監督が『キロンボ』を撮る二一年前に製作した、最初の長篇映画『ガンガ・ズンバ』*（一九六三）について、まず考えておく必要があるでしょう。カルロス・ディエギス監督は、前章で扱った『バイバイ・ブラジル』を撮ったあと、満を持して『キロンボ』の撮影に入りました。『キロンボ』の物語とテーマは、表面上は『ガンガ・ズンバ』の語り直しといえるものです。どちらの作品においても、ブラジルの奴隷制時代の抵抗的歴史を語る際に欠かすことのできない出来事である、一七世紀の初めに黒人の逃亡奴隷たちがつくった自立共同体「パルマーレス」Palmares が舞台に設定されています。つまり、パルマーレスをめぐる出来事を題材にして、ディエギスは二一年の間隔を置いて、二本の作品を撮っている。このテーマが、彼にとって大変重要であったことが分かります。

『キロンボ』*Quilombo* 監督：カルロス・ディエギス　音楽：ジルベルト・ジル／出演：アントニオ・ポンペイオ、ゼゼ・モッタ他／ブラジル／一九八四年
カルロス・ディエギスが黒人の逃亡奴隷たちがつくった共同体「パルマーレス」をテーマに撮った、『ガンガ・ズンバ』（一九六三）に続く二作目の映画。アフリカから連れてこられた黒人奴隷たちは、ヨーロッパ系の植民者が所有するプラ

ディエギスの『ガンガ・ズンバ』が公開された一九六三年は、ブラジルのシネマ・ノーヴォの運動が始まって間もない時期です。ブラジル映画にとって、思想的にとても熱い時代でした。グラウベル・ローシャが『黒い神と白い悪魔』をちょうど撮り終え、ネルソン・ペレイラ・ドス・サントスがリオ・デ・ジャネイロ二部作のあと、『乾いた生活』を撮るために北東部のセルタンの野生と対峙していた時期です。ルイ・ゲーラもまたセルタンに赴き、一九六四年に公開される『銃』を撮影していました。シネマ・ノーヴォ運動がまさに高揚していたこの時期に、ディエギスは二三歳の若さで『ガンガ・ズンバ』を撮りました。ガンガ・ズンバとは、『キロンボ』にも登場しますが、パルマーレスの共同体を建設した黒人奴隷たちの最初のリーダーで、アフリカはアンゴラ系のバントゥー語で「偉大なる指導者」を意味しています。『ガンガ・ズンバ』はすべて黒人のキャストでつくられた映画でした。わずかにポルトガル人の植民者の白人も登場しますが、映画のなかで人格を与えられた登場人物ということでいえば、すべてが黒人キャストで固められています。一九六三年という時代に、黒人だけのキャストで映画を製作することは、ブラジル映画界においても異例でした。確かにドス・サントスも『リオ40度』で、五〇年代半ばにすでに黒人のファヴェーラを舞台に映画を撮っていましたが、この映画には白人のエピソードも

ンテーションで労働力として酷使された。一七世紀になると、ブラジルの北東部で黒人奴隷がジャングルなどに逃げこみ、自分たちの共同体を形成するようになる。映画はアラゴアス州の内陸部につくられ、一〇〇年近く続いたとされるパルマーレスの共同体を描く。一六五〇年、プランテーションから逃亡したアビオラとその仲間たちは、山中にある黒人共同体のパルマーレスに到着する。アコチレネという女性指導者の手によって、人びとは自主的にかつ平和に暮らしていた。年齢を感じていた彼女は神の託宣を受けたあと、アビオラを新しい指導者「ガンガ・ズンバ」として迎えるように宣言する。やがてガンガ・ズンバは、パルマーレスを黒人共和国にまで高めた伝説的な王になっていく……。

＊『ガンガ・ズンバ』*Ganga Zumba* 監督：カルロス・ディエギス　脚本：カルロス・ディエギス、ジョアン・

あり、黒人だけのキャストで固めた映画ではありませんでした。本書の冒頭で論じた『黒いオルフェ』という、すべて黒人俳優による黒人劇という例外的な作品もありますが、これは少し意味合いが違っています。『黒いオルフェ』においては、フランス人の映画監督マルセル・カミュによるブラジル黒人への美化やロマン化の視線がありました。ところが、これらの先行する作品とは異なり、ディエギスの『ガンガ・ズンバ』は、一貫して黒人の登場人物が、黒人の視点から物語を紡いでゆく作品であり、ブラジル映画としては初めての試みといっていい作品です。そうした人種的な特徴においても、この映画はブラジル映画史において特異な光を放っていました。

ディエギスは、『ガンガ・ズンバ』において映画製作のための大規模な予算を取ることができませんでした。そのため約束の地パルマーレスという黒人共和国が持っていたといわれる、きらびやかな威風を映像で描き出すことはできませんでした（そういうこともあって後年に撮った『キロンボ』では、パルマーレスの視覚的な偉観が強調されています）。その代わりに『ガンガ・ズンバ』では、どれほど黒人奴隷が植民者のヨーロッパ人によって暴力的に支配され、それにたいしていかに抵抗したか、という点が強調されています。同じ題材を描いていても、この二本の映画は力点の置

フェリシオ・ドス・サントス他／出演：アントニオ・ピタンガ、レア・ガルシア他／ブラジル／一九六三年
シネマ・ノーヴォの映画運動が起きるなかで、カルロス・ディエギスが撮った初の長篇劇映画。全篇モノクロームの作品。映画の物語は、一六四一年に起きたアメリカ大陸では初めての黒人奴隷たちによる抵抗闘争と、その抵抗によって形成された逃亡奴隷たちによる共同体パルマーレスの歴史を描く。パルマーレスの王の孫は高齢になっていた。そこへサトウキビのプランテーションから男が逃亡してきて、ガンガ・ズンバと呼ばれる新しい王になり、パルマーレスを自立的な共和国にまでつくり上げていく。カルロス・ディエギスは製作費の不足など、作品の出来に満足しておらず、約二〇年後に同じテーマで『キロンボ』を撮ることになった。

かれ方がずいぶん違うのです。

植民者が黒人奴隷に行った酷い仕打ちをリアルに描き、その蛮行に対抗する黒人たちの力による抵抗を強調する、という思想のあり方は、カリブ海のマルティニック島出身の思想家フランツ・ファノン*の著作を思いおこさせます。黒人奴隷の子孫である父と混血の私生児だった母のあいだに生まれたファノンは、フランスに留学して精神医学と哲学を学び、その後、フランス植民地アルジェリアの独立運動に肩入れしつつ、黒人解放や植民地解放運動の思想的リーダーとして活躍した人物です。彼は、主著『地に呪われたる者』（一九六一）のなかで力による反植民地闘争を肯定し、抵抗者による暴力を思想的に意味づけようとしています。五〇年代半ばから六〇年代初めにかけて、フランス植民地だった北アフリカのアルジェリアを舞台に植民地解放の闘争が激化しました。アメリカ合衆国で、奴隷制終焉後もマイノリティとして徹底的に人権を抑圧され、差別されていた黒人たちが公民権運動というかたちで立ち上がったのと同じ時期です。アメリカの公民権運動においては、マルコムXとマーティン・ルーサー・キングという二人の指導者がよく知られていますが、その両者においては、抑圧されている黒人がどのような手段で抵抗するかという点において大きな考えの違いがありました。やや図式的にいえば、マルコムXのよう

『ガンガ・ズンバ』の一シーン

*フランツ・ファノン Frantz Omar Fanon（一九二五―一九六一）
カリブ海、西インド諸島マルティニック出身の思想家、精神科医。黒人奴隷の子孫だった父のもとに生まれ、高等中学校時代には、同じマルティニック島の出身である詩人で思想家のエメ・セゼールの

な指導者は暴力にたいして暴力で抵抗することの意義を強調した。それにたいしてキング牧師は、非暴力による抵抗を一貫して唱えた。黒人の公民権運動のなかにも、暴力の行使に関して二つの相反する流れがあったことはよく知られています。

　アルジェリアの植民地解放の闘争に関わるなかで、フランツ・ファノンはアフリカ黒人たちによる「対抗暴力」の重要性を唱えました。それは、単にやられたらやり返せという報復的な暴力肯定論とは違います。当時ファノンがもっとも批判していたのは、植民地の黒人たちが持っている隷従的なメンタリティでした。奴隷制の歴史を深く刻まれた黒人たちは、欧米の植民地で生きるなかで、自分たちが社会的弱者であるという心理的なコンプレックスや被害者意識から抜け出せず、自らの意識を可能なかぎり白人の価値に従わせようとし、はじめから抵抗への意志を自分のなかで押し殺してしまっていました。

　白人が黒人に行ってきた圧倒的な暴力は、奴隷制の時代には肉体に直接に加えられる暴力だったといえます。映画『キロンボ』にもそのような描写がありますが、それは主に鞭と拷問器具による暴力でした。そのような肉体にじかに加えられる暴力が、二〇世紀になるとさらに別なかたちの暴力を伴ったものに進化していきました。それは経済的な搾取であったり、社会的な差別であったり、構造的にもっと根

指導を受ける。フランスに留学して精神医学と哲学を学んだ。アルジェリアの精神病院に赴任したとき、盛りあがりを見せるアルジェリアの独立運動のなかで闘士になる。その後、黒人の解放運動や植民地の解放運動の思想的なリーダーとなったが、一九六一年、三六歳の若さで白血病で亡くなった。代表的な著書に『黒い皮膚・白い仮面』（一九五二）、『地に呪われたる者』（一九六一）がある。

深い暴力が黒人にたいして行使されるようになったのです。黒人が隷属的な立場から這い上がれないようなシステムの構築、これこそがもっと大きな暴力であるわけです。そのような新しく生み出された暴力に対抗するための力の発動とはどのようなものでありうるか。脱植民地闘争はその実践の試みでした。ここからファノンのいう対抗暴力の考えが生まれたのです。もちろん、ファノンがいう「対抗暴力」には肉体的なものも含まれています。ファノンは、白人たちの暴力のあり方を可視化させるように、黒人たちが対抗暴力を示すこと、それが重要であり、それによって黒人の力を示し、白人の支配者たちに恐れを抱かせなくてはならない、と考えました。白人たちに恐れを抱かせることによってしか、黒人たちは自らの持っている文化の力を知らしめることができない。白人が搾取している文化がどれほどの力を持っているかを悟らせるために、黒人が対抗的な暴力を維持することが重要だということです。こうした視点から、ファノンは同時代にアフリカなどの植民地で起きていた武力闘争や抵抗運動を高く評価しました。

キロンボで花開いたアフリカ文化

こうした思想的背景からみたとき、一九六三年に撮られた映画『ガンガ・ズンバ』は、時代的にも、一九六一年に刊行されたファノンの『地に呪われたる者』が示した暴力や抵抗をめぐる思想と、興味深い共振を見せています。『ガンガ・ズンバ』には黒人への拷問のシーンがくり返し描かれます。しかし同時に、まだパルマーレスの指導者になる前の若きガンガ・ズンバが植民者のポルトガル人たちを惨殺し、黒人たちを率いてパルマーレスを目指してプランテーションから逃がれていく姿も描かれています。つまり、白人が黒人に振るう肉体的な暴力と、それに対抗する黒人たちの暴力が、ともに荒々しくリアルに描かれているのです。暴力の描写に関していえば、『ガンガ・ズンバ』の方が後年の『キロンボ』よりもずっと直接的であり、これには時代的な思想の影響があるといえるでしょう。監督のディエギスは、ファノンの本を当時はまだ読んでいなかったと証言しているので、こうした思想的な類似性は、カリブ海にもアフリカにもブラジルにも共通していた被植民地体験がもたらす共通した歴史意識に関わっているといえるかもしれません。

一方で『ガンガ・ズンバ』という映画は、暴力というテーマだけでなく、また別

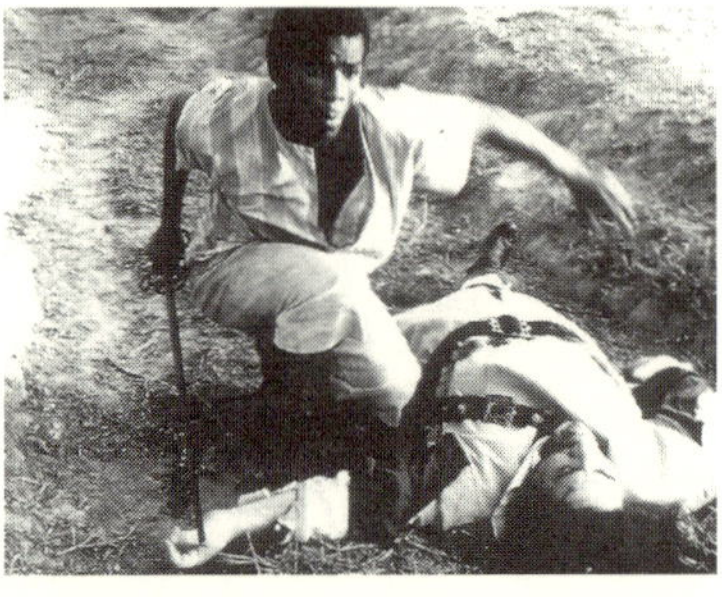

『ガンガ・ズンバ』で黒人が植民者を惨殺するシーン

の要素も含んでいました。若い奴隷ガンガ・ズンバの愛人としてシプリアーニという女性が登場します。女優レア・ガルシア＊が演じていますが、ガルシアは『黒いオルフェ』（一九五九）でエウリディスの従姉を演じていた、リオの黒人実験劇団の中心的な女優の一人です。『ガンガ・ズンバ』には、ガンガ・ズンバと愛人シプリアーニのセックスのシーンが盛り込まれています。暴力と暴力の対立を描いた、リアルで血なまぐさい闘争の映画であるだけでなく、ガンガ・ズンバとその愛人が性の快楽を貪るようにして楽しむ、快楽的な描写も入っているわけです。映画の公開当時、こうした性的な表現は『ガンガ・ズンバ』の評価を下げる要素として受けとめられました。歴史における人種的な不条理を正面から描く映画に、どうしてあのような快楽的な映像を入れるのか、不謹慎ではないか、ということです。黒人たちによる社会的な必然性を持った暴力を描くのであれば、それを弱めてしまうようなセックスシーンを入れる意図が分からない、と批判されたのです。そのとき、ディエギスはこのように答えました。黒人奴隷といっても、一日二四時間ずっと自分が奴隷だと考えて、その立場に打ちひしがれ、あるいは怒りに燃えているわけではないだろう。黒人奴隷であればこそ、どんな小さな幸福でもつかもうとしたはずだ、と。

　黒人奴隷の存在を闘争や叛乱、あるいは抵抗のシンボルとして、イデオロギー的

＊レア・ガルシア Léa Garcia（一九三三―）ブラジルの女優。ブラジルの実験的な黒人劇団に所属していた。一九五九年に出演したマルセル・カミュ監督の『黒いオルフェ』で、ヒロインの従姉役を演じて注目を浴びる。続いて同じカミュ監督の『熱風』（一九六一）に出演し、六三年にはカルロス・ディエギス監督の『ガンガ・ズンバ』に出演。黒人共同体の王ガンガ・ズンバの愛人シプリアーニを演じた。その後もブラジルのテレビ番組、映画において数多くの出演を重ね、ディエギスの『キロンボ』にも登場している。写真は『黒いオルフェ』に出演時の映画スチール。

に図式化してしまえば、こうした奴隷たちは白人にたいして常に抵抗の機会をうかがっていたことになります。四六時中、抵抗と叛乱の機会をうかがい、フランツ・ファノン的にいえば、黒人の筋肉は緊張し「絶えず待機の状態にあった」ことになります。そうした視点から見れば、ガンガ・ズンバとその愛人がプランテーションの隅にある小屋でセックスの快楽を貪るシーンは、物語としても不必要であり、不謹慎とすらいえるかもしれません。しかし『ガンガ・ズンバ』という映画は、カルロス・ディエギス監督によって、あらかじめそのような快楽的で祝祭的な要素を含んだものとしてつくられています。これはひとつの歴史観ともいえます。黒人奴隷は奴隷制にたいしてどのような生存の戦略を持ち、どのように生き延びる方法を考えていたのか。それは苦しみから生まれる抵抗の意思を生きる力に変えて、日常の些細なものにも喜びや美しさを見いだす、そのような肯定的な世界観を鍛えることに繋がっていったのではないか。それはブラジルの奴隷制のもとでの黒人文化が、ブラジル的な特徴を備えてゆく端緒を示唆するのでしょう。ですから、奴隷制下の黒人たちをことさら悲劇化して描く必要はないのです。もちろん、それは大きな悲劇ではありましたが、それを覆すほどの逞しさとおおらかさをも黒人たちの文化は持っていたのです。この『ガンガ・ズンバ』においてはまだ潜在的にしか語られなかったテーマを、映画『キロンボ』は、性や音楽やダンスといった視覚的要素の表現において、より鮮明に主張していきます。とりわけ美に関わる活動において、植民地の黒人文化は洗練したスタイルを自らつくり上げていったという事実を、ディエギスは映画という視覚表現において描き出してみたいと考えたのでしょう。

ディエギスにとって『ガンガ・ズンバ』から『キロンボ』へと至る二〇余年は、前者で顕在していた「イデオロギー」や「闘争」の側面から、後者の快楽的で創造的な「性」や「音楽」や「ダンス」へと、表現方法を移行するための時間でもあったといえます。『ガンガ・ズンバ』では徹底できなかったものを、より大きな予算を得た『キロンボ』において、ディエギスは達成しようとした。ブラジルの映画界もシネマ・ノーヴォ時代に比べれば経済的にも安定し、ディエギス自身も七〇年代後半の二本の映画『シーカ・ダ・シルヴァ』*Xica da Silva*（一九七六）と『バイバイ・ブラジル』がヒット作となったため、比較的潤沢な予算で映画を撮れる状況になっていました。こうして『ガンガ・ズンバ』でやり残した部分、パルマーレスという共同体のなかでつくり上げられていったアフリカ系の身体文化がダイナミックに展開される部分に、『キロンボ』では焦点を当てようとしたのです。

現代にも引き継がれる抵抗の精神

「キロンボ」Quilombo とは逃亡奴隷の共同体を指す言葉です。ブラジルの歴史的な文脈では、黒人の奴隷たちが白人領主の支配するプランテーション農園での隷属から逃れて、集団で内陸の奥地に逃亡し、そこで周囲から孤立したかたちで自立的な共同体をつくったものです。こうした共同体に与えられた名称がキロンボでした。一七世紀から一八世紀のブラジルが植民地だった時代にキロンボは生まれましたが、その多くは植民者たちに討伐されて消えてしまいました。しかし北東部アラゴアス州の内陸に建設された「パルマーレス」という共同体は一〇〇年近くも続いたキロンボで、もっとも長いあいだ勢力を保った自立共同体として知られています。パルマーレスは黒人奴隷たちにとっての自由を実現する約束の地として捉えられていましたが、実際には黒人だけでなく、植民地社会の底辺に追いやられていた貧しいポルトガル人たち、あるいはインディオ、ユダヤ人、アラブ人といった人びとにも門戸を開放し、これらの制外者たちの避難所としても機能した共同体でした。ディエギスの『ガンガ・ズンバ』は一九六三年に製作されていますが、その前年にジョアン・フェリシオ・ドス・サントスによる小説『ガンガ・ズンバ』が刊行されており、パルマーレスに関する歴史小説が登場しています。これを原作にしてディエギスの『ガンガ・ズンバ』は製作されました。その後も、パルマーレスに関する研究は進み、詳しい事実がさらに判明していきます。『キロンボ』の製作時には、パルマーレスの成り立ちや共同体のなかでの人びとの暮らしぶりについて、歴史的な資料を参照しながらより詳しく語ることが可能になっていました。ディエギスが再びこのテーマを取り上げることを決断したも、こうした背景があったからだと思われます。

さて映画『キロンボ』の物語は、パルマーレスの変転に関わる三つの段階を描いています。まず一六五〇年、ガンガ・ズンバがサトウキビ農園の領主たちを殺し、集団を率いて奥地のパルマーレスへ逃亡します。ここでは、ガンガ・ズンバに率いられた黒人の反乱グループが、サトウキビのプランテーションにおける過酷な強制労働から脱出してゆく描写がありますが、『キロンボ』ではこの部分はあっさりと導入部分のようなかたちで語られています。すでにディエギスはこの部分を『ガンガ・ズンバ』で詳細に描いていました。第二段階では、ガンガ・ズンバによるパルマーレスの繁栄が描かれます。この部分が『キロンボ』の大きな見どころです。植民者による厳しい暴力とそれに対抗する黒人たちの強い叛乱と自立の意思が描かれ、社会的な緊張をともなった歴史状況の上にパルマーレスという共同体が成立してい

『キロンボ』における黒人の反乱グループ。中央が女戦士ダンダラ役のゼゼ・モッタ

ることが分かります。黒人たちが森やジャングルのなかへ逃げこんだからといって、すぐにそこが約束の地になるわけではなく、逃亡奴隷たちは常に外からの脅威に晒されていました。そこで自立的に生きてゆくためには、食料の調達をはじめとしてさまざまな問題がありました。自分たちで食べるものをつくり、綿密に計画された生存のプログラムを立てていく必要があるのです。

そしてさらに興味深いのは、『キロンボ』におけるパルマーレスという共同体の描き方が、とても祝祭的であることとです。最初の、プランテーションでの叛乱から逃亡するまでの導入部分がリアリズムのトーンで描かれていたとすれば、舞台がパルマーレスに移ってからは語りのスタイルが変わり、とても演劇的な描写が強調されていきます。まるで劇場の舞台上のセットを見ているような感じです。舞台装置はカーニヴァルの演出のように、とてもカラフルでゴージャスに描かれています。それからアフリカの伝統的な工芸品、陶器とか瓢箪細工が数多くパルマーレスの共同体には飾られています。そのような大道具や小道具を、カルロス・ディエギスは一つひとつ新たにこの映画のためにつくらせたそうです。アフリカの陶器や瓢箪模様のデザインを研究し、映画においてそれらを再現したのです。パルマーレスの豊かな物質文化の細部を描写することを通じて、アフリカに由来する文化の深いリア

『キロンボ』に描かれたパルマーレスの共同体

リティを浮かび上がらせることをディエギスは意図したのでしょう。この第二段階、すなわちパルマーレスという共同体そのものが持っていた美と偉観をめぐる演劇的・カーニヴァル的な演出が、『キロンボ』という映画の中心を成しています。そこでは、この映画のサウンドトラックを書き、歌った、ブラジル・ポピュラー音楽界のカリスマ的リーダー、ジルベルト・ジル*による、映画の思想と共振する見事な音楽が決定的に重要な役割を果たしていました。

そして物語の第三段階がきます。最初のリーダーであったガンガ・ズンバにたいする黒人奴隷たちの信頼感が、次のリーダーとなるズンビの方へ徐々に移っていきます。ガンガ・ズンバは敵対するポルトガル人の植民者たちと和平の協定を結ぼうとするのですが、ズンビは徹底して闘争することを選び、人びともズンビのほうについていくことを選択します。こうして、パルマーレスの共同体の内部で紛争が起こり、その一方で、外からも武力的な攻撃に晒されはじめ、この共同体は新しい試練のときを迎えます。最終的には外からの攻撃にたいしてズンビたちは闘い、結果的にパルマーレスは滅ぼされ、ズンビも逃れようとするのですが殺されてしまいます。これが『キロンボ』のラストシーンになっています。そのあとに字幕が入ります。共同体の崩壊後も、パルマーレスの残党によってさらに一〇〇年のあいだ、黒人奴

＊ジルベルト・ジル Gilberto Gil（一九四二―）
ブラジルのミュージシャン、政治家。ブラジル北東部バイーア州サルヴァドールで、アフリカ系の家に生まれる。バイーア連邦大学に在学中に、ジョアン・ジルベルトのボサノヴァを聴いて虜になり、ギターを買って音楽をはじめた。当初はボサノヴァの演奏や作曲をしていた。一九六七年にデビューアルバム『*Louvação*』を発表。この頃、ビートルズのアルバム『サージェント・ペパーズ・ロンリー・ハーツ・クラブ・バンド』に影響を受け、カエターノ・ヴェローゾ、ナラ・レオン、ガル・コスタらと「トロピカリア」の音楽ムーヴメントを起こす。それはロック、ジャズ、ソウル、レゲエなど、さまざまな音楽を吸収していくものだった。一九六八年に軍事政権下でカエター

隷による抵抗が続いたことがそこで明らかにされるのです。史実では一六九五年に起こったズンビの死によってキロンボの抵抗が終わったわけではなく、パルマーレスの精神がさまざまなかたちで継承され、黒人の抵抗はその後も続いたということです。歴史的な事実としてパルマーレスの精神が引き継がれていったことを示して映画は終わりますが、これはたんに歴史的な経緯を解説したテロップというだけではないでしょう。われわれがいま、『キロンボ』という映画を現代において観ているという事実への、強いメッセージがそこにはあります。

現代のブラジルにおいて『キロンボ』のような映画がつくられるということにはアクチュアルな意味があります。それは、黒人の逃亡奴隷の抵抗によって示された、社会の支配権力にたいする抵抗の意志が、現代にも引き継がれていることへの暗示です。黒人奴隷たちによって示された、根源的な叛乱の意思は、現代のブラジル人にも受け継がれるべきものであるという、この映画のアクチュアルなメッセージです。そこまでわれわれは読み取るべきでしょう。実際、カルロス・ディエギスはあるインタヴューで、このように語っています。『キロンボ』が歴史的事実にもとづいているからといって、この映画が過去の歴史を扱っていると考えるのは誤りだ。なによりもこれは「映画」なのであり、映画とは世界を見るための特別に独創的な

ノと共に逮捕され、一九七二年にロンドンに亡命。一九八八年からサルヴァドール市の市議会議員、二〇〇三年にブラジルの文化大臣に就任し、〇八年まで務めた。

『キロンボ』より、ガンガ・ズンバの次のリーダーとなるズンビ

方法である。世界を直観し、現実を見透し、物事のからくりを見透すための、と。『キロンボ』は、それが製作された一九八四年の時点で、「ブラジル」という現実世界を「映画」によって省察するための、これまでにない新しい方法の探究だったのです。

キロンビズモの展開

ブラジルでは、いまも社会的な抑圧にたいする抵抗の精神、自由を求める意思のことを「キロンビズモ」Quilombismo と呼んでいます。つまり「キロンボ主義」です。これは、アフリカ起源のバントゥー語に由来する語「キロンボ」にポルトガル語的語尾がついた、ブラジルにおける独特の言語表現で、植民地時代の奴隷制にたいする黒人たちの抵抗の歴史が生み出した自立の思想、ひいては現代人が自由を求めて権力による抑圧に抵抗しながら連帯してゆく思想そのものを呼ぶ表現となりました。キロンビズモは、ブラジル植民地時代の黒人の置かれた境遇のなかで完結して語られるというよりは、むしろ近代以後、さらに独立以後のブラジル社会が混血化していく歴史のなかで、混血化したブラジル人はもとより白人系のブラジル人において

『キロンボ』に描かれた抵抗への意思は現代のブラジルにも受け継がれている

さえも受け継がれるようになった、民衆的な解放思想を示す言葉だといえます。言い換えれば、当初は黒人奴隷の経験によって始まったキロンボという共同体的な抵抗の歴史が、植民地以降の現代にまで継承されていくなかで、人種的な限定を取り払い、黒人の問題だけではなく、混血のブラジル人やブラジルの民衆全体の問題意識のなかで新しい意味を与えられ、キロンボが民衆のなかで自由と解放を求める抵抗のシンボルとして再定義されたといえるでしょう。

『キロンボ』を撮ったカルロス・ディエギスという監督はポルトガル系の白人ですが、彼こそまさにそうした新しいキロンビズモの継承者の一人ということができるでしょう。それは『ガンガ・ズンバ』という、ブラジル映画において初めてとなるオール黒人キャストの映画を撮ったとき、すでに素地として見えていたものです。ディエギスは、「白人」や「黒人」といったカテゴリーを単に人間の皮膚の色という範疇に囲い込んで考えることの愚を映画において主張していました。キロンビズモは、表面的な肌の色の違いを超えたところで、歴史に由来するブラジル人の集合的な叛乱の意思として受け継がれている、と考えることができるからです。これこそが『キロンボ』という映画が歴史的な題材をもとに作られながら、同時に現代的でアクチュアルな映画となっている理由です。

このことを別の視点から見てみましょう。確かに、パルマーレスという共同体の歴史は、黒人の抵抗と闘争の歴史としてありました。そこには豊かなアフリカ的文化伝統が流れ込み、共同体の精神に核を与えていました。そのことを強調するために『キロンボ』ではアフリカ的な宗教や踊り、あるいは民俗儀礼の伝統が、パルマーレスの共同体に持ち込まれて生きていることが映像的に強調されています。たとえばガンガ・ズンバの存在は、ブラジルのアフリカ系憑霊宗教カンドンブレにおける重要な神（オリシャ）のひとつであるシャンゴ Xangô になぞらえられています。シャンゴはカンドンブレでは厳格な火の神、稲妻の神とされ、正義と審判を司る強大な存在です。また、次のリーダーとなるズンビはオグン Ogum の化身とされていますが、オグンは若い鉄の神で、戦争を司っています。

アコチレネという神秘的な老婆も印象的です。彼女は、アフリカの精神性を強く体現している女シャーマンです。『キロンボ』ではそれぞれの登場人物にアフリカ的なスピリットが対応し、集落ではアフリカに由来する宗教儀礼が執り行われ、映画自体がアフリカ性を強調する演出となっています。もう一人、ダンダラという呪術的な力を持った女戦士が登場しますが、彼女についても触れておきましょう。このダンダラという人物は、カンドンブレにおいてイアンサン Iansã と呼ばれる情熱

『キロンボ』ではアフリカ的な民俗儀礼の伝統が強調されている

的で官能的な女神を体現していて、ガンガ・ズンバの窮地を救う呪術的な力を持っています。このダンダラ役を演じているのがゼゼ・モッタという女優で、ディエギスの監督作『シーカ・ダ・シルヴァ』の主役も演じた人です。この作品は、一八世紀のミナス・ジェライスの植民地社会を舞台に、奴隷の身分からポルトガル人大地主の愛人となって当時のブラジル社交界の花形にまで昇りつめてゆく女奴隷シーカ・ダ・シルヴァの実話にもとづくものでした。この出来事はブラジルの「人種デモクラシー」を論じるときの代表的な逸話として語られてきたもので、白人を頂点とした厳格な人種・階級社会においてさえ、黒人の存在が許容されてゆくブラジルに特徴的な文化的包容性の事例となってきました。

キロンビズモもまた、そうした人種的な境界をまたいで発動される包括的な抵抗精神を示すものとして考えることができるでしょう。ブラジルで『キロンビズモ』（一九八〇）という戦闘的な思想書を書いたアビジアス・ド・ナシメントは、すでにI章でも触れたようにディエギスの『ガンガ・ズンバ』にも出演した女優レア・ガルシアの元夫で、リオの黒人実験劇団の創設者でもありましたが、彼こそ、黒人の世界的連帯をめざすパン・アフリカ主義に立ちつつ、さらにブラジル人の混血性を踏まえて、ブラジルにおける「キロンビズモ」と「人種デモクラシー」の可能性について

『シーカ・ダ・シルヴァ』に出演時のゼゼ・モッタ

精力的に論じた非常に重要な思想家・アクティヴィストでした。ナシメントの多岐にわたるダイナミックな思想は、いまこそ、現代的な人種差別問題の袋小路を突破するために、世界的な視点で改めて考察されねばならないものだと思います。

パルマーレスとユダヤ人

『キロンボ』の描写においてもうひとつ注目したいのは、パルマーレスが純粋に黒人的な共同体ではなかったことがしっかりと描かれている点です。逃亡した黒人奴隷たちが、食べ物を分けてほしい、とパルマーレスに到達する前に立ち寄る家がありました。この家の主人はサムエルという人物ですが、彼はユダヤ人です。子供たちに旧約聖書の「出エジプト」の物語を語って聞かせるシーンがありました。預言者モーゼに率いられてユダヤ人たちが紅海を越え、約束の地であるカナンを求めて逃れていく。ディエギスはここで、黒人たちがプランテーションを逃れて自分たちの約束の地を求めていくというブラジルの逃亡奴隷たちの歴史に、ユダヤ人の二〇〇〇年にもおよぶ離散と放浪の歴史を重ね合わせようとしています。映画で示されるように、実際に植民地時代のブラジルには、ヨーロッパから離散したユダヤ人たちが数多くいました。

　紀元前の「出エジプト」を経て、ユダヤ民族は「ディアスポラ」と呼ばれる放浪と離散の運命を長く生きることになりました。エルサレムという聖地からユダヤ人は追放され、多くの集団が地中海を伝い、現在のスペインやポルトガルがあるイベリア半島に渡っていきました。なぜここにユダヤ人の大きな勢力ができたかというと、中世のイベリア半島はローマの支配からイスラム教徒の支配に変わっていたからです。ローマ帝国によって追放されたユダヤ人たちは、キリスト教徒から常に迫害される運命にあったのです。ところが、イスラム教徒はユダヤ人たちを相応に受け入れました。そういう経緯もあって、多くのユダヤ人がイベリア半島に流れたのです。

イベリア半島は一四九二年にカトリック勢力によって「再征服《レコンキスタ》」されるのですが、それまで中世のイベリア半島はイスラムの勢力下にありました。いまでもイスラム的な文化がスペインやポルトガルにはたくさん残されており、スペイン南部のグラナダには、アルハンブラ宮殿に代表される美しいイスラム建築が保存されています。

一四九二年はコロンブスが新大陸を発見した年ですが、それと同時に、スペインからユダヤ人が追放された年でもあります。スペインがイスラム勢力を駆逐して、カトリック教国に戻りました。そのときに国内にいたユダヤ人たちを追放したのです。そのときはまだポルトガルはユダヤ人追放令を出していなかったので、ユダヤ人たちは隣国のポルトガルへ落ちのびました。しかし、翌年にポルトガルが同じような追放令を出し、多くのユダヤ人たちが世界中のさまざまな場所へ離散していったのです。その多くは同じヨーロッパのオランダへと流れましたが、しばらく潜伏したのちに、ポルトガルの植民地だったブラジルへと流れていった者もいました。

隠れユダヤ教徒として、しばらくのあいだイベリア半島に留まった人たちは「マラーノ」と呼ばれています。マラーノとは豚という意味で、隠れユダヤ教徒のことを指す蔑称で、スペイン人やポルトガル人が蔑んでつけた名です。マラーノにはひどい差別や暴力が加えられました。一見キリスト教徒に改宗しているように見えて、家のなかでは頑なにユダヤ教を守り抜いている人びとです。実際にユダヤ教からキリスト教へ改宗した者もいましたが、一方、改宗せずにマラーノとしてイベリア半島に留まっている人たちもいたのです。けれども、マラーノの人たちも長くはイベリア半島に留まることができませんでした。こうして彼らは、スペインやポルトガルの植民地が新しく新大陸にできるようになると、そちらへ離散していったのです。

『キロンボ』に登場するサムエルというユダヤ人も、そのようなマラーノの一人であると考えられます。おそらくポルトガルからブラジルへ逃亡したユダヤ人です。

サムエルという人物は、自分の新大陸へと至るディアスポラの運命をユダヤ人の放浪の歴史の端緒に重ねるようにして、子供たちに出エジプト、つまりはエクソダスの話をするわけです。ですから、サムエルのような人物も、パルマーレスの共同体のなかに流れ込んでいきます。サムエルのような人物も、パルマーレスは単なる黒人の共同体ではなく、そのような逃亡者たち、離散した人たち、さまざまな放浪者たちを民族的・人種的な複合体として組み込んで成立していたということが、ここで語られているのです。それは歴史的な事実であるとともに、ディエギス監督による強い思想的なメッセージでもあります。キロンビズモを黒人の問題だけに留めないというメッセージのひとつの根拠となっているといえるでしょう。抑圧される社会から逃亡し、ある場所で抵抗を続けるという意志は、ブラジルの黒人奴隷だけに特有のものではなく、ユダヤ人たちにもあった。さらにパルマーレスの共同体は白人も受け入れていました。植民地社会からはじき出された流れ者や犯罪者の烙印を押された者など、ブラジル社会におけるポルトガル系の白人のマージナルな人びとをパルマーレスは拒否しなかったのです。実際『キロンボ』においても、ガンガ・ズンバの右腕は白人の女性でした。そうした意味でも、パルマーレスは民族や人種の複合体であり、一種のユートピアであり、現代のブラジルが多様な民族集団の複合体としてあるということを、パルマーレスは歴史のなかですでに先取りしていた、そう語ることも可能です。ディエギスはそのようなヴィジョンを映画の描写のなかに込めています。こうした歴史的経験の蓄積のなかで、混血のブラジル人たち、そしてブラジル文化そのものの混血性が、民衆のなかで広く受け入れられていく基盤をつくりだしたのです。

人種共存の夢

すでに述べたように、『キロンボ』という映画は、単に歴史的な過去を映画として再構成した歴史ドラマではまったくありませんでした。この映画はキロンボという歴史的には重い主題を、現代人に訴えかけるスペクタクルとして見事に演劇的、カーニヴァル的、ミュージカル的に描いた優れた達成であり、音楽監督ジルベルト・ジルの音楽がそれを増幅させています。この映画は現代の「ブラジル」に向けて、ひとつの未来的なヴィジョンを示したものといえるでしょう。それをひとことで言ってしまえば、ブラジルが保ち続けているブラジル混血文化の指向性のひとつとしての「ユートピア主義」です。ブラジル社会のなかに、出自や階級の違いを超えた、民衆的ユートピアを実現させようとする欲望が、黒人奴隷たちによるキロンボという共同体の模索によって始まったといえます。ブラジルの文化史的な視点から見れば、ユートピアへと傾斜してゆく民衆の動きは、一九世紀末からははっきりと「ミレナリズム」（千年王国運動）という宗教的なカルトとして現れています。異形の聖人アントニオ・コンセリェイロに人びとがつき従ってバイーア州の奥地に理想郷を築いて政府軍と戦った「カヌードスの乱」や、あるいは数々の奇蹟によって北東部セアラ州ジュアゼイロ・ド・ノルチの寒村を一大巡礼地にしてしまったシセロ神父*への崇拝などが、そうした傾向の代表的な出来事です。こうしたミレナリズム的なユートピア願望は、ブラジルの映画史を見れば、誰よりもグラウベル・ローシャが、『黒い神と白い悪魔』をはじめとする六〇年代の映画のなかで描き出したものでした。キロンボのような自立共同体の実験だけでなく、民衆のユートピア願望はさまざまな形で追求されていったのです。

　それを二〇世紀の視点でみれば、都市の祝祭であるカーニヴァルがあります。これも単なるお祭り騒ぎではなく、民衆的ユートピア願望の表出として考えることができます。ブラジルの都市部に住む貧しい黒人たちがカーニヴァルの期間にだけ、自分たちが実際の社会では実現できないものを実現する。普段は抑圧されて差別されている者たちが、日常の支配的価値を転倒し、自由な身体表現によって街の中心

＊シセロ・ロマン・バティスタ
Cícero Romão Batista（一八四四―一九三四）
ブラジルのローマカトリック教会の神父。ブラジル北東部のセアラ州に生まれた。一八七〇年に神父になる。一八七二年から同州のジュアゼイロ・ド・ノルチ市に移り、生涯を過ごすことになる。この頃、夢のなかでイエス・キリストに話しかけられるヴィジョンを見る。一八八九年に行われた聖餐式で、シセロ神父が配ったパンが、女性の口のなかで真っ赤な血に変わるという奇蹟が起きた。北東部の貧しい農民を中心に、メシ

部へと、文字どおり踊り出ていく。国家、教会、企業といった権威的な制度は、そのあいだ宙づりにされる。こうしたカーニヴァルもまた、現代におけるブラジルのユートピアニズムのひとつの形態として捉えることができます。それはブラジル文化の深いところに横たわっている民衆の衝動のようなものです。あるいは、荒野のなかに人工都市としてつくられた首都のブラジリアも、モダニズム建築の理念と近代テクノロジーの合体によって生み出された、未来的な都市ユートピアの思想に支えられたものでした。しかし結果的にいえば、ブラジリアは計画都市の当初の理念を現実が裏切り、無機的で非人間的な都市空間と、周辺の衛星都市のスラム化など、ユートピアとは無縁の存在となってしまうわけですが。しかしそもそも、ユートピアというのは実現しないものの謂いなのです。実現されないからこそ、ユートピアとしてその精神が引き継がれていくのです。実現されたユートピアというのは、ある意味で矛盾でもあります。ブラジルのユートピア願望は歴史のなかで常に自由や自立を求め続けます。そして映画という表現のジャンルもまた、そうした夢を受けとめ、ブラジル文化におけるユートピア主義を絶えず描き出してきたのです。そのユートピアは民族や人種の共存をモティーフとしてかならず持っています。ブラジルの社会的経験とは、歴史のなかで常にそういうものとしてあったからです。

アニズムを信奉する民衆から聖人として熱烈な支持を受けるが、カトリック教会はシセロ神父の奇蹟をペテンとして調査し、破門はしなかったものの教会の活動から遠ざけた。その後は民衆を救うために、セアラ州の副知事になるなど政治活動を行った。九〇歳で亡くなったときには葬儀に八万人の信者が押しかけたという。ジュアゼイロ・ド・ノルチ市に建てられたシセロ神父の巨像は、いまもブラジルの有名な巡礼地となっている。

植民地時代のブラジルが、異なった人種間における支配・搾取関係として始まったものである限り、ユートピア願望は、そうした構造が調和を持って解消されていく未来を指向し続けるのです。ブラジルの映画は今後もそのような民衆的共存の夢を描き続けることになるでしょう。カルロス・ディエギスの『キロンボ』は、そのような未来へのひとつの希望として、「ブラジル映画」が産み落とした象徴的な嬰児です。その子供を育ててゆく使命を、二一世紀のブラジル映画はいまだに負っているといえるでしょう。そのような精神を宿した「ブラジル映画」が、果たして新たな世紀においても逞しく引き継がれていくかどうかは、まだ分かりませんが……。

『キロンボ』の精神を見事に主題歌に凝縮したジルベルト・ジルの「キロンボ、黒人の黄金郷《エル・ドラード》」の一節を、最後に私訳で引いておきましょう。

ブラジルには黒人の黄金郷があった
そこは自由の太陽の輝きにみちていた
聖なる光がとびかい　至上の神オロルンの炎が燃えていた
ユートピアがふたたび生まれた
すべての者にとっての夢が

キロンボ　それを人びとはすべての聖人の情熱とともに建設した
キロンボ　その土地は人びとの涙によって潤った
キロンボ　愛と闘いの後　すべては倒れた
キロンボ　いまもわれわれはそれを強く求めつづける（……）*

* Gilberto Gil, "Quilombo, o el Dorado Negro", *Quilombo*, Warner Music, 1984.

不在の「ブラジル映画」のために――あとがきにかえて

ブラジル映画にたいしては、つねに朗《ほが》らかなディレッタントでありたいと願いつづけてきた。「ディレッタント」の原義通り、「楽しむ」(イタリア語で「ディレッターレ」)ことを第一とするシネフィル(映画愛好家)の立場である。ラテンアメリカの文化や芸術についての著作は書いてはきたものの、映画研究を「専門」とするわけではない者が本書を上梓するのは、ひとえに読者とともに、「ブラジル映画」という楽しみと喜びの源泉へと旅してみたいという素朴な衝動によるものである。その旅が、複雑な多元体として生きられている「ブラジル」なるものへの、魅力的な入口になると信ずるからである。その意味でも、本書がこれからブラジルやブラジル映画の真の魅力を発見しようとする人々への新たな学びのきっかけとなれば、これにまさる喜びはない。

入門書であるとしても、『ブラジル映画史講義』と名乗る限り、本書には多くの語り残しがあることは認めねばならないだろう。語るべき他の作品の名前が直ちに思い浮かぶ。

シネマ・ノーヴォ運動の先駆けともいうべきオムニバス作品『五度のファヴェーラ』*Cinco Vezes Favela*（一九六二）。ネルソン・ペレイラ・ドス・サントスの『リオ40度』に続く意欲作『リオ北部』*Rio Zona Norte*（一九五七）。グラウベル・ローシャによる長篇第一作『バラベント』*Barravento*（一九六二）、そして寓意に満ちた快作『狂乱の大地』*Terra em Transe*（一九六七）。さらにはセルタンを舞台にしたルイ・ゲーラの『銃』*Os Fuzis*（一九六四）……。これらシネマ・ノーヴォ初期の傑作群は、本書で扱った同時期の作品とともに、それぞれに独自の映像的達成を成し遂げつつ、文化運動としてのシネマ・ノーヴォに強固な思想性を付与していくことになった。だが本書では、これらの作品すべてを一つひとつ詳細に取り上げてゆくだけの紙数の余裕はなかった。ブラジル映画の二〇世紀における道筋を、シネマ・ノーヴォ時代だけに限定せず、より広い視点から俯瞰してとらえてみたいという意図があったからである。

本書において私がこだわったのは、「ブラジル映画」というアイデンティティが発生し、それが表現における主体性の根拠となって作品が次々と生み出されてゆく、大きな文化運動としての歴史の諸断面を、作品を通じて概観することだった。映画作家個人が、それぞれの時代と政治社会的背景のなかで、「映画」というスタイルと表象のなかに集団的・民衆的な意思を表明してゆくときの情熱とエネルギー。それこそが、「ブラジル」と「映画」とが鋭く触れ合う興味深い界面を形成した。そのとき、たしかに「ブラジル映画」と呼ぶべき主体が、民衆の文化的表現を牽引するものとして存在していたのである。

シネマ・ノーヴォ以後のブラジル映画にも佳作、意欲作、問題作は多い。アルトゥール・オマールの『悲しき熱帯』*Triste Trópico*（一九七四）やアルナルド・ジャボールの『トゥド・ベン』*Tudo Bem*（一九七八）、エクトル・バベンコの『ピショーチ』*Pixote*（一九八〇）やスザーナ・アマラルの『星の時間』*A Hora da Estrela*（一九八五）などは、同時代の人間として私の心にいまも深く刻まれた作品で、詳細に語りたい欲望はあった。大衆的・娯楽的な作風の映画監督と思われているブルーノ・バレットのヒット作『フロール夫人と二人の夫』*Dona Flor e Seus Dois Maridos*（一九七六、日本公開名『未亡人ドナ・フロールの理想的再婚生活』）や『ガブリエラ』*Gabriela*（一九八三）といった映画も、ジョルジ・アマードの小説にもとづきブラジル民衆文化の祝祭性や民俗的象徴性などを巧みに塗りこめた興味深い作品である。これらについても、それらがブラジルや世界各地の映画館で初めて上映された際の臨場感とともに、あらためて語る機会があればと願っている。

本書の記述が、一九八〇年代までのブラジル映画への論評で終わっている理由についても、ここで述べておくべきだろう。ひとつには、九〇年代以降の作品は、いまだ「歴史」的に取り扱うには新しすぎることがあげられよう。私が本書で企図したのは、ブラジルにおける映画製作の始まりから現在までの「通史」を概観することではなく、あくまで「ブラジル映画」という強固なアイデンティティの生成を確認し、そのアイデンティティによって牽引されてきた、ひとつの特異な表象の歴史を語ることだったからである。そしてその点において、九〇年以後ブラジルで製作されてきた映画作品には、この「ブラジル映画」という主体性にもとづく独自の集団的美学や哲学が、非常に希薄になってしまったと私には感じられる。言い方を変えれば、それらは「ブラジル映画」がたどってきた歴史のなかの啓示や葛藤を、「映画」という表現形式のなかで引き継ごうとする集団的な意思を、なかば放棄してしまっているようにも思われるのだ。未来のブラジルの文化的ヴィジョンを凝縮して表明しようとした一九八四年の作品『キロンボ』を語ることで本書の記述が閉じられているのも、そうした視点の故である。

私が考える「ブラジル映画」とは、単にブラジル人監督によってブラジルで作られた映画を意味するわけではない。私はこの概念に、はじめから強い思想性と精神性を求めたのである。それほどまでに、かつての「ブラジル映画」の与えてくれた衝撃と知的インパクトは大きかった。それは、観る者が従来の映画文法において作品を受けとめることをどこかで拒む不可思議な「謎」であり、野蛮で暴力的な「未知」の感触をもたらしてくれる啓示的な体験でもあった。これは、一九七〇年代半ばの日本で、シネマ・ノーヴォの運動とそこから生まれた過激とも言うべき諸作品を通じて「ブラジル映画」と出遭ってしまった者の、不可避のポジションであったかもしれない。けれども、この特異な映画的経験こそ、「ブラジル映画」の本質を発見するための通過儀礼にほかならなかった。そしてその経験は、欧米におけるあり方とは違う、「映画」なるものの異形の存在様式を私に示唆してくれるものでもあった。

この点からみると、「ブラジル映画」なるものはもはや存在しない、と思いきって言うことも可能かもしれない。ブラジルで製作された映画はあっても、「ブラジル映画」という固有のアイデンティティが苛烈なエネルギーとして映画そのものに憑依するような出来事は、もうほとんど起こりえなくなった。それは、ブラジルに限らず、世界のあらゆる地域の映画が、製作システムとしても、また流通市場としても、世界資本主義のもとですべて地続きになったことと深い関係があるだろう。ブラジルにおいても、欧米映画産業との連繫が強まりはじめた一九八〇年代後半から、何かが決定的に変わってゆく兆候がはっきりと感じられるようになった。『ピショーチ』において、みずみずしい詩的リアリズムでリオのモレーキ（ストリート・チルドレン）たちの内面的荒廃を描いたエクトル・バベンコが、その五年後にアメリカとの共同製作で『蜘蛛女のキス』*O Beijo da Mulher-Aranha*（一九八五）を撮った頃から、私のなかのいやな感覚は募っていった。『蜘蛛女のキス』はアルゼンチンの作家マヌエル・プイグの評判の小説をアメリカ人脚本家の脚本により映画化し、主演のアメリカ人男優ウィリアム・ハートとプエルトリコ人俳優ラウル・ジュリアにソニア・ブラーガを加えた出演陣で国際的なヒット作となったが、そこに私はもはや「ブラジル映画」の精神を見いだすことができなかった。ブラーガはこの作品の成功によってハリウッドでの女優としてのキャリアを求めてアメリカに移住し、その後はロバート・レッドフォードやポール・マザースキーらの映画に出演して、ついに二〇〇三年にはアメリカの市民権を獲得するに至る。ブラジル映画そのものに到来する大きな質的変化を、女優ブラーガの動きは象徴的に示していたといえるだろう。この頃から、「ブラジル映画」の溶解の傾向は否定しがたいものとなった。

もともとモザンビーク生まれのルイ・ゲーラは、シネマ・ノーヴォ運動の中心から離散していった特異な彷徨者ではあった。ゲーラによるガルシア＝マルケスの幻想的な短篇小説を原作とした『エレンディラ』*Eréndira*（一九八三）は、メキシコ・ドイツ・ポルトガル共同資本によってメキシコで撮影されたスペイン語映画であり、もはやブラジル映画と呼ぶべき外形的条件すら持たなかったし、再びブラジルでゲーラが撮った、シコ・ブアルキによるミュージカル劇を元にした『マランドロのオペラ』*Ópera do Malandro*（一九八六）も、ブラジル性を希釈された口当たりのよい娯楽映画という以上の印象はなかった。

「ブラジル映画」の終焉をはっきりと確信したのは、一九九九年に公開されたカルロス・ディエギスの『オルフェ』*Orfeu*を観たときだったろうか。いうまでもなくこの作品は、マルセル・カミュの異国趣味的な『黒いオルフェ』にたいするブラジルの側からの応答として、満を持して製作された意欲作ではあった。だがディエギスの『オルフェ』は、黒人たちの「ファヴェーラ」に仮託されたロマンティックな幻想を脱神話化するだけでなく、シネマ・ノーヴォにおいて極まった映画に賭ける過激な熱情までも鎮静化することによって、ブラジル映画そのものがまとっていた異形のエネルギーにたいする解毒剤としてはたらいてしまったように私には感じられた。技術的な完成度、そつのないナラティヴ（物語性）、大衆の支持を受けたミュージシャンを巧みに配したキャスティング、ファヴェーラの麻薬抗争を描くときの巧みなスピード感。どれをとっても、過不足のない、完成された映画ではあったが、だからこそ、私には奇妙な齟齬感が残った。オルフェウがエウリディスの遺体を抱いたまま崖を落下してゆく奈落の底を、現実のファヴェーラの岩山の下に広がるゴミ溜めのような草叢としてリアルに描いてしまったディエギスの『オルフェ』。それは、かつてマルセル・カミュが、映画では描写することなく神話化した「冥界」の謎めいたイメージを現実に暴き出すことで、ブラジルの貧しい者たちが隣り合わせに生きている厳粛な「社会的現実」を暗示しようとしたのだろう。だがこのシーンは、私には精巧なプラスティックづくりの人工物としてのセットにしか見えなかった。ファヴェーラの奈落の闇のなかに、ブラジル映画の、言葉にもイメージにもならない過激な「謎」が秘められていたのだとすれば、ディエギスの『オルフェ』は、その謎を白日の下に曝すことで、映画から闇を追放した。そしてそれは、映画市場の要請に適合する「商品」として自らを成型することとあるいは同義だったのかもしれない。それが娯楽作品としていかに上質であろうと、シネマ・ノーヴォの精神のもっとも息の長い継承者であったディエギスのこの帰趨に、私は決定的な喪失感のようなものを味わわざるを得なかった。

数多くの国際的な賞を受賞して広く世界で公開されたヴァルテル・サレスの佳作『セントラル・ステーション』*Central do Brasil*（一九九八）や、フェルナンド・メイレレスによる世界的ヒット作『シティ・オブ・ゴッド』*Cidade de Deus*（二〇〇二）もまた、私には同じような喪失感を感じさせるものだった。たしかに、ブラジル映画の歴史的な発掘と探究を続けてきた映像作家であるサレスの『セントラル・ステーション』には、過去のブラジル映画の達成への深いオマージュが込められている。リオの中央駅（原題「セントラル・ド・ブラジル」はこの駅を意味する）の雑踏からはじまり、やがて内陸の荒野をあてどなく遍歴するその物語は、都市とセルタンの往還というかたちで繰り返されてきた「ブラジル映画」の探究の道筋への現代的な考察と応答である。ジャボールの『トゥド・ベン』やイルツマンの『彼らは黒ネクタイを結ばない』といったシネマ・ノーヴォの監督たちの名作に主演したフェルナンダ・モンテネグロや、『黒い神と白い悪魔』の名優オトン・バストスらを思い入れたっぷりに使ったキャスティングもまた、ブラジル映画の過去へのさりげない賛辞であろう。しかしそれが「ブラジル映画」にたいして総括的・回顧的な姿勢を持てば持つほど、『セントラル・ステーション』がある意味での「挽歌」のような趣をたたえてしまうのを、私は打ち消すことができなかった。シネマ・ノーヴォに連なる「ブラジル映画」にたいする、このあまりにも美しい「挽歌」の登場は、まさにサレス自身が「ブラジル映画」の一つの終焉を静かに宣言しているのではないかとさえ、私には映った。

　多くの人が支持したメイレレスの『シティ・オブ・ゴッド』を「ブラジル映画」というアイデンティティの内実をかたちづくる一篇としてあげることに、私は大きなためらいを感じる。ここで描かれたモレーキたちによる「暴力」シーンがいかに壮絶で、スペクタクルとしての迫真力を持っているとしても、それは現実のファヴェーラのなかで行使されている「ヴァイオレンス」の問題にすぎない。けれども、私が「ブラジル映画」の内実に感知していたのは、暴力そのものの描写の力ではなく、映画そのものが持つ「暴力」的な存在感の方だった。グラウベル・ローシャの作品にもっとも凝縮して示されていたように、「暴力」を社会学的な意味でのヴァイオレンスとして描くのではなく、「ブラジル映画」じたいが、一つの未知の「暴力」ともいうべき野蛮な力として私たちの視覚を支配したときの過激な経験こそ、ブラジル映画へ私が没入してゆく核心にあったものである。その点で言えば、エクトル・バベンコの『ピショーチ』に登場する内面に廃墟を抱えた少年たちの方が、『シティ・オブ・ゴッド』において銃をもって抗争を繰り返す少年たちの何倍も素晴らしかった。ヴァイオレンスは設定や物語ではなく、映画の存在そのもののなかにあるのだということ真実を、『ピショーチ』はその映画的無意識において暗示しているように思われたからである。しかし映画にとっての「暴力」の意味は変質してしまった。銃声だけが鳴り響くこけおどしの暴力シーンがこれでもかと繰り返されるハリウッド的なスペクタクルの愚を、多くの映画が模倣しているのが現在である。ブラジル映画においても、いまや「暴力」は、「クライムアクションもの」と呼ばれるジャンルの定型表現なかで、不毛に反復されている。リオの都市ギャングと軍警察の攻防を描いてブラジルで大ヒットしたジョゼ・パジーリャの『エリート・スクワッド』*Tropa de Elite*（二〇〇七）なども、この系列の作品であった。

セントラル・ステーション、シティ・オブ・ゴッド、そしてエリート・スクワッド。世界的な映画市場において、こうした英語題名に容易に変換されたブラジル映画が氾濫してゆくことのなかにも、決定的な「喪失」は見事に刻まれているだろう。「ブラジル映画」は真にブラジル的主題を探究することから離れ、世界（国際）市場に向けて溶解していったのである。二〇〇〇年代に入って、ヴァルテル・サレスはアルバニア作家イスマイル・カダレの原作をもとに、物語の設定をバイーアのセルタンに置き換えて『ビハインド・ザ・サン』*Abril Despedaçado*（二〇〇一）を監督する。サレスの次作『モーターサイクル・ダイアリーズ』*Diarios de Motocicleta*（二〇〇四）は、若きチェ・ゲバラの原作にもとづく汎アメリカ的テーマの作品で、ブラジル性は希薄だった。サレスはさらに、フランシス・フォード・コッポラの製作総指揮により、ビート作家ジャック・ケルアックの名作『オン・ザ・ロード』*On the Road*を二〇一二年に監督として映画化したが、この撮影はカナダとアメリカにおいて行われている。フェルナンド・メイレレスもまた、『ナイロビの蜂』*O Jardineiro Fiel*（二〇〇五）

では原作にイギリス作家ジョン・ル・カレのスパイ小説を使い、その次に撮った日本・ブラジル・カナダ合作の心理サスペンス劇『ブラインドネス』*Blindness*（二〇〇八）はポルトガル作家ジョゼ・サラマーゴの『白の闇』の映画化だった。二人の重要なブラジル人監督によるこれらの近年の映画は、例外なく非ブラジル人の原作に依拠するものであり、有能なブラジル人映画作家が、いまやこうした国際映画市場の要請のなかで役割を果たさざるを得なくなっている現実は、押しとどめようがない。私はこうした状況を「ブラジル映画史」の枠組みのなかで語ることに、どうしても耐えられなかったのである。

繰り言はこのぐらいにしておこう。いずれにしても、本書が「ブラジル映画史」として扱う作品は、ブラジルという風土と社会とそこに生きる人間たちに向けて突き付けられた、強固な思想的内実と表現の主体性をともなった作品群である。映画を観る快楽も喜びも、そうした強度ある映画表現をまるごと受けとめたときの啓示や発見として生じるものであり、それを決して消費的な娯楽を享受する快楽と取り違えてはいけない。

現実への強烈な探求心と過激な批評性という点からいえば、「ブラジル映画」の原初的な精神は、むしろドキュメンタリー映画のなかで長く命脈を保ってきたといえるかもしれない。その象徴的な存在が、二〇一四年に突然、精神を病んでいた息子のナイフによって命を絶たれてしまった名匠エドゥアルド・コウチーニョである。シネマ・ノーヴォの息吹を浴びつつ、独自のアイディアをもって、一九六二年から、ノルデスチの農民運動の指導者ジョアン・ペドロ・テイシェイラの暗殺をテーマに、農民運動に連帯する立場から劇映画を撮影していたコウチーニョは、一九六四年のクーデタによって成立した軍事政権による弾圧を受けて撮影を中断させられてしまう。だがこのテーマが成熟するのを長い政治的な混乱の中で密かに待ち続けたコウチーニョは、軍部の政治的影響が低下しはじめた一九八一年になって撮影を再開し、農民たちの置かれた環境の変化や、政府による撮影への介入などの出来事を組み込んだドキュメンタリーの形で、ついにこのプロジェクトを『死を刻印された男』*Cabra Marcado Para Morrer*（一九八四）として完成させたのである。本書では論じることができなかったが、この作品は「ブラジル映画史」の本道のなかで、ドキュメンタリーとして特別の異彩を放つ傑作である。コウチーニョのドキュメンタリストとしてのエネルギーは、世紀をまたいでも衰えを知らなかった。コウチーニョのもう一つの野心作、リオ、コパカバーナ海岸に建つ古いマンションに住みつづける下層中産階級の人びと三七人の日常とインタヴューを中心に構成された『エジフィシオ・マスター』*Edifício Master*（二〇〇二）も、「ブラジル人」なるものが、いかに多様な出自、階級、信条、言葉づかいの混合体であるかを、一棟の大型マンションを一つの有機生命体に見立てて描きだす、迫力に満ちたドキュメンタリー作品だった。シネマ・ノーヴォ運動の初期からジョアキン・ペドロ・ジ・アンドラージやカルロス・ディエギスらに接触し、運動のマニフェストの一つとなる『五度のファヴェーラ』の製作にも関わり、のちにはバレット監督の『フロール夫人と二人の夫』の脚本も書いたコウチーニョの衝撃的な死は、さまざまな流れを交えて複雑に蛇行する奔流のような「ブラジル映画」がついに終焉したことを暗示する象徴的な出来事だったのかもしれない。

ここで「ブラジル映画」をこれ以上限定的に語ることはやめておこう。表層の映画市場において、いま真の「ブラジル映画」が不在であるように見えるとしても、その隠された精神の「潜在」を私はどこかで信じている。そしてそれを確信するためにも、ブラジル映画の歴史は深く探究され続けなければならないだろう。

本書は、すでに書いたように、読者もまた一人の快活なディレッタントとなって、ブラジル映画の魅力を深く味わい、その歴史をたどり直すために編まれた導きの書である。読者それぞれが本書にうながされ、ここであげられた諸作品を追体験することによって、「ブラジル映画」なるものの過激な思想性、その特異なスタイル、その快いグルーヴ、その特徴的なボッサを、自ら発見してゆくことがなにより著者にとっての願いである。

本書のテクストの原形は、一九九〇年代の終わり頃から、大学の学部の入門的な講義で「ブラジル映画史」として語りはじめ、のちに東京のギャラリーなどの空間を借りて一般の聴衆に向けて語り継いできた一連のブラジル映画講座を文字化したものである。本書の体系的なまとまりをつくるために連続講座を企画し、大量の録音テープを文字に起こし、第一稿を作成してくれた映像作家・批評家の金子遊氏に深く感謝したい。金子氏は編集全般を統括するとともに、脚注の作成などにも快く協力してくれた。また、初期の講義の記録は、宮田和樹氏によって丁寧に録音されたものが貴重な資料となった。現代企画室編集部の小倉裕介氏は、本書の意義を早くから認め、さまざまな段階において著者を鼓舞し、また原稿化の作業にたいしても協力を惜しまれなかった。心より感謝したい。

二〇一八年一月三一日

今福龍太

参考文献

本書の叙述にあたり、ブラジル映画や文化に関わるさまざまな著作を参照した。以下にその主要なものを挙げておきたい。

Mário de Andrade, *Macunaíma.* Belo Horizonte: Livraria Garnier, 2004 [orig. 1928].

Catherine L. Benamou, *It's All True: Orson Welles's Pan-American Odyssey.* Berkeley: University of California Press, 2007.

George Black, *The Good Neighbor: How the United States Wrote the History of Central America and the Caribbean.* New York: Pantheon Books, 1988.

Julianne Burton, *The Social Documentary in Latin America.* Pittsburgh: University of Pittsburgh Press, 1990.

Haroldo de Campos, *Morfologia do Macunaíma.* São Paulo: Editora Perspectiva, 1973.

M. Cavalcanti Proença, *Roteiro de Macunaíma.* Rio: Civilização Brasileira, 1978 [orig. 1950].

Mariarosaria Fabris, *Nelson Pereira dos Santos: Um Olhar Neo-realista.* São Paulo: edusp, 1994.

Richard A. Gordon, *Cannibalizing the Colony: Cinematic Adaptations of Colonial Literature in Mexico and Brazil.* West Lafayette, IN.: Purdue Iniversity Press, 2009.

Richard A. Gordon, *Cinema, Slavery, and Brazilian Nationalism.* Austin: University of Texas Press, 2015.

Randal Johnson and Robert Stam (eds.), *Brazilian Cinema.* Austin: University of Texas Press, 1982.

Randal Johnson, *Cinema Novo x 5.* Austin: University of Texas Press, 1984.

Michael Korfmann (ed.), *Ten Contemporary Views on Mário Peixoto's Limite.* Münster: MV Wissenschaft, 2006.

Amir Labaki (ed.), *Cinema Brasileiro: De O Pagador de Promesas a Central do Brasil.* São Paulo: PubliFolha, 1998.

André Felippe Mauro, *Humberto Mauro: O Pai do Cinema Brasileiro.* Rio: Idéias Ideais, 1997.

Ana Rita Mendonça, *Carmen Miranda Foi a Washington.* Rio: Editora Record, 1990.

Luiz F. A. Miranda, *Dicionário de Cineastas Brasileiros.* São Paulo: Art Editora, 1990.

Lúcia Nagib, *Brazil on Screen: Cinema Novo, New Cinema, Utopia.* London: I.B.Tauris, 2007.

Abdias do Nascimento, *O Quilombismo: Documento de uma Militância Pan-Africanista.* Petrópolis: Editora Vozes, 1980.

Sylvie Pierre, *Glauber Rocha: Textos e entrevistas com Glauber Rocha.* São Paulo: Papirus Editora, 1987.

Glauber Rocha, *Revisão Crítica do Cinema Brasileiro.* São Paulo: Cosac & Naify, 2003.

Maria do Rosário Caetano, *Cineastas Latino-Americanos.* São Paulo: Estação Liberdade, 1997.

Darlene J. Sadlier, *Nelson Pereira dos Santos.* Urbana: University of Illinois Press, 2003.

Pedro Alexandre Sanches, *Tropicalismo: Decadência bonita do samba.* São Paulo: Editorial Boitempo, 2000.

Paulo Emílio Salles Gomes, *Humberto Mauro, Cataguases, Cinearte.* São Paulo: Editora Perspectiva, 1974.

Paulo César Saraceni, *Por dentro do Cinema Novo: Minha viagem.* Rio: Editora Nova Fronteira, 1993.

Robert Stam, *Tropical Multiculturalism: A Comparative History of Race in Brazilian Cinema & Culture.* Durham & London: Duke University Press, 1997.

João Carlos Teixeira Gomes, *Glauber Rocha: esse vulcão.* Rio: Editora Nova Fronteira, 1997.

Ismail Xavier, *Allegories of Underdevelopment: Aesthetics and Politics in Modern Brazilian Cinema.* Minneapolis: University of Minnesota Press, 1997.

ブラジル映画史年表

サイレントの時代

ブラジル映画の「ベル・エポック」

1889	共和制の樹立
1895	12月、パリでリュミエール兄弟のシネマトグラフ映写機による映画の初上映
1896	7月、映画（オムニオグラフ）の初の一般向け上映会が、リオ・デ・ジャネイロで開催される
1898	6月、アフォンソ・セグレトによる最初の映画撮影（『グアナバラ湾の要塞と戦艦』*Fortalezas e Navios de Guerra na Bahia da Guanabara*）
1908	興行者と製作者の分業・協力にもとづく劇映画の安定した生産・配給システムが初めて確立され、ブラジルサイレント映画の「ベルエポック」を迎える（三年間継続）
1911	米国産業界の調査団が、映画産業も含むブラジル市場の潜在的可能性について研究を開始。映画製作会社が破綻
1912	エドガー・ロケッチ＝ピントがアマゾン流域の先住民ナンビクワラ族を撮影する
1913	リオグランデ・ド・スル州における成功を皮切りに、各地域に映画製作の拠点が生まれる（アマゾン地域、サンパウロ州内陸部、ミナスジェライス州、ペルナンブーコ州）
1914	第一次世界大戦勃発。撮影用フィルムが不足する
1915	D・W・グリフィス監督『国民の創生』。ハリウッド的な映画手法が確立される
1916	多作な監督、ルイス・デ・バロスが最初の劇映画『錯乱』*Perdida* を発表

産業化への奮闘／シャンシャーダ時代

1917	最初のアニメ映画『カイザー』*O Kaiser* が製作される。『悪魔の映画』*Le Film du Diable* のミス・レイ、初めてのヌード撮影
1921	シルヴィーノ・サントスがドキュメンタリー『アマゾナスの国で』*No País das Amazonas* を撮影
1922	以降、サイレント時代の終焉まで、サンパウロが映画製作の中心地となる
1926	ブラジル映画史上でもっとも影響力のある雑誌『シネアルテ』*Cinearte* が創刊
1927	カタグァゼス（ミナスジェライス州）で、ウンベルト・マウロ監督が『失われた宝』*O Tesouro Perdido* でデビュー
1928	アダルベルト・ケメニ、ロドルフォ・ルスティギ監督『サンパウロ、大都市交響楽』*São Paulo, Sinfonia da Metrópole*、「アヴァンギャルド」ムーブメントへの反応。『シネアルテ』の批評家アデマール・ゴンザーガが『人間の粘土』*Barro Humano* を撮影。米国で最初のトーキー映画『ジャズ・シンガー』（アラン・クロスランド監督）が公開
1929	ルイス・デ・バロス監督『お人好しはもういない』*Acabaram-se os Otários* で、サウンドトラックの作成にレコードを利用（ブラジル最初のトーキー映画）。ジョゼ・メジーナ監督『人生の断片』*Fragmentos da Vida*
1930	ジェトゥリオ・ヴァルガスが軍事クーデタによって政権を掌握。当時一八歳のマリオ・ペイショットが『限界』*Limite* を撮影。アデマール・ゴンザーガが最初の巨大スタジオ「シネジア」をリオ・デ・ジャネイロに設立
1931	米国人プロデューサー、ウォレス・ダウニー製作・監督のミュージカル映画『私たちのこと』*Coisas Nossas* がサンパウロで公開され、トーキー映画で最初の成功を収める
1933	ウンベルト・マウロ監督（シネジア製作）『残滓』*Ganga Bruta*。カルメン・ミランダが『カー

	ニバルの声』*A Vos do Carnaval* で映画に初出演
1935	ダウニー製作・監督の『アロ、アロ、ブラジル』*Alô Alô, Brasil* の成功によって、「シャンシャーダ」として知られるミュージカルコメディの人気が確立。第二次大戦後のイタリアのネオレアリズモを先駆ける作品、ウンベルト・マウロ監督『わが愛のファヴェーラ』*Favera dos Meus Amores*
1936	レバノン人の実業家ベンジャミン・アブラアンが伝説的な山賊ランピオンを撮影。このエピソードが六〇年後の映画、リリオ・フェレイラ、パウロ・カルダス監督『かぐわしい舞踏』*Baile Perfumado* に結実する
1937	ウンベルト・マウロ監督『ブラジルの発見』*O Descobrimento do Brasil*。ジェトゥリオ・ヴァルガス、議会を解散し独裁制に移行。「エスタード・ノーヴォ」と呼ばれるファシズム体制の確立
1939	第二次世界大戦勃発
1940	『遥かなるアルゼンチン』*Down Argentine Way* でカルメン・ミランダがハリウッド映画にデビュー
1941	映画製作会社アトランチダ社が設立され、シャンシャーダの代名詞的存在となる。オーソン・ウェルズ監督『市民ケーン』公開
1942	第二次大戦にともなう米国の善隣外交の一環として、ウェルズがブラジルを訪れて『すべて真実』*It's All True* を撮影するが、未完に終わる
1944	シャンシャーダの代表的なコメディアンコンビ、オスカリートとグランジ・オテーロが『悲しみでは借りは返せない』*Tristezas não Pagam Dívidas* で初共演
1945	第二次世界大戦終結。ジェトゥリオ・ヴァルガス失脚。ウンベルト・マウロがドキュメン

ヴェラクルース映画社

タリーシリーズ「ブラジル人たち」Brasilianas を撮影

年	出来事
1946	ロベルト・ロッセリーニ監督『無防備都市』*Roma, città aperta* によってイタリアン・ネオレアリズモの時代の幕開け
1949	アルベルト・カヴァルカンティの指導のもと、イタリアのチネチッタを手本にヴェラクルース映画社がサンパウロに設立される
1950	アドルフォ・セリ監督（ヴェラクルース映画社製作）『カイサラ』*Caiçara*。ジェトゥリオ・ヴァルガスが選挙によって再び政権の座に
1952	著名なコメディアン、マッツァロッピが『消えうせろ』*Sai da Frente* で映画デビュー
1953	ヴェラクルース映画社のパラドックス。リマ・バレット監督『カンガセイロ』*O Cangaceiro* が、カンヌ映画祭でアドベンチャー映画賞と映画音楽の特別表彰を受賞する一方で、その数ヶ月後に破産が宣告される。ブラジル・リアリズム映画、アレックス・ヴィアニ監督『干し草のなかの針』*Agulha no Palheiro*

インディペンデント映画の勃興

年	出来事
1954	ジェトゥリオ・ヴァルガスが自殺
1955	カルメン・ミランダを弔う群衆でリオの街が埋まる。ネルソン・ペレイラ・ドス・サントス監督『リオ40度』*Rio, 40 Graus* が公開差止の抑圧をくぐり抜け、リアリズム派を力づける
1956	サンパウロ近代美術館（ＭＡＭ）のフィルムライブラリーを基盤に、ブラジルフィルムライブラリーが設立される
1957	元俳優のアンセルモ・ドゥアルテが『絶対に正しい』*Absolutamente Certo* で監督デビュー。ネルソン・ペレイラ・ドス・サントス監督『リオ北部』*Rio, Zona Norte*。『近代美術館のフィルムライブラリーがリオに設立される

シネマ・ノーヴォ

1958	ロベルト・サントス監督『好機』*O Grande Momento* やヴァルテル・ウゴ・クリ監督『邂逅』*Estranho Encontro* など、サンパウロにおいて独立映画の気運が高まる
1959	ロベルト・ピレス監督『贖罪』*Redenção* がバイーア作品群《サイクル》の始まりを告げる。リンドゥアルテ・ノローニャ監督『アルアンダ』*Aruanda*、パウロ・セザール・サラセニ監督『岬の野営地』*Arraial do cabo* などのドキュメンタリー作品公開。最後のシャンシャーダ、カルロス・マンガ監督『スプートニクから来た男』*O Homem do Sputnik*。フランス人マルセル・カミュが監督した『黒いオルフェ』*Orfeu Negro*（原作はヴィニシウス・ジ・モライスのミュージカル）がカンヌ映画祭パルム・ドール受賞。ジャン＝リュック・ゴダール監督『勝手にしやがれ』、フランソワ・トリュフォー監督『大人は判ってくれない』など、ヌーヴェルヴァーグが映画界に衝撃を与える
1961	ジャニオ・クアドロス大統領が辞任、ジョアン・グラールによる政治改革が始まる。トリゲイリーニョ・ネト監督『聖人たちのバイーア』*Bahia de Todos os Santos*、ロベルト・ピレス監督『大市場』*A Grande Feira*、グラウベル・ローシャ監督の初の長篇作品『バラベント』*Barravento* など、バイーア作品群《サイクル》の絶頂期
1962	アンセルモ・ドゥアルテ監督『サンタ・バルバラの誓い』*O Pagador de Promessas* がパルム・ドール受賞。ルイ・ゲーラ監督『良心なき世代』*Os Cafajestes* におけるノーマ・ベンゲルのフルヌードシーンが世間を騒がす。グラウベル・ローシャがリオで「シネマ・ノーヴォ」を提唱。カルロス・ディエギス、ジョアキン・ペドロ・ジ・アンドラージ、レオン・イルツマン、マルコス・ファリアス、ミゲル・ボルジェスの五人の監督の短篇アンソロジー『五度のファヴェーラ』*Cinco Veses Favera* が全国学生連合の支援を受けて製作される
1963	グラウベル・ローシャ監督『黒い神と白い悪魔』*Deus e o Diabo na Terra do Sol*、ルイ・ゲーラ監督『銃』*Os Fuzis*、ネルソン・ペレイラ・ドス・サントス監督『乾いた生活』*Vidas*

「アンダーグラウンド」ムーブメント

	Secas のセルタン三部作が公開
1964	軍部のクーデタでカステロ・ブランコ将軍の軍政が始まる。ヴァルテル・ウゴ・クリ監督『空虚な夜』*Noite Vasia*。ジョゼ・モジーカ・マリンス監督『コフィン・ジョーのおまえの魂、いただくぜ!!』*À Meia-Noite Levarei Sua Alma* によりブラジルホラー映画の伝説的キャラクター〈ゼ・ド・カイシャン〉(Zé do Caixão 棺桶のジョゼ＝コフィン・ジョー) の誕生
1965	ルイス・セルジオ・ペルソン監督『サンパウロ株式会社』*São Paulo S.A.*。グラウベル・ローシャのマニフェスト的著作『飢えの美学』*Por Uma Estética da Fome* 出版。トーマス・ファルカスがプロデュースした「ブラジルの真実」Brasil Verdade シリーズが、ドキュメンタリーの新たな形を示す。テレビで活躍していたコメディアン、レナート・アラゴンが『波のイェイェイェ』*Na Onda do Iê-Iê-Iê* で映画デビューし、続く一〇年間、彼のグループ「オス・トラパリョンイス」は記録的な興行成績を得る
1966	ドミンゴス・ジ・オリヴェイラ監督のホームコメディ『世界のすべての女』*Todas as Mulheres do Mundo* でレイラ・ジニズがスターの座を確立。作家ギマランエス・ローザの小説集『サガラーナ』の一篇を原作としたロベルト・サントス監督『マトラーガ』*A Hora e a Vez de Augusto Matraga* が公開。国内映画発展のため国立映画機構（ＩＮＣ）が設立されるも機能せず
1967	グラウベル・ローシャ監督『狂乱の大地』*Terra em Transe*。ルイス・セルジオ・ペルソン監督『ナヴェス兄弟事件』*O Caso dos Irmãos Naves* が警察権力による拷問を非難。オズアルド・カンデイアス監督『境界にて』*A Margem* が辺境映画（Cinema Marginal）あるいは「アンダーグラウンド」と呼ばれたムーブメントの出発点となる
1968	学生たちの叛乱が全世界を席捲、ブラジル軍事政権は軍政令第五号（AI-5）で抑圧を強化。ロジェリオ・スガンゼルラ監督『赤い光の無法者』*O Bandido da Luz Vermelha*

ブラジル映画製作配給公社「エンブラフィルメ」

1969	グラウベル・ローシャ監督『アントニオ・ダス・モルテス』*O Dragão da Maldade contra Santo Guerreiro*。ジョアキン・ペドロ・ジ・アンドラージ監督のトロピカリズモ映画、『マクナイーマ』*Macnaima* が多数の観客を集める。リオの「アンダーグラウンド」、ジュリオ・ブレッサーニ監督『天使が生まれる』*O Anjo Nasceu* と『家族を殺して映画に行った』*Matou a Família e Foi ao Cinema*。ブラジル映画製作配給公社「エンブラフィルメ」Embrafilme の創設
1970	ジュリオ・ブレッサーニ、グラウベル・ローシャ、ルイ・ゲーラ、ロジェリオ・スガンゼルラが亡命
1971	ネルソン・ペレイラ・ドス・サントス監督『私が食べたフランス人』*Como Era Gostoso o Meu Francês*
1972	ジョアキン・ペドロ・ジ・アンドラージ監督『陰謀』*Os Inconfidentes*、レオン・イルツマン監督『サン・ベルナルド』*São Bernardo* を最後にシネマ・ノーヴォが終焉。カルロス・コインブラ監督『独立か死か』*Independência ou Morte* が商業的成功を収め、当時の大統領、メディシ将軍から賞賛される
1973	アルナルド・ジャボール監督『すべての裸は罰せられる』*Toda Nudez Será Castigada*
1974	映画監督ロベルト・ファリアスが広汎な権限を持つ「エンブラフィルメ」の長官に就任。 アルトゥール・オマール監督『悲しき熱帯』*Triste Trópico*、実験映画の新たな潮流
1976	ブルーノ・バレット監督『フロール夫人と二人の夫』*Dona Flor e Seus Dois Maridos* が一〇〇〇万人の観客を集める。ジョルジ・ボダンスキー、オルランド・セナ監督『イラセマ』*Iracema* が製作されるも、検閲により公開が遅れる
1978	ブラジル国産映画の観客動員数が六八一〇万人を記録。ヴァルテル・リマ・ジュニオール監督『歓喜の詩』*A Lira do Delírio*

1980	カルロス・ディエギス監督『バイバイ・ブラジル』*Bye Bye Brasil* が公開され多数の観客を動員。エクトル・バベンコ監督『ピショーチ』*Pixote*。シルヴィオ・テンドレル監督『ＪＫの年』*Os Anos JK*。グラウベル・ローシャの最後の作品『大地の時代』*A Idade da Terra*。ジョアン・バチスタ・ジ・アンドラージ監督『ジュースになった男』*O Homem Que Virou Suco* がモスクワ映画祭で受賞
1981	グラウベル・ローシャ死去。レオン・イルツマン監督『彼らは黒ネクタイを結ばない』*Eles Não Usam Black-Tie* がヴェネチア映画祭で受賞
1982	ブラジル映画市場で国産映画のシェアが三五パーセントを記録。一九七〇年代の警察による拷問を題材にしたロベルト・ファリアス監督『進め、ブラジル』*Pra Frente, Brasil* が公開差止となる。マルコス・マガリャンイス監督の短篇アニメ『ミャウ！』*Meow!* がカンヌ映画祭で受賞
1984	ネルソン・ペレイラ・ドス・サントス監督『監獄の記憶』*Memórias do Cárcere*。エドゥアルド・コウチーニョ監督『死を刻印された男』*Cabra Marcado Para Morrer*。シルヴィオ・テンドレル監督『ジャンゴ』*Jango*。カルロス・ディエギス監督『キロンボ』*Quilombo*
1985	大統領選挙により民政移管が実現し、文民政権が二一年ぶりに復活した。アンドレ・クロツェル監督『マルヴァーダ・カルネ』*A Marvada Carne* により「サンパウロ・シネマ・ノーヴォ」の幕開け。エクトル・バベンコ監督『蜘蛛女のキス』*O Beijo da Mulher-Aranha* によりウィリアム・ハートがこの年のカンヌ映画祭、翌年のアカデミー賞で受賞。スザーナ・アマラル監督『星の時間』*A Hora da Estral* がマルセリア・カルタショに翌年のベルリン映画祭銀熊賞（女優賞）をもたらす
1986	アルナルド・ジャボール監督『あなたを愛してしまう』*Eu Sei Que Vou Te Amar* によりフェルナンダ・トーレスがカンヌ映画祭女優賞を受賞。グラマード映画祭で三つの短篇映画

新たな展開

危機の時代

	が受賞を分け合い、短篇映画の新たな活力を示す
1987	セルジオ・トレード監督『ヴェラ』*Vera* でアナ・ベアトリス・ノゲイラがベルリン映画祭銀熊賞（女優賞）を受賞。ギリェルメ・ジ・アルメイダ・プラード監督『上海映画の婦人』*A Dama do Cine Shanghai*。3月から10月まで、パリのポンピドゥーセンターでブラジル映画史についての広汎な回顧上映が行われる
1990	フェルナンド・コロール・デ・メロが大統領に就任し、映画や文化の支援政策を廃止。「エンブラフィルメ」が閉鎖され、映画産業が崩壊する
1991	ジョルジ・フルタード監督の短篇『花園の島』*Ilha das Flores* がベルリン映画祭銀熊賞を受賞
1992	フェルナンド・コロール・デ・メロが汚職疑惑で弾劾される
1993	視聴覚産業法（Lei do Audiovisual）の制定、映画製作に税制上の優遇措置
1995	従属理論を研究する社会学者で社会民主党の政治家フェルナンド・エンリケ・カルドーゾが大統領に就任し、2003年まで長期政権を維持。カルラ・カムラチ監督『ブラジル王妃、カルロッタ・ジョアキーナ』*Carlota Joaquina, Princesa do Brazil* が一〇〇万人以上の観客を集める。映画産業再浮上のきざし。ヘレナ・ソルバーグ監督『バナナこそわが職務』*Carmen Miranda: Bananas is My Business* が各地でベスト・ドキュメンタリー賞を受賞
1996	ファビオ・バレット監督『カドリーユ』*O Quatrilho* がアカデミー賞外国語映画部門にノミネート
1997	一九九〇年代に入り、初めて長篇映画の製作本数が二〇本を超える。ジョゼ・アラウージョ監督『記憶のセルタン』*O Sertão das Memórias* がサンダンス映画祭（最優秀ラテンアメリカ映画）、ベルリン青年映画フォーラムの二つの映画祭で受賞

１９９８	ヴァルテル・サレス監督『セントラル・ステーション』*Central do Brasil* がベルリン映画祭で金熊賞（最優秀映画賞）、銀熊賞（女優賞、フェルナンダ・モンテネグロ）を受賞。軍事政権下のアメリカ大使誘拐事件を題材にしたブルーノ・バレット監督『クアトロ・ディアス』*O Que É Isso, Companheiro?* がアカデミー賞外国語映画部門にノミネート。ブラジル文化省との協力のもと、ニューヨーク近代美術館が回顧展「シネマ・ノーヴォとその後」を開催
１９９９	カルロス・ディエギス監督『オルフェ』*Orfeu*。カエターノ・ヴェローゾが音楽を担当し、シーンの多くはリオ西部のジャカレパグア地区のファヴェーラで撮影
２０００	ジルベルト・ジルが音楽を担当したアンドルーシャ・ワディントン監督『私の小さな楽園』*Eu Tu Eles* が、カンヌ映画祭で「ある視点」部門特別賞を受賞
２００１	レバノン系二世作家ラドワン・ナッサールの小説にもとづくルイス・フェルナンド・カルヴァーリョ監督『古風な生業《なりわい》』*Lavoura Arcaica*。ビジネス社会の非人間的な暗部を描いたベト・ブランチ監督『侵入者』*O Invasor*
２００２	フェルナンド・メイレレス監督『シティ・オブ・ゴッド』*Cidade de Deus* がブラジルで大ヒットとなり、翌年には数々の国際的映画賞にノミネートされる。原タイトルの「シダージ・ジ・デウス」はリオ西部のファヴェーラの名。エドゥアルド・コウチーニョ監督による斬新なスタイルのドキュメンタリー『エジフィシオ・マスター』*Edifício Master*。リオのバスジャック事件を扱ったジョゼ・パジーリャ監督のドキュメンタリー『バス１７４』*Ônibus 174* が世界的な評価を得る
２００３	労働者党の党首ルイス・イナシオ・ルーラ・ダ・シルヴァ、大統領選でブラジル民主主義史上最大の得票数を得て大統領に就任（～２０１０）。貧困層を積極的に支援し、現実的な経済政策で景気を安定させて、社会的中間層を一気に伸長させる功績を果たす

２００６	独裁政権下での一人の少年の心の揺れを描くカオ・アンブルゲル監督『１９７０、忘れない夏』*O Ano em Que Meus Pais Saíram de Férias* が公開され、翌年アカデミー賞外国語映画賞最終候補となる
２００７	ジョゼ・パジーリャ監督『エリート・スクワッド』*Tropa de Elite* が公開され、翌年ベルリン映画祭金熊賞を受賞。一家に三〇年使えた老執事への深い想いにあふれたドキュメンタリー、ジョアン・モレイラ・サレス監督『サンティアゴ』*Santiago* が高い評価を得る
２００９	ウェブ上に存在の痕跡を残して死んだ未知の少女のなかに孤独な生の救いを見いだす少年を描いたエズミール・フィーリョ監督『名前のない少年、脚のない少女』*Os Famosos e os Duendes da Morte*
２０１０	『エリート・スクワッド』の続編『エリート・スクワッド　ブラジル特殊部隊ＢＯＰＥ』*Tropa de Elite 2: O Inimigo Agora é Outro*
２０１１	ルーラ労働者党政権の官房長官などを務めたエコノミスト、ジルマ・ルセフが大統領に就任。ブラジル史上初めての女性大統領
２０１２	クレベール・メンドーサ・フィーリョ監督『近傍の音』*O Som ao Redor*。レシーフェの都市の一区画を舞台に、身辺の音を通じて社会の病巣をスタイリッシュに描く
２０１３	公共交通機関の賃上げに反対する抗議デモを皮切りに、ブラジル各地の都市で政府への抗議運動が高まる。支配階級による政治の私物化により、公共福祉政策が切り捨てられたことへの民衆的失望が背景にあった。この運動は、さらに２０１４年のサッカー・ワールドカップ大会や、２０１６年のリオ・デ・ジャネイロオリンピックへの国家資金投入への批判へと結びついた。子供の誘拐をめぐる心理劇、フェルナンド・コインブラ監督『扉の影の狼』*O Lobo Atrás da Porta*

２０１４	リオの特権階級の没落をめぐるドラマ、フェリーペ・バルボーザ監督『大邸宅』*Casa Grande*。フォルタレーザの海岸とベルリンを舞台に同性愛と兄弟愛の交錯を描くカリム・アイノズ監督『フトゥーロ海岸』*Praia do Futuro*。目が不自由な少年を中心に、思春期の心の揺らぎを描いたダニエル・リベイロ監督『彼の見つめる先に』*Hoje Eu Quero Voltar Sozinho*が、ベルリン映画祭で国際批評家連盟賞を受賞
２０１６	ルセフ大統領、汚職疑惑のなか弾劾裁判により罷免。ミシェル・テメル副大統領が新大統領に就任（任期は２０１８年末まで）

（追記）

本年表はブラジル映画の一二〇年あまりの歴史を、主要作品、映画製作をめぐる環境、最小限の政治的出来事を中心に簡潔にまとめたものである。その内容が必ずしも網羅的なものではないことをおことわりしたい。作成にあたっては、Amir Labaki (ed.), *Cinema Brasileiro: De O Pagador de Promessas a Central do Brasil.* São Paulo: PubliFolha, 1998. 所収の年表をもとに適宜必要な情報を補い、さらに一九九九年以降は著者の判断により重要と思われる作品を加えて構成した。映画監督の名前の日本語表記については、「グラウベル・ローシャ」などのすでに認知された表記だけでなく、「ブルーノ・バレット」「ルイ・ゲーラ」など（「バヘット」「ゲーハ」ではなく）、語頭の〝R〟や語中の〝rr〟をすべてラ行で表記した。それ以外も、必ずしも厳密に原音表記に近づけることはせず、著者の判断で適切と思われる表記法で統一した。また、映画のタイトルの日本語訳も、これまで日本で上映された記録のある場合、その際の邦題を可能な限り参照しつつ、場合によってはそれに従わずに著者の判断で新たに原題から訳した例も多い。こうした表記に関する基準は、本文や脚註においても適用されている。

［著者紹介］
今福龍太（いまふく・りゅうた）
文化人類学者、批評家。1955年東京に生まれ、湘南で育つ。1982年よりメキシコ、キューバ、アメリカ南西部に滞在し調査研究に従事。2005年より東京外国語大学大学院教授を務める。2000年以降、サンパウロ大学、サンパウロ・カトリック大学などで客員教授を歴任。また2002年より、群島という地勢に遊動的な学び舎を求めて〈奄美自由大学〉を創設し主宰する。主な著書に『クレオール主義』（青土社 1991；増補版 ちくま学芸文庫 2003）、『ミニマ・グラシア』（岩波書店 2008）、『ブラジルのホモ・ルーデンス』（月曜社 2008）、『群島‐世界論』（岩波書店 2008）、『サンパウロへのサウダージ』（C. レヴィ＝ストロースとの共著、みすず書房 2008）、『レヴィ＝ストロース　夜と音楽』（みすず書房 2011）、『書物変身譚』（新潮社 2014）、『ジェロニモたちの方舟』（岩波書店 2015）『ハーフ・ブリード』（河出書房新社 2017）などがある。2017年に『ヘンリー・ソロー　野生の学舎』（みすず書房 2016）により第68回読売文学賞を受賞。同年、これまでの主著を含む新旧著作のコレクション〈パルティータ〉全5巻（水声社）が刊行された。

ブラジル映画史講義　混血する大地の美学

発　行　2018年5月25日初版第1刷　2000部
定　価　2700円＋税
著　者　今福龍太
編　集　金子遊
装　丁　佐藤篤司
発行者　北川フラム
発行所　現代企画室　http://www.jca.apc.org/gendai/
東京都渋谷区桜丘町 15-8-204
Tel. 03-3461-5082 Fax 03-3461-5083 e-mail. gendai@jca.apc.org
印刷所　シナノ印刷株式会社

ISBN978-4-7738-1803-1 C0074 Y2700E